Ic[illegible]-Macoveiciuc

F[illegible] nuite

EDUCAȚIE
CU
BLÂNDEȚE

15

Ioana Chicet-Macoveiciuc,
Copilul tău. Părinții tăi. Tu.
Povestea adevărată a unei mame obișnuite

Descriere CIP disponibilă la Biblioteca Națională a României.

Redactare: Diana Crupenschi
Corectură: Ona Frantz
Revizuire: Alina Hlinski, Ana Irimescu
Ilustrație copertă: Andreea Molocea
Foto copertă, clapeta 1: Ioan Stoica

ISBN 978-973-34-1256-4

Ioana Chicet-Macoveiciuc

Copilul tău. Părinții tăi. Tu.

Povestea adevărată a unei mame obișnuite

UNIVERS

Copilul tău are dreptul de a trăi pentru sine,
are dreptul să fie iubit și acceptat pentru ceea ce este,
are dreptul de a nu fi lovit sau umilit,
are dreptul de a simți tot ce simte și de a gândi tot ce gândește,
copilul are dreptul de a primi ajutor, de a fi îndrumat și iertat când greșește.
Exact aceleași drepturi le ai și tu.
Ești o ființă întreagă și completă, așa cum este și el.
Dragă mamă,
Ești minunată
și ești de ajuns.

Dragă mamă,

Acum, când încep să scriu această carte, fetița noastră are opt ani și trei luni, iar băiețelul nostru, șase ani. Îmi propun s-o termin înainte să plece ei la facultate, dar, în unele zile, misiunea asta pare la fel de imposibilă cum ți se pare ție acum să închei cei șase năsturei ai unei rochițe minuscule în timp ce vorbești la telefon cu o persoană importantă și alăptezi pe cineva și mai important. *Been there, done that*, și uite că am supraviețuit, ba chiar scriu amuzată despre toate astea în timp ce copila cea mare citește în camera ei, iar băiețelul mă ignoră 100% (are treabă cu niște Lego).

Acum cinci minute erau amândoi în capul meu, văicărindu-se că se plictisesc. Peste cinci minute vor fi iar amândoi în capul meu, spunându-mi că de data asta CHIAR se plictisesc. Dar aceste zece minute de liniște pe care le am când îmi apar pe ecran primele rânduri ale cărții pe care o scriu în cap de cinci ani sunt teribil de prețioase.

Mă uit în urmă la toți acești ani de când sunt părinte și simt că am făcut bine, că sunt bine și vreau să te invit și pe tine aici lângă mine, în locul meu clar și limpede, în care pot spune că tot ce-am trăit își are locul în mine, iar binele pe care-l simt acum s-a construit pe toate lămâile, portocalele și mandarinele acre pe care mi le-a dat viața. Drept e că am mai primit și trufe de ciocolată, dacă e să fiu cinstită.

Scriu această carte pentru că știu că îți e greu. Mi-a fost și mie. Tuturor mamelor care se aruncă în vâltoarea asta de agonie și extaz care e maternitatea, tuturor mamelor care își cresc copiii cu inima, brațele și ochii, tuturor le e greu.

Știu cât de mult contează să auzi că te descurci și că va fi bine.

Te descurci! Va fi extraordinar!

Deja este! Doar încearcă să dormi mai mult, să te vezi și să te asculți, și vei vedea totul atât de limpede!

Am trecut și eu prin toate.

Bebeluș care nu doarme.

Bebeluș căruia îi ies dinții. Mai ales noaptea...

Bebeluș care vomită tot, peste tot.

(Nu am niciun centimetru de piele care să nu fi fost scăldat în lapte de-al meu trecut de două ori prin tubul digestiv superior al fetiței mele adorabile. Da, s-a întâmplat și cu caca, dar mai rar, Slavă Zeiței Mamelor – care sigur există și sigur e femeie).

Bebeluș care plânge fără pauză ore în șir.

Bebeluș care are senzor de mamă: cum te-ai ridicat, cum a deschis ochii și gura.

Copil care nu mai merge și el odată...

Copil care nu se mai oprește din mers.

Copil care nu mai vorbește și el odată...

Copil care nu se mai oprește din vorbit.

Copil care spune numai NU.

Copil care cere mereu de mâncare și mănâncă prea mult.

Copil care mănâncă doar cinci lucruri pe lume și doar cu condiția ca ele să stea într-o farfurie aleasă de el, lângă o furculiță care a fost aleasă tot de el, după un agonizant proces de selecție.

Copil care strigă și apoi urlă, după care face rost de niște extra-putere și răcnește de simt cum mi se fisurează încet, chinuitor de încet, întreg lobul frontal al creierului.

Copil care refuză tot.

Copil care urăște toți ciorapii care au călcâi (încă nu am găsit unii care să n-aibă).

Copil care face alergie la etichete.

Copil care poate asculta aceeași carte de optzeci de ori la rând, până simt că fac atac cerebral.

Băiețel care se crede Elsa și-și face păr din fusta mea de tul.

Fetiță care vrea să fie șofer de camion (și repede a învățat să înjure ca unul).

Copil care a făcut zeci de otite.

Copil care se înfierbântă la peste 40 de grade la orice răceală.

Copil prea sociabil.

Copil extrem de retras.

Adaptare la grădiniță.

Adaptare la școală.

Drumuri la urgențe cu nas spart, deget prins în portiera mașinii, căpușe imposibil de scos.

Păduchi. Varicelă. La dublu!

Iar păduchi.

Enterocolite. Bine că avem două băi acasă!

Dar măcar am scăpat de păduchi!

A, ba nu, sunt tot aici. Am luat și eu (iar).

Certuri între frați.

Certuri între copiii mei și prietenii lor.

Certuri cu alți părinți.

Am zis de păduchi?

Am trecut prin toate cu bine, deși atunci, când eram pe teren, în miezul fierbinte al acțiunii, mi se părea că *de data asta* sigur o luăm razna.

De un an e și pandemie, ceea ce a însemnat că am stat noi patru un an, zi de zi, doar unii cu ceilalți. A fost... interesant. Sunt curioasă cum vom fi când toată nebunia asta se va sfârși. În mod cert, vom ieși mai antrenați pentru viață.

Între timp, m-am obișnuit cu gândul că va veni o vreme când copiii mei vor povesti la terapie zeci de situații în care probabil i-am stricat iremediabil. Am început să pun bani deoparte special pentru asta și m-am concentrat nu pe a nu-i strica, ci pe a râde și a dansa cu toate. Îmi place mult să fiu fericită, știi... Așa că aleg să văd ce-i bun, iar ce nu-i bun, fie rezolv, fie las deoparte, în urmă, în treaba altora.

Vreau ca Sofia și Ivan să crească râzând și iubind. Vreau să-și aducă aminte de mine cântând *Jingle Bells* în timp ce frec vasul de toaletă, pentru că viața nu e doar despre asta, deși, da, e și despre asta. Vreau să închidă ochii și să ne vadă pe toți patru în gălăgie, dezordine, cu burțile și inimile pline. Poate să fie și ordine, doar să nu trebuiască s-o fac tot eu!

Pare incredibil, dar am uitat complet vârsta exactă la care au renunțat la scutec și la suzetă, cât aveau când au numărat prima oară până la zece în engleză. Nici câte perechi de pantaloni au rupt nu mai știu.

Ne vom aduce aminte râsul, îmbrățișările, cântecele noastre inventate, excursiile, jocurile, momentele în care ne ștergem lacrimile unii altora, sentimentul de siguranță, de iubire, de acceptare și de încredere care e între noi. Asta vreau. Pentru mine, acum, asta înseamnă să le fiu mamă.

Dragă mamă, știu că ți-e greu. Tuturor ne e.

De atât de multe ori am fost sigură că mi-am pierdut mințile pentru totdeauna!

Într-o zi, după ce am luat copiii de la școală, ne-am dus la mall să mâncăm o înghețată. Am parcat la subsol, am luat copiii și am urcat la etajul cu restaurante. O jumătate de oră mai târziu, când ne terminaserăm salatele și devoram câte-un sorbet de fructe, aud numărul mașinii noastre recitat la boxele mallului.

Posesorul mașinii cu numărul B – 90 – WTF să se prezinte urgent la mașină.

Mi-a stat inima.

În cele trei minute până a venit liftul și am ajuns la subsol, mi-au trecut prin cap toate scenariile posibile.

A intrat altă mașină într-a noastră și a făcut-o praf.

A explodat.

A căzul tavanul pe ea.

A luat-o la vale (pentru că am uitat să trag frâna de mână) și a călcat un om.

Am respirat ușurată când am ajuns la mașină. Era întreagă, la locul ei. Doi agenți de pază o străjuiau solemn.

Doar că uitasem portbagajul larg deschis, iar în el lăsasem ca la expoziție, unele lângă altele, la vedere, laptopul, geanta și portofelul (pe care îl scosesem din geantă pentru că, înainte să plec, luasem din el cardul și-l lăsasem acolo, să am mâinile libere pentru copii).

Plecasem cu copiii, cu telefonul, cardul și cheia mașinii în buzunar, convinsă că am tot ce-mi trebuie. Am încuiat mașina, dar n-am observat ușa portbagajului deschisă generos până la tavan, cu cele mai prețioase bunuri ale mele expuse obscen înăuntru; adică, de fapt, afară. Un paznic a trecut întâmplător pe-acolo, a văzut calamitatea și a trimis anunțul prin sistemul audio al mallului:

Femeia cu creierii varză care și-a lăsat mașina crăcănată și lucrurile la vedere spre a fi furate este invitată să vină să constate halul în care a ajuns.

Dar, domnule judecător, am copii. Doi. De opt ani și ceva sunt mamă. Exact. Mulțumesc. Știam că veți înțelege.

E greu.

Îți promit că va fi tot mai ușor.

Vor crește copiii și, odată cu ei, și încrederea ta în tine.

Te descurci de minune! Îți iubești copilul și de acolo pleacă totul.

Răspunsurile sunt toate în inima ta. Eu scriu aici doar ca să te asigur că ești grozavă și ești de ajuns.

Ai încredere în copilul tău și în inima ta!

Ține-l aproape, ia-l în brațe de fiecare dacă când nu știi ce să spui.

Nu-l lovi, nu-l pedepsi, nu o lua personal.

E copil, face și el ce poate... Face ce fac toți copiii: se străduiește să deslușească lumea din jur, să se recunoască în ea, să se adapteze, să se cunoască, să se controleze.

Copiii învață enorm în primii ani. Noi n-am mai fi în stare! De fiecare dată când mă provoacă vreunul dintre copiii mei, încerc să nu uit asta. Că sunt mici și se străduiesc. Că, deși sunt mici, fac totuși lucruri extraordinare!

Îmi iubesc copiii exact așa cum sunt.

Multă vreme am încercat să-i schimb, să-i fac mai mult ca mine sau mai mult ca puiul perfect de om din capul meu. Iar ei s-au opus și s-au supărat.

În clipa în care i-am privit doar cu iubire nemăsurată, în clipa în care le-am acceptat refuzul, încăpățânarea, ființa cu totul, relația noastră a înflorit ca o magnolie. Aproape că am auzit cum pocnesc mugurii. Și ce frumusețe descopăr de atunci în fiecare zi!

Toți copiii sunt ființe fabuloase. Și doar mamele îi egalează, așa să știi! Scriu ca să te ajut să te simți mai bine.

Nu ești singură!

Tot ce ai simțit vreodată alături de copilul tău am simțit și noi, celelalte mame. Și mama mea, și mama mamei mele, și mama ei. Da, inclusiv impulsul să-ți împachetezi copilul, să-i pui la fund un kilogram de nitroglicerină și să-l lansezi spre Marte, ca-n desene animate.

Uimire.

Exasperare.

Preaplin.

Extenuare.

Extaz.

Recunoștință.

Furie.

Fericire.

Panică.

Toate am trecut prin toate stațiile astea de mii de ori și încă mai trecem, cât încă mai suntem vii alături de copiii noștri.

Și ce grozav că e așa!

Maternitatea e parcul nostru de distracții, la care avem acces nelimitat, zilnic!

Uneori ne așezăm pe o bordură să ne tragem sufletul. Dar imediat sărim la loc în carusel sau pe tobogan, fiindcă nu mai știm să trăim altfel. Dragă mamă, suntem multe!

Cartea aceasta e îmbrățișarea mea pentru tine.

Te văd, te aud și te cuprind cu ochii închiși și inima deschisă. Îți mulțumesc că ești aici, citind, că îți pasă, că vrei să faci mai bine, că te străduiești, că ai făcut copii și-i ții aproape de tine.

Tu faci lumea mai bună pentru mine, pentru copiii mei, pentru noi toți!

Am scris în paginile care urmează despre tot ce-am învățat de când sunt mamă.

Am scris despre relația mea cu copiii mei. Ce frumoasă o văd acum, cât de lin curge, cât de fericită sunt că am acest privilegiu, de a fi martora și ghidul creșterii acestor ființe minunate!

Am scris despre relația cu părinții mei, care a fost una plină de suferință timp de câteva decenii. Am făcut pace în sfârșit și pot să-i iubesc fără niciun resentiment. Tata nu mai e, s-a dus înainte să apuc să-i spun toate lucrurile pentru care-i sunt recunoscătoare. Dar am apucat să-i spun că-l iubesc.

De fiecare dată când dorul devine insuportabil, mă întorc la pozele noastre împreună, în care el e atât de tânăr și de sănătos, iar eu sunt mică și el și mama sunt tot ce am nevoie.

Încă îi scriu din când în când, deși nu știu dacă acolo unde e el se citește. Vorbesc cu el. Pozele lui sunt prin toată casa. Fac rețetele pe care le-am învățat de la el și le povestesc copiilor despre el. Uneori țin mâinile ca el. Spun ce-ar spune el. Sunt el, iese din mine cel puțin o dată pe zi. Asta face să doară, uneori mai puțin, alteori mai mult. Dar asta e viața și iubesc să fiu vie.

Cu mama am timp să repar, să fiu, să trăiesc.

Am invitat-o să scrie și ea aici despre cum i-a fost în copilărie, despre cum a fost să-mi fie mamă acum treizeci de ani. A scris de mână, plângând, foi întregi. Eu le-am transcris plângând. Iată, cartea asta vindecă dinainte să fie tipărită! Mesajul mamei încheie cartea într-un fel total neplănuit, dar atât de potrivit… e ca un cerc care devine perfect când primul punct se întâlnește cu ultimul. Totul are, dintr-odată, sens.

Am revenit la relația din poza asta, când eu aveam cinci ani, iar ea, douăzeci și opt.

Am scris despre frică, despre durere și despre râs, despre terapie, despre crize de furie, despre depresie, despre strategiile mele de supraviețuire când mi-e greu, despre somn și mâncare, despre limite și reguli, am inclus multe idei de jocuri pentru tot felul de situații. Cu alte cuvinte, am scris despre toate lucrurile care îi preocupă pe părinții zilelor noastre. O să observi însă că, în fiecare capitol despre copiii noștri, cel mai mult e vorba despre mine și despre tine, despre noi, părinții copiilor noștri. Pentru că și noi avem la fel de multă nevoie să fim înțeleși, sprijiniți, apreciați, iubiți, fiindcă facem enorm de multe pentru alții și ne prețuim, din păcate, extrem de puțin. Am inclus și câteva poze din istoria familiei mele. Simt că e nevoie de ele pentru ca tu să ai o imagine cât mai corectă asupra noastră (și poate că, odată cu asta, și asupra ta și a poveștii tale de familie). Am scris și despre relația cu bărbatul pe care-l iubesc, tatăl copiilor mei, soțul meu și prietenul meu bun; o relație care, desenată pe hârtie, ar arăta cam ca graficul profitului unei firme care când dă câte-un tun, când stă pe marginea falimentului.

Sunt aici ca să-ți spun că va fi bine, chiar dacă uneori pare că e rău. Din când în când chiar e rău, și e normal să fie așa. Din momentele tensionate, dureroase, frustrante, învățăm cele mai prețioase lucruri despre noi înșine, lucruri pe care le putem folosi apoi toată viața.

Sper ca rândurile cărții pe care o ții acum în mână să te ajute să fii cât mai prezentă în familia ta, cât mai bună și iubitoare cu tine în primul rând, apoi cu ceilalți și mai ales cu copiii tăi.

Îmi doresc ca aceste cuvinte pe care le scriu aici, care vin din locurile cele mai adevărate și pline de compasiune ale inimii mele, să-ți aducă pace, iubire, acceptare, curaj să schimbi tot ce trebuie schimbat, să cauți soluții, să ai încredere, să ceri ajutor, să privești lumea ca pe arena în care ți s-a dat șansa să râzi, să fii fericită și să faci bine!

Dragă mamă, ce ființă minunată ești! Și ce grozavi sunt copiii tăi!

Dansează în fiecare zi! Ia-ți copiii în brațe și învârte-i încetișor! Muzica vine din inima ta!

#SofiaZice #CarteNuScuba

Sofia face scufundări în cadă. Cu ochelari, cască și ponei (desigur, cine-a mai pomenit scufundări în cadă fără ponei).

O supraveghez prin ușa deschisă, în timp ce stau cu Ivan pe pat la discuții. La un moment dat, el aduce o carte, să citim până termină Sofia.

Deschid cartea și, cum dau prima pagină, Sofia scoate capul din spumă:

— Ce faceți voi acolo, hă?

— Păăăăi, Ivan zicea că să citim ceva.

— Cum adică să citiți ceva, fără mine???

— Dacă tu te distrezi acolo în apă și noi n-avem loc lângă tine, să facem și noi ceva interesant cât stăm cu ochii pe tine.

— Mami, dar nu este corect. Voi o să fiți apoi mai deștepți, iar eu o să fiu doar mai udă.

Cea mai grea sesiune de terapie

Cea mai grea sesiune de terapie din viața mea s-a petrecut într-o miercuri de iarnă. Făceam terapie de mulți ani, în multe forme, cu mai mulți psihoterapeuți. Nu toți deodată, nu-ți imagina că lunea mă duceam la traume, marțea la cognitiv-comportamentală, miercurea la psihanaliză și joia la psihodramă. Am început cu niște sesiuni de educație ontologică în 2008; din 2014 am făcut în mai multe reprize constelații și terapie de grup pe diverse subiecte, am continuat cu terapia traumei în 2015, câteva ședințe de terapie cognitiv-comportamentală în 2017, iar în 2018 am făcut psihanaliză tot anul.

Cea mai grea ședință de terapie din viața mea a avut loc într-o miercuri din iarna lui 2018.

În fiecare miercuri, indiferent de ce se întâmpla în viața mea, mergeam cu autobuzul sau cu mașina până pe strada C.A. Rosetti, a doua intersecție, vizavi de farmacie, sunam la interfon, așteptam să se deschidă ușa grea, trăgeam de ea cu inima bubuind, luam liftul cu butoane albastre, urcam la etajul șase și apăsam pe butonul soneriei din stânga ușii apartamentului 50, apoi respiram adânc și-mi trăgeam pe față zâmbetul fermoar.

Zilele de miercuri care mă prindeau în vacanțe le recuperam când reveneam, așa că în unele săptămâni făceam psihanaliză lunea, marțea și miercurea. Acestea erau cele mai grele sesiuni, dar și cele mai valoroase. Lunea vorbeam ca la radio, marțea abia scoteam trei vorbe și mă înfuriam că psihanalistul nu mă ajută, nu zice nimic (*Fir-ar el, pentru trei lei pe minut, cât îl plătesc, m-aș aștepta măcar trei fraze să zică și el, la mine acasă tăcutul pe canapea e gratis!*), dar miercurea, din câteva cuvinte, ajungeam într-un loc atât de ascuns și de dureros, încât petreceam tot restul ședinței și multe ore după ea bolborosind, simțind și plângând în hohote.

La psihanaliză nu stai față în față cu terapeutul tău, pentru ca reacția lui la spusele tale să nu te influențeze în ce spui, în ce adevăruri găsești în tine. Stai întins pe o canapea, ca în caricaturile alea cu Freud, plimbi ochii pe tavan și turui ca o moară stricată, iar din când în când terapeutul îți oferă niște interpretări personale asupra discursului tău care pot fi adevărate sau false, nici nu contează. El observă ce cuvinte alegi în ce contexte, cum te raportezi la situații, vorbește puțin despre ele, tu îți vezi de ce-ți vine în cap, și încet-încet ajungi la lucruri vechi, bine îngropate, pe care nu mai știi că le știi.

Terapia față în față te ajută să lucrezi cu ce știi că știi, iar lucrurile acestea se termină la un moment dat. Eu am simțit că nu mai progresez cu terapia obișnuită, iar când o prietenă care e și psihanalist mi-a sugerat psihanaliza și mi-a povestit un pic despre ea, am simțit că asta trebuie să fac în continuare.

— Știi că acest gen de terapie poate fi problematic pentru cei care lucrează în domeniul creativ? m-a întrebat terapeutul.

— Nu, habar n-aveam, am zis sincer.

Chiar nu mă gândisem deloc la asta.

— Creativitatea e felul artiștilor de a gestiona lumea, de a simți, de a se exprima. Ce o să obții tu aici în terapie va fi accesul la niște lumi fascinante din tine, și s-ar putea să-ți placă de ele atât de mult, încât să nu mai simți nevoia să scrii.

M-am gândit câteva secunde. Nu ştiu să trăiesc fără scris. Nu am idee cum aş putea încheia o zi fără ceva pus în litere.

Pe de altă parte, simţeam că nu mai pot trăi înainte să fac pace cu mama, cu tata și cu o parte dintre lucrurile din trecut care mă sufocau de zeci de ani.

— Îmi asum riscul, am zis. Să-i dăm drumul.

Habar n-aveam ce mă aşteaptă.

Nu am mai putut scrie, exact cum a spus. Sigur, publicam pe blog lucruri despre noi, dar să inventez personaje, să le umăresc cum interacționează, asta mi-a devenit imposibil. Brusc, nu mai voiam să scriu și nu mai știam să scriu.

Visam, în schimb. Enorm, plin, colorat, imagini atât de vii și de stranii, visam sunete, mirosuri, de parcă s-ar fi vărsat peste mine găleata inconștientului meu, iar eu aș fi privit la mine însămi ca prostul cu gura căscată.

Ce sac fără fund suntem, câte lucruri zac în noi și ne conduc și ne dictează comportamentul, ce viermuială de emoții și senzații e acolo! E înfricoșător și fascinant.

Ajunsesem să urăsc ziua de miercuri, deși știam și simțeam cum terapia coase și rupe și iar coase părți din mine în același timp. Mă sabotam din greu să nu ajung la întâlniri. Chemam Uberul prea târziu, mă împiedicam pe scări, aproape că uitam că e miercuri, puneam întâlniri importante la aceeași oră. O parte din mine voia să fugă de întâlnirea asta, partea rațională însă trăgea acolo, la canapeaua verzuie cu tavan alb și tablou cu ceva care semăna uneori cu niște cai, alteori cu o salată de avocado cu ou.

În miercurea aceea, care a fost cea mai grea, era foarte frig și era peste tot zăpadă mare. Am ajuns cu întârziere, nu mai știu de ce, mai rămăseseră doar câteva minute. Lucraserăm și cu o zi înainte, vorbisem mult despre mama și tata.

La un moment dat, în timp ce vorbeam cu ochii la salata de avocado, m-am văzut mică de tot, bebeluș, înfășată în scutece gălbui, în mijlocul unui pat din lemn cu margini înalte, așezat în centrul unei camere mici de cămin. E aprins un bec afumat, în cameră sunt doar eu, ușa e închisă. Pe hol se aud pași încolo și-ncoace.

Nu plâng, dar mă simt obosită. Am obrajii uzi, am plâns mult înainte. Respir des, ca și cum aș fi depus un mare efort. Dau din mâini și din picioare, dar numai puțin; mișcări mici, restrânse, pentru că sunt bine înfășată de o mână experimentată. Încerc să mă legăn de pe-o parte pe alta. Nu reușesc.

Aud pași și deschid ochii mai tare. Ridic puțin capul, doar puțin, sunt tare mică, nu am putere să mă înalț mai mult, am mâinile și picioarele legate.

Vine cineva? Vine cineva la mine? Dă, Doamne, să vină cineva, oricine...

Pașii trec mai departe și îmi vine să plâng.

Mi-e un pic foame, un pic sete, dar cel mai mult mi-e singurătate.

Sunt singură. Mică, plânsă, înfășată și singură.

În familia mea circulă frecvent această poveste despre cât de cuminte și independentă am fost de mică, despre cum mă lăsau mama și tata singură în camera lor de cămin studențesc ca să meargă la facultate (încă nu terminaseră facultatea), iar colegii lor care aveau timp și chef mai veneau și-mi făceau un biberon cu lapte, mă plimbau prin cameră, apoi scriau pe caiet la ce oră au venit și cât mi-au dat să mănânc.

Gândul meu fuge imediat la toaletele din benzinării, pe ușa cărora e un tabel în care fiecare om de la curățenie care igienizează baia scrie ora și semnează pentru ce procedură a efectuat.

Mama și tata povesteau asta cu mândrie și recunoștință, rudele râdeau, ce ingenios, să treacă colegii, super, iar eu râdeam cu ei, *Foarte tare, deci m-a crescut un trib de studenți, wow, de mică am fost specială.*

Dar în ziua asta de miercuri nu mai râd.

Îmi e milă de mine. Mă doare fetița asta mică din patul din mijlocul camerei de cămin.

Din fundul îndepărtat al minții mele, aud cum se formează această întrebare:

De ce nu m-ați iubit, mamă și tată? De ce?

Plâng, plâng ca un copil mic, mă cuprind cu ambele brațe ca atunci când stăteam înfășată și plâng.

Am plâns și atunci pe canapea, am plâns și cât am plătit și mi-am tras geaca pe mine, apoi m-am așezat pe trepte între etaje și am plâns aproape o oră, plâng și acum, când scriu asta, o să plâng și când voi reciti aceste pagini pentru corectură.

Plâng de mila fetiței care am fost.

Mă doare tot ce simt *acum* când mă gândesc la *atunci*.

Nu știu dacă e adevărat, dacă asta am simțit atunci, nu știe nimeni.

Și nici nu contează.

Este adevărat ce simt acum.

Mamă, tată, de ce nu m-ați iubit? De ce nu m-ați ținut în brațe, lipită de voi, de ce nu m-ați legănat, de ce nu m-ați hrănit, de ce m-ați lăsat singură acolo zi după zi, de ce alții m-au ridicat din pătuț în locul vostru?

Și după asta au venit celelalte.

De ce m-ai părăsit, tată? Cum naiba ai stat departe de mine cincisprezece ani?

Eram urâtă, mamă? Te-am enervat mult?

Nu ți-era dor de mine când plecai în altă clădire și mă lăsai singură acolo?

De ce nu m-ai ținut în brațe mai mult?

De ce nu mi-ai spus niciodată că mă iubești?

De ce când plângeam mă trimiteai în camera mea?

Ai regretat că m-ai născut? De ce mi-ai spus asta atunci când ne-am certat, în camera mea de cămin?

De ce nu m-ai iubit, mamă?

Și am ținut-o așa câteva zile, certându-i, strigându-mi mut durerea, dorul, tristețea. Îmi îngrijeam copiii și-mi plângeam trecutul. Îi iubeam pe ei și mă întrebam: pe mine de ce nu m-au iubit?

După ședința asta de terapie, am mers să-mi iau copiii de la școală.

Pe drum, la volan, am văzut foarte clar cum fetița asta din pat crește mai mult singură, se dă jos din pătuț, își pune uniforma și se duce la școală, mai crește un pic și pleacă la facultate departe, într-un oraș mare, acolo își găsește de lucru, își face prieteni, își construiește o viață în care nu depinde de nimeni.

Văd că fetița aceea sunt eu. Că asta e lecția mea de viață. Una foarte tristă. Pe care am învățat-o când eram un viermișor înfășat, într-un pat dintr-o cameră dintr-un cămin studențesc din Iași. Chiar dacă de atunci am primit companie și iubire, chiar dacă am avut alături bunici, prieteni, profesori buni, pe tata o vreme, pe mama o vreme, eu am rămas fetița care se descurcă singură, pentru că nu e nimeni acolo s-o vadă, s-o audă și s-o ajute.

Poate că și de asta am făcut copii. Ca să dau ce n-am primit și să primesc înapoi într-o relație curată, nouă, fără istorie. Copiii mei nu mă iubesc pentru că îmi datorează asta, nu mă plac pentru că le-o cere cineva; ei simt nevoia să-mi fie alături, iar eu cu ei mă simt liniștită, văzută, auzită, însoțită.

Nu vreau să creadă cineva că am resentimente față de părinții mei. Terapia și timpul au rezolvat asta. Am făcut pace. Nu mai simt niciun fel de nevoie de a le cere socoteală sau de a-i pedepsi, ceea ce poate să însemne că i-am iertat, deși nu și-a cerut niciunul iertare vreodată de la mine. Nici nu consider că am sau sunt vreo autoritate morală care trebuie să dea vreun verdict.

Dar multă vreme, zeci de ani, am trăit cu sentimentul neidentificat al nedreptății. Când vedeam MAMA pe ecranul telefonului, mă cuprindea iritarea și nu știam de ce.

Când, după cincisprezece ani de lipsă, am reluat legătura cu tata și mă suna, simțeam un amestec de frică, furie și milă care era mai puternic decât iubirea.

Ani de zile am târât după mine frustrarea dată de faptul că nu am înțeles de ce simt toate astea față de ei, împreună cu supărarea că nu m-am simțit nici iubită, nici în deplină siguranță când am fost mică.

Abia după ani de terapie și lucru cu mine, după scris mult, citit mult, am înțeles cu sufletul, nu cu mintea, că ei chiar au făcut ce-au putut, cum au știut mai bine. Că m-au iubit, nu am nicio îndoială că da, chiar dacă mesajul lor de iubire nu a ajuns la mine decât atât de rar, încât mă făcea să mă simt ciudat, nepotrivit.

Că multe dintre lucrurile care m-au modelat au fost propriile mele interpretări și adevăruri.

Că nu mai contează acum decât timpul care ni se așterne în față.

Am ales conștient, cu lacrimi în ochi, să îmi iubesc părinții și părțile din mine, toate, care li se datorează. Tata s-a stins. Am apucat să-i spun că-l iubesc și că nu contează nimic din ce-a fost, că vreau doar să mai avem timp împreună. Am mai avut câteva luni și a murit din senin, departe de noi, singur.

Am întrebat-o pe mama despre Ioana mică. Abia de curând, acum un an, am avut curajul să deschid discuția despre asta.

Mi-a vorbit cu atât de multă dragoste despre mine! Mi-a povestit cum arătam și ce făceam, cât erau ei de nepricepuți, la cei douăzeci și trei de ani ai lor, să se ocupe de o ființă atât de dependentă de ei, cum mă cărau uneori cu ei la cursuri, iar eu mă uitam la becurile din tavanul sălii mari de curs, cum m-au dus până la urmă la bunica la țară și ce minuni făceam pe-acolo. A fost multă lumină în poveștile ei.

Mă bucur că am primit-o.

Acum, când mă sună mama, zâmbesc. Mi se face dor de ea în fiecare zi. Simt fizic nevoia să-i adulmec părul, să mă ia în brațe.

De fiecare dată când vine pe la noi câteva zile, în urma ei rămâne un gol pe care-l simt mult timp după ce a plecat.

Nu e niciodată prea târziu să dai drumul resentimentelor, întrebărilor, suferinței.

Pentru mine, împăcarea aceasta fără cuvinte a venit la patruzeci de ani. Nu am vorbit niciodată despre asta cu mama, cred că ar fi fost foarte dureros pentru ea.
Va citi rândurile acestea și va înțelege.

Te iubesc, mama.

Mama mea

Mama era frumoasă. Și tânără. Avea părul scurt, coafat cu bucle, purta mereu fuste elegante și mărgele asortate, mirosea a parfum, a fixativ și a fum de țigară.

Îmi plăcea să dorm cu mama la prânz. Adormea repede și îmi încălzeam picioarele de ale ei. Sforăia încetișor și mă simțeam în siguranță în patul ei mare și moale, învelită de mirosul ei.

Mama era serioasă. Avea reguli clare: trebuia să-mi fac temele, să țin curat în camera mea, să nu comentez la ce mi se spune, să nu ies din rând, să nu plâng, să nu chem copii în casă, să nu merg acasă la alți copii, să nu întârzii pe-afară.

Mama e ingineră. Lucra în două schimburi la fabrica de confecții. Fie pleca înainte de 7 și ajungea acasă la 4 după-amiaza, fie începea la 2 la prânz și termina la 10 seara. Uneori tata mă lua cu el s-o întâmpinăm la poarta fabricii. Mergeam apoi pe întuneric toți trei până acasă, eu între ei doi. Mă țineau de mână și din când în când mă legănau în față și în spate. Drumurile noastre împreună sunt printre cele mai frumoase amintiri ale copilăriei mele. Aveam genunchii mereu juliți, plini de coji și vânătăi, pentru că uneori uitau să mă ridice de mâini și-mi rașchetam pielea de borduri. Ustura, dar nu de-ajuns cât să nu-mi mai doresc să fiu între ei, cu ei de mână, să mă uit în sus când în stânga, când în dreapta și să mă bucur că mama și tata sunt acolo și din când în când îmi fac vânt și mă iau pe sus, iar eu zbor pentru trei secunde.

Apoi s-au îndesit episoadele în care tata se oprea la bar după orele de lucru și fie întârzia mult până să ajungă acasă, fie venea și se prăbușea pe canapea la televizor, vorbind singur, cel mai adesea nervos. Mă ghemuiam sub plapumă și mă asiguram că pisica e bine ascunsă printre hainele din dulapul meu. Îi plăcea s-o alerge, iar eu nu voiam asta.

Se certau des, nu erau bani, nu prea era de mâncare. Mama mergea la muncă o săptămână dimineața, alta după-amiaza. Cât era acasă făcea de mâncare, spăla, călca, dădea cu mătura, mă ajuta la compuneri și la matematică, uneori mă asculta la istorie sau geografie. Mă descurcam bine, iar asta era ceva normal. Și ea se descurcase bine, părinții ei erau învățători la sat, ar fi fost mare rușine să fi fost niște chiulangioaice.

Îmi plăcea de mama la petreceri. Dansa mult, vorbea cu toată lumea, râdea, dintotdeauna a avut mulți prieteni. Și acum se văd des, vorbesc la telefon, se ajută, se întreabă, se susțin.

Tata a plecat să lucreze în Italia când eu aveam doisprezece ani, iar mama, treizeci și cinci. Nu s-a mai întors niciodată. Ea era mai tânără decât sunt eu acum și a rămas singură cu un copil preadolescent, cu serviciu și cu un salariu.

Atunci nu-mi trecea prin cap cât îi e de greu. Nu aveam cu ea o relație prea bună, îmi lipsea tata. Îmi amintesc cum scriam în jurnal că mama nu mă ascultă, nu mă înțelege.

Dar acum știu că nu putea, nu avea loc și pentru asta.

Se îngrijea să avem ce mânca, să strângă bani pentru tabăra mea la mare, să nu mă țin de prostii.

De unde să fi știut mama că eu cel mai mult aș fi avut nevoie să mă ia în brațe, să-mi spună că mă iubește, că sunt un copil bun, că va fi bine? Nici eu nu știam. Cred că puțini știau și făceau asta pe atunci.

Nu a făcut asta niciodată. Nu-mi aduc aminte gesturi de tandrețe.

Îmi aduc aminte însă alte lucruri, pe care acum le înțeleg ca pe dovezi de iubire. Atunci nu le băgam în seamă. Cred că e normal, așa sunt adolescenții. Am să plătesc pentru asta cu vârf și îndesat în câțiva ani, sunt sigură!

Mama a suferit de dureri de stomac mulți ani. De când o știu, îmi spunea că nu are voie să guste una sau alta, și totuși gusta, apoi alerga la baie sau în grădina bunicilor, după gardul găinilor, să vomite. Roșii, mere, pepene, fasole, ciorbe, brânză cu smântână, parcă toate-i făceau rău, iar ea nu se putea abține să guste din ele.

Ulcer.

Mereu cu pastile la ea, mereu cu o mână pe stomac, mereu cu ligheanul aproape.

În anul în care am dat la facultate, a fost cel mai greu. Era rău de multe luni, îmi aduc aminte că am intrat din greșeală peste ea când se îmbrăca și am rămas în prag cu ochii cât cepele. Era atât de slabă... Am dus-o mai mult pe sus la spital. Tatăl unui coleg, care era radiolog, i-a făcut o radiografie: ulcerul se agravase, orificiul prin care trece mâncarea din stomac în intestin era complet blocat. Trupul ei nu mai primea niciun fel de nutrient de multă vreme. I-a fost recomandată operația de urgență, din fericire știam un chirug foarte bun.

A rămas în spital, eu am plecat la București, mă pregăteam aici pentru admiterea la Jurnalism. Cât a fost ea în operație, eu am ascultat muzică, întinsă pe podea, și m-am rugat. M-a sunat după să-mi spună că mănâncă brânză cu smântână și că n-are de gând s-o scoată afară. Am râs amândouă.

Ea a început să mănânce mere și piersici, eu am luat la Jurnalism.

Atunci a început viața mea la 357 de kilometri de casă. M-am desprins repede și fără să mă uit prea mult în urmă, doar așteptasem clipa asta ani la rând.

N-a fost ușor. În prima noapte dormită departe de ea, am simțit dorul de mama. Ce mult îmi lipsea mirosul ei!

Vocea ei. S-o știu acolo. Acum eram singură. Doar eu. Fără mama, fără tata. Aveam optsprezece ani.

Acum am patruzeci și unu. Tata nu mai e deloc în lumea asta. Mama e în același apartament în care ne-am mutat în 1987, lângă Biserica Catolică din Piatra Neamț. În continuare mi-e dor de ea. Mă gândesc la ea în fiecare oră. Cordonul ombilical dintre noi, pe care eu l-am retezat cu furie la optsprezece ani, crește cumva la loc de ceva vreme, de când am înțeles că lucrurile pe care i le-am reproșat ani la rând nu contează și că am nevoie să fiu bine cu mama, dar am și această putere. Așa că sunt bine cu ea.

Am făcut loc liniștii între noi. Nu mai vreau s-o întreb, s-o cert, să-i reproșez, s-o pedepsesc. Nu simt că mai am pentru ce. Sunt vie. Ea m-a născut. Ea mă iubește. A făcut mereu ce-a putut mai bine. A pus în mine valori bune, pe care stau dreaptă acum. A rămas aici pentru mine. Mă cunoaște. E mama.

După mulți ani de terapie, de dor, de întrebări și furie, am ajuns în locul unde e doar liniște între mine și mama. Din locul acesta, i-am scris o scrisoare. A curs din mine ca apa prin fisurile unui baraj care se crapă. N-am știut ce-o să iasă până la final, doar am simțit nevoia uriașă să-i spun toate lucrurile pe care le-am aflat căutând adevărul despre mine. Am pus mâinile deasupra tastelor și le-am lăsat libere.

Dragă mamă,

Dacă ai ști de cât timp stă rândul ăsta în mintea mea, primul rând, câți ani scrisoarea asta nu s-a lăsat scrisă și s-a oprit aici, la Dragă mamă, câte am vrut să-ți spun în toți anii de când îți sunt copil, ce multe lucruri mi-au umplut gura când am vrut să-ți vorbesc, cum le-am ținut pe toate strâns în mine, de frică, de grijă, de iubire, de furie, de rușine.

Dar acum îți pot scrie, mamă, pentru că am înțeles multe și vreau să le știi și tu, vreau să le știm împreună.

Întâi de toate, vreau să îți mulțumesc. Că m-ai primit în trupul tău, că m-ai dospit acolo, că m-ai mângâiat cu palma prin pielea și mușchii și țesuturile burții tale cât eu îmi creșteam unghii și plămâni, că m-ai vrut și m-ai iubit dinainte să mă vezi, că ți-ai construit vise cu mine.

Că m-ai născut în durere și oboseală și că m-ai iubit și după ce te-am rupt în două.

Că m-ai luat pe pieptul tău și mi-ai dat laptele tău dulce, atât cât ai putut.

Că m-ai plimbat nopțile, că mi-ai spălat scutecele, că mi-ai șters voma de pe jos, că mi-ai pus comprese pe frunte când am făcut febră.

Că mi-ai citit și mi-ai cântat.

Că mi-ai făcut cunoștință cu bunicii mei, oamenii cei calzi și blânzi, cu mâinile lor moi și zâmbetele lor doar pentru mine.

Că ai alergat la mine după muncă.

Că te-ai gândit la mine când erai departe.

Că m-ai învățat din tot ce ești să fiu dreaptă, bună, să muncesc, să ajut.

Știu, acum știu, că nu ți-a fost ușor.

Atâția ani te-am judecat, te-am certat în gând, m-am supărat pentru tot ce nu mi-ai fost și nu mi-ai dat. Te-am comparat mereu cu mamele din cărți și din filme, fără să mă gândesc că tu ești o mamă din viața reală.

Toți vrem mame perfecte, ca să creștem perfecți.

Dar nicio mamă nu e perfectă, pentru că nici mama ei nu a fost perfectă. Pentru că nu e uman să fim perfecți.

Acum știu asta.

Știu de la mine, știu că atunci când e greu, când ești nedormită, când copiii țipă, se activează în noi toate suferințele, durerile și frustrările noastre, ale mamelor noastre și ale mamelor lor, strigă în mine, cum a strigat și în tine, teama lor că le mor copiii de foame, frica de război, frica de frig, oboseala de generații.

Mamă, tu, ca și mine, ești ca o matrioșcă, le porți în tine pe toate femeile de dinaintea ta, iar eu te port și pe tine.

Am înțeles că te pot purta cu greutate, ca pe un bolovan în stomac, cu regrete și resentimente, sau ca pe un cuib de bucurie.

Așa că am ales, mamă, dragă mamă, doar să te iubesc pentru toate lucrurile bune din mine care au venit cu și de la tine.

Am ales să mă bucur de cât timp ne-a mai rămas, să te cunosc, să mă arăt ție, să te mângâi, să te îngrijesc, să te apreciez, să te iubesc.

Am ales să las la o parte amintirile care mă făceau furioasă. Sunt doar versiunea mea, una incompletă, asupra adevărului. Adevărul complet este că tu m-ai iubit și atunci, mă iubești și acum. Ai făcut și faci ce crezi că e mai bine pentru mine, chiar dacă la mine n-a ajuns mesajul întreg.

Te iubesc, mamă.

Îți mulțumesc că exist, că sunt cum sunt, că pot fi mamă, că pot fi o mamă bună și datorită lucrurilor pe care le-am învățat cu tine.

N-o să spun nimic de iertare, nici că te iert, nici că te rog să mă ierți tu. Ca să cerem sau să oferim iertare, cred că ne așezăm într-un loc de vinovat sau judecător care cerșește sau împarte iertare, când noi suntem doar niște oameni răniți care caută iubire. Așa că îți ofer în loc iubirea mea și o primesc pe a ta, ne va ține loc și de iertare, știu, pentru că simt asta, și ce simți e mereu adevărat.

Vreau să fim bine, să ne spunem lucruri, să ne vindecăm împreună. Vreau să mă întrebi, vreau să-mi răspunzi, vreau să punem peste amintirile dureroase lacrimi calde.

Nimeni nu m-a mai iubit vreodată atât de mult și de intim, de organic, de crud, ca tine. Nimeni nu m-a ținut în sângele lui.

Te iubesc, mamă.

Tot ce am acum pentru tine este recunoștință și iubire. Nu contează așa de mult ce ai tu pentru mine, eu o să te iubesc și-o să-ți mulțumesc oricum, și-o să fac din toate întâlnirile noastre o sărbătoare.

Și poate că scrisoarea mea sinceră pentru tine te ajută cândva, cumva, să faci și tu pace cu mama ta, cu mama ei, cu mama mamei ei și tot așa, iar împreună îi vom putea da mai departe fiicei noastre un lanț de iubire și recunoștință, eliberat de regret și durere nevăzută și nemărturisită.

Cu recunoștință și dragoste,
copilul tău.

#SofiaZice #8 ani #sprâncene

Mă spălam pe față, în timp ce Sofia (8 ani) se spăla pe cap. La un moment dat, mi-am ciufulit rău sprâncenele și mi-am lipit moaca de ușa transparentă de la duș.

Sprâncenele mele sunt un personaj aparte, e nevoie să le biciuiesc grav cu peria și să le înec în fixativ ca să nu arate ca doi boscheți măturați de tornadă.

Aseară, eliberate de gelul subjugator, sprâncenele mele arătau ca stolul de păsări al lui Hitchcock.

— Buuuu! zic, cu o voce înspăimântătoare, cu gând să-i fac o glumă.

Se întoarce, se uită la mine prin geam și zice, de parcă tocmai ar fi văzut un pui de pisică dansând vals cu un pui de iepuraș:

— Aaaaaa, ce drăguuuuț...

— Cum, mă, drăguț? Nu vezi că fața mea arată ca monstrul yeti după o noapte proastă? întreb, ridicând boscheții demonstrativ.

Se uită mai atent.

— Spui prostii, mami! Tu ești frumoasă tot timpul.

A fost rândul meu să zic *aaaa, ce drăguuuț*, lăcrimând nițel pe sub stolul de păsări... Apoi ea a zis:

— Chiar și cu sprâncenele astea care arată ca niște animale fierte.

Mama care sunt eu

Dacă-i veți întreba pe copiii mei peste douăzeci sau treizeci de ani ce-și aduc aminte din copilărie despre mama lor, mi-ar plăcea să spună cele de mai jos. Să simtă și să spună toate acestea, sau măcar ultimele trei fraze.

Mama era ca un copil mai mare.

Avea părul lung și moale, care se mișca în jurul ei ca un nor. Mâinile ei miroseau mereu a vanilie și a cremă de corp. Purta haine simple, cam ca ale noastre când eram copii, iar la mâna dreaptă îi zornăiau brățări albastre pe elastic cu care se jucau uneori copii necunoscuți din parc.

Îmi amintesc dimineți, multe dimineți în care deschideam ochii și o vedeam dormind lângă mine. O priveam în liniște să nu-i tulbur somnul, dar ea imediat deschidea ochii verzi și limpezi și-mi zâmbea. Mă strecuram sub pătură lângă ea și îi povesteam ce-am visat, iar ea râdea și-mi spunea: Știi cât de mult de iubesc?

Știu, îi spuneam. Chiar știam. Mereu am știut că mama ne iubește.

Se juca mult cu noi, alergam prin casă, ne ascundeam prin dulapuri, uneori călcam pe rochiile ei de conferințe sau de evenimente, dar nu-mi amintesc vreodată să se fi supărat pe noi pentru asta. Ba odată s-a ascuns chiar ea printre hainele ei de zile mari și ne-am prăpădit de râs când am găsit-o, că avea pe cap o fustă verde ciufulită și arăta ca un tufiș înflorit.

Jucam cărți, rummy, ne jucam de-a regii și dragonii, ne căra în spate ca pe saci.

Mama avea această superputere: să ne facă fericiți.

Când ne loveam sau ne supăram, ea era lângă noi. Întindea brațele, noi ne urcam acolo lângă inima ei, iar durerea, tristețea, dorul, furia dispăreau, se scurgeau printre noi în pământ.

Îmi amintesc mesele noastre împreună, cu tata și cu mama. Omleta, ardeii umpluți, ciorbele și clătitele, mirosul de pizza făcută de noi.

Vacanțele noastre la mare și la munte, mereu împreună, râzând, explorând, căzând, lipindu-ne plasturi, ștergându-ne lacrimi, făcându-ne să râdem.

Serile noastre, ani la rând, cu câte-o carte din care mama ne citea și noi abia respiram, să nu pierdem vreun cuvânt. Ne citea pe voci și noi ne speriam sau ne uimeam sau chicoteam la poveste, în timp ce ea era mai prinsă de acțiune decât noi.

Îmbrățișările de noapte bună.

Îmi amintesc privirea ei îndărătnică atunci când se enerva. De parcă i-ar fi venit să sfarme munții, dar nu-și dădea voie. Pașii ei înapoi. Ochii închiși, pumnii strânși, respirația adâncă, unu, doi, trei. Apoi un zâmbet și o invitație:

— Mai încercăm o dată, copii?

Regulile ei simple și clare:

Nu lovim. Nu rănim. Nu râdem de alții. Nu mergem în mașină fără centură. Nu folosim ce nu ne aparține. Nu aruncăm lucruri pe jos. Spunem doar adevărul. Nu renunțăm când e greu. Cerem ajutorul. Ajutăm când putem.

Patul ei mereu deranjat, pentru că ne plăcea să ne hârjonim acolo înainte să ieșim în parc.

Fața ei luminoasă când ne lua de la școală în fiecare zi.

Rucsacul ei vechi, peticit, în care mereu avea grisine, fructe, nuci, pe care le împărțea mereu cu toți copiii.

Cântecele de Crăciun pe care le fredona tot anul.

Dar cel mai bine îmi amintesc felul în care ne făcea să ne simțim: buni, frumoși, prețioși, iubiți. Speciali. Au trecut mulți ani de când nu mai suntem copii.

Dar ne simțim în continuare buni, frumoși, prețioși și iubiți, pentru că darul mamei pentru noi a fost pentru totdeauna.

#IvanZice #4ani #grabă

Mă duc cu copiii într-un parc în care n-am mai fost. Eu mă dau pe trotinetă în față, în recunoaștere. Chiar în spatele meu pe aleea plină de dâmburi, Sofia cântă pe bicicletă. În spatele ei, Ivan mormăie nemulțumit pe bicicleta cu roți ajutătoare. El mereu mormăie nemulțumit.

La un moment dat, o aud pe Sofia, mai degrabă amuzată decât îngrijorată:

— Mami, pare că Ivan se duce direct spre lac!

Frânez și întorc capul. Într-adevăr, ăsta micu' o luase la vale spre lac, după ce bicicleta lui rămăsese fără o roată ajutătoare, se dezechilibrase puțin, se panicase mult și uitase pesemne că are frâne și poate să le folosească.

Îmi arunc trotineta cât colo și mă arunc să-mi salvez mezinul, cu ochii holbați și mâinile în față. Oare o fi adâncă apa? Oare știu să înot? Merită să mă scufund și după bicicletă?

Până să parcurg eu cei doi metri care ne despărțeau, Ivan se oprește cu bicicleta într-un tufiș de pe malul lacului. Se uită la mine mirat și zice:

— Unde te găbești așa, mami? Uneoi ești foante ciudată.

De ce facem copii?

De ce fac oamenii copii?

Pentru că suntem programați să ne dorim asta dincolo de orice rațiune.

Pentru că habar n-avem cât de puțin pregătiți suntem să creștem ființe umane, oricât ne-am antrena înainte (iar majoritatea nu se antrenează deloc înainte, mulți nu o fac nici pe parcurs, unii niciodată).

Facem copiii pentru că avem nevoie să ne simțim iubiți în ciuda a tot și fără măsură, să fim priviți ca centrul universului, să FIM centrul universului pentru cineva.

Avem nevoie să ne umplem cu ceva găurile lăsate în copilărie de așteptările noastre nerealiste despre cum ar trebui să fim iubiți perfect de părinții noștri.

Sperăm ca măcar copiii noștri să poată face asta. Și îi naștem, iar ei o fac, ne iubesc și ne umplu toate golurile, ei chiar au puterea asta de a turna nectar peste tot gustul amar al vieții, peste regrete, suferință și dor.

Dar, în același timp, copiii ridică praful de pe suferințele vechi. Sunt versiunile mici și adorabile ale inconștientului nostru. Ne arată cine și cum suntem de fapt, sunt oglinzile noastre crude și adevărate, așa cum și noi devenim părinții noștri în momentele în care furia sau frica ne dă jos toate costumele și măștile.

Copiii trag cortina care ascunde pilotul nostru automat și ne pun să ne uităm la noi înșine, dacă vrem ca relația noastră cu ei să fie mai bună decât relația părinților noștri cu noi.

Putem să tragem cortina la loc și să lăsăm praful să se depună, să ne târâm în continuare existența de dimineață până seara, de la naștere până la moarte, concentrați pe ce mâncăm și la ce film ne uităm. Le vom oferi copiilor mâncare și jucării și îi vom duce la școală, nu ne vom gândi prea mult la lucrurile care dor, pentru că ne temem de suferință; e normal, e uman să simțim și să facem asta. Din când în când, vom ridica vocea, vom da o palmă, vom amenința, vom trimite copilul în camera lui cu un șuierat printre dinți, îi vom spune că e rău, prost, că vrea să ne trimită la spitalul de nebuni, că într-o zi o să ne crape un vas de sânge în cap sau în inimă și el va rămâne singur pe lume. Vom auzi din gura noastră cuvintele pe care le-am urât când eram copii, ne vom mira și ne vom înfuria, vom jura că nu vom mai spune asta niciodată, vom trage cortina și vom pune niște muzică, dar data viitoare ne vom surprinde spunând aceleași lucruri, din nou și din nou, până când copiii vor pleca pe drumul lor, la casa lor.

Putem să rupem lanțul acesta, putem să facem lucrurile altfel. Copiii ne cer asta fără cuvinte, de fiecare dată când ne apasă un buton care ne face să ne pierdem mințile.

Am scris mult despre furie în capitolul dedicat ei, cred că este unul dintre cele mai afurisite personaje din toată povestea aceasta, dar e un personaj extrem de important. Furia ne arată când ne este încălcată grav o limită esențială pentru noi, sau când ceva ne aduce aminte de o limită esențială pentru noi care a fost grav și repetat încălcată în copilărie, cândva, de cineva important pentru noi. Iată, pentru mine au fost lipsa dovezilor de iubire, loviturile, trimisul în camera mea, anii departe de mama (părinții mei au avut motive întemeiate pentru toate acestea, după cum veți putea citi în paginile scrise de mama).

Când copiii mei, pentru care am făcut și fac enorm de multe eforturi, mi se opuneau, când (credeam eu că) plângeau fără motiv, când nu reușeam să-i mulțumesc oricât de mult încercam, atunci mă cuprindea furia. N-avea legătură cu ei, era doar a mea. După ce am văzut asta și am mers la terapie cu ipoteza asta, butonul de furie s-a dezactivat. Au rămas altele, pe care le iau pe rând. Unele s-au mai slăbit la încheieturi, altele sunt încă sensibile.

Tot mai puține. Se poate. Promit că se poate.

Un alt motiv pentru care facem copii este pentru că avem nevoie ca altcineva să facă lucrurile mai bine ca noi. O nouă șansă la viață, cum ar veni. Și chiar e un motiv întemeiat, acesta, pentru că fiecare generație face lucrurile un pic mai bine decât cea de dinainte. Traumele fiecărei generații, bucuriile ei, cunoștințele și evoluția ei adaugă lucruri în plus în ființa umană, care își începe viața într-o generație nouă ceva mai pregătită.

Facem copii pentru că ne iubim partenerii atât de mult, încât ajungem să ne simțim Dumnezeu și vrem să creăm viață.

Pentru că vrem să fim iertați.

Să fim nemuritori.

Să însemnăm ceva pe lume.

Și pentru că afurisitele alea de filme prezintă copiii ca pe niște chestii 100% adorabile, 0% complicat de gestionat. Cine n-ar vrea un bebeluș din ăia perfecți, blonzi, dolofani, cu ochi mari și rotunzi, care nu zice decât *ngu-ngu* și o face doar atunci când e invitat să se exprime? O creatură perfectă și minusculă, care doarme noaptea șnur, stă unde-o pui, devorează cu poftă tot ce-i așterni sub nas și care seamănă perfect cu cel mai frumos dintre voi?

Facem copii pentru că simțim că altfel nu mai putem trăi încă o zi, ceasul biologic sună atât de asurzitor, încât nu avem de ales.

Facem copii pentru că toată lumea din jur are și toată lumea care are copii pare în extaz.

Facem copii pentru că vrem asta din toate motivele de mai sus sau doar din unele. În orice caz, nu-i facem pentru ei înșiși, ci pentru noi, pentru că-i dorim, îi vrem, avem nevoie de ei.

Conștientizarea acestui lucru mă ajută când viața cu copiii pare insuportabil de grea.

E greu, Ioana, dar știi, copiii aceștia care acum te împing la limită sunt aici, împingându-te la limită, pentru că tu *ai decis să-i aduci pe lumea asta. Sunt rezultatul dorinței tale, ființe complete, cu drepturi egale cu ale tale, față de care ți-ai asumat să-i crești bine și să nu le faci rău. Le-ai promis asta când au început să se formeze în tine. Nu poți anula contractul. Nu te poți dezice de responsabilitate, nu poți șterge, nu poți anula nicio clauză. Ești aici alături de copiii pe care ți i-ai dorit, i-ai chemat, i-ai făcut și i-ai născut. Și ai face bine să te scuturi și să te comporți ca un adult,* îmi mai spun în gând.

Dar, despre asta, un pic mai târziu.

Ca să rezum, eu cred că facem copii pentru că, ajunși într-un anumit punct al vieții noastre, nu mai putem trăi în lipsa lor.

#SofiaZice #5ani #dicționar

Urc copiii în mașina care a stat o vreme îndelungată la soare. Sofia constată, strâmbând din nasul ei de miniprințesă:

— Mami, pfuuu, ce aer PUTORNIC e în mașina asta!

— Hopa, ce aer e ăla? o întreb fascinată, pentru că termenul inventat de ea descrie perfect aerul fierbinte din mașină, cu iz de ciorap transpirat ținut în ploaie și apoi uscat cu föhnul.

— Putornic, ce, n-ai mai auzit?

— Sunt foarte sigură că n-am mai auzit, cuvântul ăsta nu există.

— Ar trebui să existe, este foarte potrivit pentru un aer cu un miros puternic de ceva care pute.

Câteva zile mai târziu:

— Mami, ce înseamnă „silențios"?

— Care se întâmplă în tăcere, care e liniștit, nu face zgomot.

— Ah, am înțeles, deci nu are nimic de a face cu noi. Dacă știam că e așa *dezinteresant*, nu-mi consumam o întrebare cu asta.

Când coci în tine o viață, ghem de iubire și de griji

Odată ce afli că în tine îți crește copilul, carne și sânge din tine, te schimbi ireversibil. Inima ta va cunoaște un nou fel de iubire și un nou fel de frică. Ele vor trăi în tine lipite una de alta din secunda în care vezi două liniuțe pe test și până în ziua în care vei închide ochii pentru ultima oară pe lumea asta. Nu vei mai cunoaște niciodată odihna fără griji, deciziile fără stres, vacanțele lipsite de gălăgie sau de vinovăție (în funcție de prezența sau absența copiilor). Niciodată nu vei mai fi responsabilă doar pentru tine. Și niciodată nu vei mai fi singură, nu cu adevărat.

Cu toate astea, vei simți că niciodată n-ai făcut și n-ai fost ceva mai frumos și mai cu sens decât asta: să fii mama copilului tău.

Uneori, frica e mai puternică, se aude mai bine. *Dacă n-o să fiu o mamă bună? Dacă se întâmplă ceva rău? Dacă puiul meu n-o să fie fericit cu mine? Dacă n-o să știu ce să-i spun, cum să-l educ? Dacă relația mea cu soțul meu se schimbă? Dacă n-o să pot alăpta? Dacă n-o să-l pot naște? Dacă n-o să știu ce să fac când se îmbolnăvește? Dacă nu găsesc grădinița ideală? Sau școala? Dacă se apucă de droguri? Dacă ajunge un ratat?*

Acest dans înspăimântător al lui *Dacă* va apărea constant în viața ta și vei învăța să-l conduci. E normal să ne fie teamă că nu suntem suficient de bune. Niciun artist nu se simte neînfricat în fața pânzei albe. Niciun conducător de vas sau de oaste nu e relaxat în fața călătoriei sale. Doar celor cărora nu le pasă le este ușor.

Dar ai încredere în tine, cele mai importante resurse sunt deja acolo, în tine, trebuie doar să le descoperi. Ascultă-ți instinctul, glasul acela care-ți vorbește din burtă, vocea pe care ai primit-o în dar de la mama ta, vocea care știe tot ce a învățat și a primit ea de la mama ei, și tot așa.

Din păcate, lumea modernă nu ne mai lasă să ne creștem copiii în tribul familiei noastre. Pe vremuri, copiii ajutau la creșterea fraților mai mici, a verișorilor și a copiilor din vecini, știau de la zece ani să schimbe, să spele, să hrănească și să legene un bebeluș. Deseori, frații mai mari țineau cu totul locul părinților pentru copiii mai mici ai familiei, iar când ajungeau părinți de-adevăratelea, deja le trecuseră prin brațe mulți bebeluși. Așa era legea lucrurilor, oamenii deveneau părinți încet, treptat, pentru că nu aveau de ales. Eu am ținut prima oară un copil mic în brațe la douăzeci și șapte de ani, când a născut prietena mea cea mai bună. Cinci minute de panică în care mi-au tremurat genunchii, apoi nu mi-a mai trebuit. E normal ca noi, mamele la primul copil, cu familie departe de casă, să ne simțim pierdute; dar, crede-mă, vei ști instinctiv ce să faci în majoritatea cazurilor, iar pentru restul există cursurile prenatale, există bloguri, grupuri și cărți, există femei în jur care te pot ajuta dacă ceri sprijinul.

Acesta e unul dintre cele mai importante lucruri din viața de părinte, un lucru pe care eu nu l-am aflat la timp și care m-ar fi putut salva din multe situații în care m-am flagelat și m-am învinovățit degeaba.

Cere ajutor!

De fapt, nu, stai să corectez asta.

CERE AJUTOR!

Suntem programați și făcuți să funcționăm împreună! Avem nevoie, din când în când, de alte mâini care să ne legene copiii când ale noastre obosesc prea tare, avem nevoie de cineva să ne facă de mâncare, de altcineva să ne primească temerile și să ne șteargă lacrimile, de mamele noastre, de tații noștri, de partenerul nostru, de prietene, de un terapeut, de o aplicație cu care să putem comanda de mâncare, de cineva să tragă de noi să facem sport, de grupul nostru de fete simpatice, de grupul de mame informate și așa mai departe.

Nu e vina ta că te temi și că ți-e greu, chiar dacă nici n-ai născut încă. E parte din pregătirea pe care ne-o oferă sarcina. Nu doar copilul tău se formează în tine, și tu te formezi acum! Te antrenezi. Gândurile grele, visele rele îți antrenează emoțiile și reacțiile.

Eu n-am mai dormit bine nicio noapte de când am aflat că sunt însărcinată cu Sofia. În primul rând, mă temeam în fiecare clipă că am s-o pierd și pe ea și eram atentă la toate crampele, secrețiile, respirațiile corpului meu.

Căutam semne în jur că de data asta are să fie bine, dar eram copleșită de frică.

Și în timpul sarcinii cu Ivan am fost la fel de speriată. Dar am învățat la timp un exercițiu de calmare care m-a ajutat mult.

Dansul îmbrățișării.

Nu am mai povestit niciodată despre asta nimănui, dar simt că a venit momentul să o fac aici. Când simțeam că mă cuprinde frica legată de ce urmează, îmi invitam la dans trupul și copilul care creștea în el.

Mă așezam în fața unei oglinzi, închideam ochii și fredonam ceva care-mi plăcea. Îmi așezam mâinile pe burtă și mă mișcam încet din șolduri, respirând cât mai adânc.

Îmi construiam în cap imaginea fericită, pictată în tonuri de alb, roz și maro cald, în care îmi țin în brațe bebelușul care zâmbește în somn. Dansez cu el în brațe, nimic nu doare, nimic nu e rău, totul e bine, calm, firesc. Din când în când, mai deschideam ochii și mă vedeam zâmbind la gândul pozei din viitor, iar asta îmi aducea liniște. Vorbeam cu copilașul meu și-i spuneam tot ce simt, dar și că am încredere că totul va fi bine, pentru că-l iubesc și împreună vom trece peste toate. Continuam să dansez fredonând și mișcându-mă încet de colo colo, respirând adânc și dându-mi timp să procesez emoțiile care mă copleșiseră câteva minute mai devreme.

Îmi dau acum seama ce caraghios trebuie să fi arătat, în ciorapii groși de lână alunecați mult spre vârf, cu hainele mele de casă lălâi, zâmbind tâmp ca o bunicuță care a uitat cum o cheamă și dansând cu propria-mi burtă umflată ca o lubeniță coaptă. Dar a mers!

Chiar și în timpul travaliului a mers. Când simțeam că durerile mă spintecă, închideam ochii și dansam încetișor, vorbind cu copilașul care se lupta să vină pe lume.

Respiratul adânc ajută întotdeauna, și când ți se face frică, și când vine furia, și când nu știi ce să faci. Respiratul îți oxigenează bine tot corpul, te ajută să te relaxezi, iar partea rațională a creierului are timp să preia controlul.

Meditația ajută. Sunt multe aplicații pe telefon care te pot ghida în funcție de nevoia ta punctuală.

Informația ajută. Citește când și cât ai chef, din surse bune, științifice, cât mai multe despre dezvoltarea copilului și despre schimbările prin care vei trece. Nu ignora partea emoțională a procesului, despre care eu, una, n-am știut nimic.

Am mers la multe cursuri despre sarcină, naștere și despre primele luni cu bebelușul, am învățat totul despre contracții și câți mililitri de lapte sunt necesari la o masă, dar habar n-am avut despre depresia post-partum, despre amestecul de vină, dor de fosta mea viață, neputință, teamă și fericire pe care aveam să-l simt săptămâni la rând după naștere. Mi-ar fi fost mai ușor dacă aș fi fost pregătită și pentru partea asta, măcar puțin.

Încearcă să înveți să te iubești cu tot ce ai, mai ales că acum îl ai în tine la propriu și pe puiul tău.

Pe mine m-au ajutat mult pozele din copilăria mea. Am căutat-o pe Ioana mică prin amintiri, mi-am adus aminte zâmbetul ei, bucuriile ei mici, dorințele ei pentru viitor.

Când o să fiu mare, o să fac doar ce vreau eu! îmi amintesc că-mi spuneam când eram trimisă în camera mea sau când mi se refuza ceva fără să primesc vreo explicație.

Când o să am copiii mei, n-o să-i pedepsesc degeaba și o să-i ascult când vor să-mi spună ceva, mi-am scris în jurnal când aveam zece ani.

O să-mi aleg o meserie care-mi place, să mă duc la serviciu țopăind în fiecare zi!

O să stau noaptea până târziu în fiecare zi! (Asta mi-a ieșit cu brio, am avut insomnii în ambele sarcini.)

O să scriu odată o poveste despre viața mea, ca să ajut alți oameni! i-am scris lui tata într-o vedere când aveam doisprezece ani. O scriu acum, iată! Ioana mică e mândră de mine!

Încearcă să stai departe de orice te face să te simți rău cu tine.

Nu mai scriu să te odihnești și să mănânci sănătos, asta scrie peste tot. Ce nu scrie peste tot e că nu va fi totul ca-n filme și că, dacă îți construiești așteptări realiste, îți va fi mult mai ușor decât dacă te va lovi realitatea ca rapidul de Suceava.

Clădește-ți de pe acum rețeaua de ajutor, grupul de mame, familia, ca să nu cumva să uiți SĂ CERI AJUTOR!

Așa... acum poți visa liniștită la coșulețe decorate cu dantelă croșetată (pe care o să vomite ăla mic laptele de dimineață), la hăinuțe de catifea în care bebelușul va arăta ca o gogoașă glazurată, la papucei minusculi care nu vor avea în picioarele grăsune o viață mai lungă de trei secunde, la pozele fericite de familie din care veți scoate în Photoshop cearcănele și firele albe, și o să vă placă asta, ohooo, cât de bucuroși veți fi că trăiți și voi toate astea, la fel ca toate celelalte miliarde de oameni înainte de voi, pentru că nimic nu e mai frumos și mai împlinitor decât să fii epuizat de grijă și iubire pentru copiii tăi.

#SofiaZice #PolițiaGramaticii

Hălăduiam cu copiii pe un traseu de munte, prin pădure, la vreo treizeci de minute de civilizație (deci nu eram chiar în zona crepusculară). Copiii târâiau niște crengi, se jucau de-a Harry Potter care e în tren spre Hogwarts, eu trăgeam pe nas miros fermecat de lemn viu, frunze, pământ ud, nu era strop de gunoi pe jos, semn că nici picior, nici mână de român nu trecuse prin zonă de ceva vreme. Ce să mai, era frumos ca într-un tablou de bună calitate.

La un moment dat, o aud pe Sofia, zicând pe un ton alarmat:

— Mami, ai auzit?

Am încremenit. Mi-am simțit inima bătând direct în ochi. Ce s-aud? Ursul? Vreun pedofil? Un criminal în serie? Și chiar de dimineață ne zisese mătușa să nu mergem în pădure doar noi, că la Brașov doi alergători au fost înjunghiați în pădure de un psihopat care... Mistreți? Voldemort? Ce? Ceeee?

— Sofia, ce-i? am apucat să zic gâtuit, în pragul unui atac cerebral, privind în jur ca musca, în toate direcțiile. Îmi crescuse un ochi și în ceafă, eram gata să-mi apăr copiii cu dinții dacă trebuie.

— Ivan a zis „care“. „Crengile care le-am găsit.“ Trebuia să zică „pe care“.

M-am sprijinit de trunchiul unui copac (pe scoarța căruia era scrijelit „Marian + Flori = LOVE 2009“, semn că totuși cel puțin o mână de român trecuse pe acolo în ultimul deceniu). Slavă Cerului, nu era ursul sau psihopatul, era doar Poliția Gramaticii! Care sesizează greșeli doar când le comite fratele mai mic, căci altfel Sofia, în ciuda eforturilor noastre susținute, nimerește să spună corect care/pe care, decât/doar și să scrie cu câți de i trebuie în maximum cinci din zece cazuri. Dar e foarte vigilentă cu ăl mic. În special în pădure, când suntem singuri, iar printre copaci mișună posibili urși, mistreți și criminali în serie.

— Sofico, data viitoare când mai observi infracțiuni din astea împotriva cuvintelor, sesizează-le direct către vinovat și nu le mai trimite către mine. Acest judecător e slab de inimă și de vezică și s-ar putea să avem probleme serioase în vârf de munte din pricina unei prepoziții.

— A unei ce?

— Exact.

Greul

Când Sofia avea cam trei luni, iar eu fugisem cu ea cu tot la mama la Piatra Neamț, am ieșit la plimbare cu ea în marsupiu prin centru, ea să doarmă, iar eu să-mi mai aerisesc creierul. La o trecere de pietoni, mai-mai să mă prăvălesc peste un fost iubit din liceu. El, la fel de înalt ca în urmă cu două, trei decenii, subțirel, părul lui, pana corbului, zâmbet, barbă de trei zile, toate la locul lor.

Eu, superbă ca orice proaspătă mamă: cu lapte acrit în păr, cu cearcăne vineții, rădăcini nevopsite, sutienul plin de absorbante, 100% pregătită să-i arăt fostului amorez ce-a pierdut.

Privirea lui m-a scanat de sus până jos ca un RMN; apoi mi-a zâmbit (e posibil să fi fost cu milă).

— Ioana, ce surprizăăăă, ce mai faci?

— Bine, zic, extraordinar, superb, uite, plimb fetița asta adorabilă a mea, totul e nemaipomenit, am mitraliat ca să nu observe că-mi tremură bărbia.

— Se vede, mi-a răspuns și s-a dat un pas în spate să-mi mai facă un RMN.

— Trebuie să plec, avem foarte multă treabă, am mai zis și m-am grăbit să traversez cu un aer foarte important, gândindu-mă cât de puține lucruri mai aveam, de fapt, de făcut dacă dădeam la o parte tot ce avea legătură cu bebelușa.

— Te pup, mi-a strigat.

Dar nu m-am întors spre el.

Ceea ce a fost, probabil, foarte bine, că l-aș fi văzut prăpădindu-se de râs. Se pare că plecasem de acasă cu pantalonii puși pe dos, iar la spate îmi atârna ca o coadă eticheta albă în șase straturi cu instrucțiuni de spălare în treizeci de limbi (mi-a scris el mai târziu pe Facebook să-mi povestească).

Când Sofia avea vreo patru luni, într-o după-amiază în care ea dormea pe mine și scuipatul ei îmi stătea pe decolteu ca o decorație, iar scena mi se părea atât de înduioșătoare, încât am și lăcrimat puțin, mi-am trecut mâna prin păr și am tresărit. Am găsit acolo o agrafă de păr pe care o căutam de cel puțin zece zile. Nu-mi aduc aminte nici până în ziua de azi când și de ce mi-am pus agrafa în păr, mai ales că pe atunci aveam părul scurt.

La câteva săptămâni după asta, după ce am căutat telecomanda televizorului câteva zile, iar omul a decis să comande alta, seara înainte de cină am găsit-o. Era în sertarul cu legume, în frigider, pusă frumos în punga cu morcovi, învelită într-un șervețel să nu se murdărească. Habar n-am cine-ar fi putut-o pune așa tocmai acolo...

De ce este atât de greu și în același timp atât de frumos să fii părinte? De ce nu poate fi doar frumos? Sau doar puțin greu și foarte frumos? De ce, de ce trebuie să ne fie atât de greu uneori?

Am stat de multe ori să mă gândesc la asta (mai ales noaptea, în loc să dorm, cred că e și asta o chestie a mamelor, cum sunt cearcănele și cafeaua băută rece cândva după-amiază). Am identificat rapid câteva lucruri care fac părințeala grea, ca să pot apoi găsi rezolvări pentru fiecare.

Firea mea matematică nu se poate opri din a căuta soluții. Când am descoperit cu adevărat matematica, în gimnaziu, am rămas cu gura căscată. Adică stai, *aproape orice ecuație are o soluție?* Aproape orice problemă are răspuns?

Viața noastră de familie era destul de haotică. Am crescut la țară, la bunicul Jean și bunica Veronica, până la trei ani, apoi m-am mutat la bunicii de la oraș, după ce bunica Sofia a ieșit la pensie ca să poată sta cu mine. Mama și tata lucrau în schimburi, îi vedeam doar duminica. Am stat în oraș cu bunicii Petrică și Sofia de la trei la opt ani, când a murit bunica. Apoi eu și bunicul ne-am mutat în aceeași cameră, în apartamentul părinților mei. Am crescut așa până pe la paisprezece ani, eu într-un pat îngust, bunicul în celălalt, la patruzeci de centimetri de mine. La doisprezece ani a plecat tata și am rămas fără părintele de care eram mai apropiată atunci. Nu l-am mai văzut timp de cincisprezece ani. Mama, la fel de părăsită ca mine, rămasă brusc singură, a fost copleșită de griji și relația noastră a fost tensionată mult după ce am plecat la facultate în București.

Dacă n-aș fi dat întâmplător peste niște jurnale de când aveam 13–14 ani, aș fi zis că am avut o adolescență frumoasă. Am avut prieteni buni, anii de liceu au fost ușori, profii au fost, majoritatea, simpatici. Tabere, excursii, petreceri, minidramolete amoroase, concursuri și olimpiade la care lucram, dar mai mult ne distram. Totuși, în mine nu a fost niciodată liniște în anii aceia. Mă întrebam mereu de ce a dispărut tata așa, cu ce am greșit, de ce mă simt atât de diferită, de ce nu-mi găsesc locul, de ce nu găsesc drumul spre mama, de ce am mereu această nevoie uriașă de a dramatiza și de a exagera. Între timp am înțeles: eram încă de pe atunci scriitoare.

Matematica mi-a adus claritate și ușurință. Tot ce trebuie să faci este să te oprești și să te uiți la problemă. Să înțelegi de unde vin necunoscutele, cum interacționează între ele. Am reușit să înțeleg că și în creșterea copiilor e la fel ca în matematică: dacă te gândești suficient și ai destule informații, sunt foarte puține probleme pe care nu le poți rezolva. Când am priceput asta în sfârșit, greul a devenit mai ușor.

Iată ce-am descoperit din experiența mea de părinte, care s-ar putea să fie asemănătoare cu a ta. Dar, și dacă nu e, cred că dacă te vei uita la concluziile mele îți va fi ușor să le găsești pe ale tale.

E greu pentru că nu știm ce ne așteaptă

Ne așezăm în scaunul comod de cinema, rândul VIP, cu biletele noastre pentru comedia romantică, începem să ronțăim popcornul cald și crocant, ne strângem de mână iubitul cu un zâmbet tâmp pe față, apoi începe genericul și de la prima scenă înțelegem cu groază că am greșit sala. Se pare că am intrat, de fapt, la documentarul despre al treilea război mondial.

(Exagerez un pic, dar numai un pic.)

Ajută mult să știi că e posibil să te doară tot felul de părți ale copului în primele săptămâni, să curgă lucruri din tine (nimic comic sau romantic în toate astea), să nu poți sau să nu vrei să dormi, să-ți vină brusc să plângi în timp ce bei un pahar cu apă (nici măcar n-o să știi dacă de fericire sau de tristețe), să nu simți din prima magia maternității (ceea ce te va face să te simți ca ultimul mamifer din lumea asta), să fii singură și neputincioasă, să regreți tot ce ți se întâmplă, să vrei să pui copilașul jos și să fugi. Să scapi.

E posibil să simți toate astea. Și este normal să le simți: multe mame, majoritatea, trec prin asta.

Însă, printre aceste furci care din când în când or să-ți înțepe corpul și sufletul, mai este și norul acela pufos, feeric și ușor pe care-l înghiți când devii mamă și care te face să plutești în sfere superioare în cea mai mare parte a timpului.

Și asta face toată nebunia să merite fiecare secundă.

E greu pentru că nu știm suficient de multe despre copii și despre ce pot și ce nu pot ei să facă

Ne lipsesc informațiile și structurile care să ni le ofere la timp. De unde să știm că nu știm ce trebuie, dacă nu ne spune nimeni?

Multă vreme, oamenii și-au crescut copiii după cutume, tradiții, credințe religioase, mituri și legende. Azi le avem și le practicăm încă și pe acestea (care sunt importante și au utilitatea lor), dar avem și informații științifice despre stadiile de dezvoltare ale copiilor, știm lucruri despre creierul și despre psihicul lor, despre teoria atașamentului. Există mulți psihologi care scriu public pe rețelele de socializare, există articole și cărți, interviuri și documentare care ne pot pregăti.

Azi putem înțelege de ce un copil de doi ani se tăvălește de furie.

Acum o sută de ani se credea despre el că e posedat de diavol și primea o gură de agheasmă, să se spele de Necuratul.

Acum patruzeci de ani era etichetat drept răsfățat și primea o palmă peste ochi ca să se liniștească.

Acum știm ce se întâmplă, de fapt, cu acest copilaș care e tot roșu la față, urlă necontrolat și se zvârcolește ca o râmă pe podeaua supermarketului: cortexul lui prefrontal, partea rațională a creierului, nu este suficient dezvoltat, ceea ce înseamnă că bietul copil nu e capabil de autocontrol. Se simte depășit de emoțiile puternice pe care le trăiește și-și folosește corpul pentru a le descărca. Nu-i dăm nici palme, nici agheasmă, pentru că știm că nici una, nici alta nu-i vor oferi ca prin farmec niște cortex prefrontal. Îl ajutăm să nu se lovească în criza lui de furie, rămânem calmi alături de el până se liniștește, nu-i vorbim prea mult, pentru că știm că în aceste momente nu poate procesa mare lucru. Iar altă dată încercăm să evităm mersul la supermarket la ore la care cel mic e flămând, obosit sau nervos sau toate la un loc. Și avem răbdare să crească.

E greu pentru că nu avem ajutor sau nu știm să cerem ajutorul

Cred că mulți dintre noi am crescut convinși că vulnerabilitatea e un defect, iar a cere ajutor e rușine. Eu cred că asta e o credință teribil de toxică, de care trebuie să ne descotorosim repede.

Oamenii, toți, își găsesc fericirea și vindecarea în relații (cu părinții, copiii, iubitul, prietenii, terapeutul, preotul), iar relațiile se construiesc pe adevărul ființelor umane care sunt implicate în ele. Două măști de plastic nu pot avea o relație, pentru că nu există între ele niciun schimb, nicio miză. Oamenii pot fi fericiți împreună când se arată unul altuia și se cunosc, iar asta se întâmplă când devin vulnerabili, când își dezvăluie cele mai fragile și mai importante părți din ei.

Toți avem nevoie de ajutor în viețile noastre, iar cei care ne iubesc au nevoie să ne ajute.

Ne sprijinim unii de alții și ne suntem recunoscători unul altuia și nouă înșine, iar asta e esența fericirii.

La Brené Brown am citit despre asta, ea a studiat mult rușinea, vulnerabilitatea și relațiile interumane. Clipurile ei de pe YouTube și toate cărțile ei m-au ajutat mult să mă înțeleg și să nu mă mai tem de mine.

Abia când am recunoscut față de mine că mi-e greu și că nu mă descurc (la job, cu copiii) și am cerut răspicat ajutor, am reînceput să trăiesc.

Mulți dintre noi ne-am dezrădăcinat; am ales să facem facultatea departe de casa părinților, ne-am construit relații și familii la sute, mii de kilometri depărtare, ca să ne putem oferi nouă și copiilor noștri altceva decât am trăit noi. Suntem astfel departe de familie, de tribul care în alte condiții ne-ar fi putut sprijini în îngrijirea copiilor și a casei, ne-ar fi fost prieteni și plasă de siguranță.

De multe ori, ce-ți lipsește cel mai mult este un om care să te asculte fără să te judece. Deși nici cineva care să stea cu copilul două ore, cât faci tu o baie neîntreruptă sau ieși să te plimbi de una singură, nu-i de lepădat. Sau cineva care să-ți facă o ciorbă acră și-un pui cu sos și piure cât te joci pe podea cu copilul.

Acest cineva poate fi soțul tău, dacă-i arăți că ajutorul lui e binevenit. Poate fi soacra ta, prietena ta, vecina ta, sora ta, colega de la birou care are și ea copii de vârsta alor tăi și care poate s-ar apropia de tine dacă, atunci când te întreabă *Ce mai faci?*, i-ai spune în loc de convenționalul (și neadevăratul) *Foarte bine, tu?* un mult mai sincer și asumat *Of, de fapt, sunt foarte obosită și depășită, n-am mai stat o oră eu cu mine de cinci ani*. Poate că ea atunci ar spune în loc de clasicul (și mincinosul) *Ah, super, și eu foarte bine!* un prețios și autentic *Oh, cât de bine te înțeleg, și eu la fel*. Și poate de-acolo s-ar naște ceva util pentru amândouă.

Iar dacă nu e nimeni în jur, nu dispera! Sunt multe lucruri pe care le poți face tu pentru tine. Te poți ajuta singură mai mult decât crezi. Poți cumpăra oale care să gătească rapid în locul tău, aspirator robot să aspire cât scoți copiii în parc, uscător de rufe și mașină de spălat vase. Poți să nu te mai consideri salvatoarea Universului și poți să te împaci cu jucăriile care nu sunt perfect puse la loc. Poți să-ți dai tu ție pauze mici și dese: *Cinci minute să mă machiez chiar dacă nu ies din casă, zece minute seara să meditez, cinci minute sau trei minute – sau câte minute ai nevoie – să fiu singură la baie.*

Și mai poți să-ți repeți singură: *pot (în timp ce împerechez ciorăpei ca de păpuși) să ascult muzica aia care-mi plăcea odată, pot să mă uit la seriale cât curăț morcovi, pot să mă joc cu copiii jocuri care-mi plac și mie, pot să gătesc ce-mi place, nu doar ce trebuie.*

Pot, dacă nimic din toate astea nu merge cum trebuie, să încep în sfârșit să merg la terapie. Una dintre puținele părți bune ale pandemiei de COVID a fost asta: toți terapeuții lucrează acum online, pe Skype sau WhatsApp. Nu mai e nevoie să traversezi jumătate de oraș sau să renunți la ideea asta pentru că ești în altă țară: te duci pe balcon sau te încui în mașină și ora săptămânală de terapie e chiar acolo, la tine.

E greu pentru că suntem obișnuite să ne învinovățim pentru orice

Am crescut cu povara aceasta a propriei fatalități și nepriceperi: tot ce mergea rău era din vina noastră și ne încasam pedepsele indiferent că aveam sau nu treabă cu pocinogul.

Îmi aduc aminte că acum vreo cinci ani, când fetița mea avea aproape patru ani, iar băiețelul aproape doi, pregătisem micul dejun pentru toți patru. Făcusem omletă cu brânză și roșii și salată, prăjisem patru felii de pâine, pusesem apă și tacâmuri pentru toată lumea, strigasem de cinci ori după ei să vină la masă; ei au venit în sfârșit, am luat toți câteva guri, cel mic a scăpat furculița pe jos, m-am ridicat să îi dau alta curată, apoi fetița a mai vrut ridichi și m-am ridicat să-i curăț câteva, apoi am văzut că se terminase pâinea și m-am ridicat să mai pun la prăjit, dar am constatat că se terminase.

Nu mai era pâine.

Dezamăgită de mine, am început să caut în cămară o cutie de crackers integrali sau altceva ce puteam folosi pe post de pâine, în timp ce fredonam ca pentru mine: *Mami e de vină, mami e de vină*, un cântecel inventat *ad-hoc* de mintea mea ca să-mi aducă aminte că, orice-ar fi fost, de vină eram eu.

Da, eu sunt de vină că mă ocup de cinci ori pe zi în fiecare zi, de atâția ani, de masa pentru două, trei sau patru persoane, că eu fac cumpărăturile, eu mă asigur mereu că avem de toate, eu gătesc și strâng, eu mă ocup de rufe să fie spălate, uscate, împerecheate, netezite și puse la locul lor, eu mă ocup de programările copiilor la medici și la alte activități, de tratamentele lor când sunt bolnavi, de școala și cursurile lor, de întâlnirile lor cu prietenii, de temele lor, de porția de citit pentru fiecare în română și în engleză, de practica lor de scris de mână și de tipar, de limitele lor la ecran, de cărțile pentru ora de lectură de seară, de hainele și încălțările și jucăriile și cadourile lor, de petrecerile lor de Crăciun, de vitaminele pe care trebuie să le ia uneori, dar nu mereu, de ieșitul lor în parc pe jos și cu bicicletele, de viața lor echilibrată, de nevoile lor emoționale și fizice, de vase, de pernele prea multe sau prea puține de pe canapea, de mâncarea pisicii și de controalele ei periodice la veterinar, de prietenii familiei, care trebuie sunați și felicitați la aniversări, de vacanțe, de călătorii, de bagaje pentru cel puțin trei persoane, de listele cu lucruri de făcut, de mine însămi, da, eu sunt de vină că nu mai e pâine.

Ei bine, refuz.

Refuz să mă mai simt vinovată că am ratat un lucru de pe lista cu 143 de lucruri pe care le fac zilnic, refuz să-mi mai cer scuze că sunt om, nu robot, refuz să mai joc acest rol al femeii care nu greșește și nu se plânge niciodată.

Da, simt adesea că fac prea multe, dar, pentru că le fac pentru oameni pe care-i iubesc și pe care mi i-am dorit în viața mea, îmi asum responsabilitatea pentru ele și mi-am găsit trucuri care să mă ajute să mă bucur de toate cele pe care le fac.

Dar vina… hmm, vina poate să dispară. Pe ea n-o mai primesc aici, în sufletul meu. N-are decât să cânte la altă masă. Nu, nu la a ta, mamă de doi sau de trei care faci la fel de multe ca mine. Nici la a ta, mamă singură. Și nici la a ta, mamă departe de țară, care-ți crești copiii mai mult singură, fiindcă soțul tău e mereu la muncă.

Haideți să ieșim de sub jugul ăsta nedrept și mincinos și să nu ne mai flagelăm pentru lucruri care nu sunt în cârca noastră. Faptul că facem mai mult decât este uneori omenește posibil nu înseamnă că suntem obligate să facem asta *zi de zi, toată viața.*

Nu suntem obligate. Doar că așa alegem noi, din iubire.

Dar, când alegerea ajunge să ne îngroape, a venit vremea să alegem ceva diferit. E momentul să cerem ajutorul și să-i lăsăm pe cei care ne iubesc să facă pentru noi ce facem și noi pentru ei de atâta vreme.

E greu pentru că ne grăbim și nu știm să fim aici, acum

Nu mi-am explicat niciodată nevoia oamenilor de a alerga după ceva mai bun, mai distractiv, mai interesant în viitor, în timp ce reușesc să ignore complet bunul, distractivul și interesantul de aici și de acum. Probabil pentru că nu ne pricepem să trăim în prezent și avem foarte des senzația că acum e cel mai greu, iar mâine, la vară, la anul va fi mai puțin complicat, și prin urmare mai frumos.

Într-un fel, e adevărat.

Greu e ce trăiești, iar ce crezi că vei trăi e sigur mai ușor, pentru că e doar în imaginația ta, deci acolo poți așeza ce vrei. Și chiar e foarte bine să pui în viitor imagini pozitive, fericite, liniștitoare, care să-ți fie far în clipele cele mai întunecate.

Dar ce te poate ajuta să depășești momentele complicate din fiecare zi este să te uiți mai bine la ceea ce ESTE.

Să lași deoparte ce credeai că va fi sau ce crezi că va fi și să te observi ca un reporter care relatează echidistant pentru public ce e în viața ta.

Copilul a spart un pahar pe gresie. Mama spune cu voce tare că e cea mai groaznică zi din viața mea. Peste cinci minute, copilul râde și se joacă în brațele mamei, după ce ea a strâns cioburile și a înlocuit paharul cu unul de plastic.

Oare chiar e asta cea mai groaznică zi?

Ce este în viața ta acum?

Ai un copil, sau doi, sau trei, sau patru, pe care-i iubești și care te iubesc, aveți un acoperiș desupra capului, sunteți sănătoși, stați la căldură, aveți ce mânca și despre ce povesti peste ani. Crede-mă, va veni un moment în care vei râde de ce te înnebunește acum. E posibil să nu fie atât de îndepărtat momentul acela...

E greu pentru că avem o nevoie uriașă de control

Când suntem copii, avem puțin control asupra vieții noastre, și e normal și sănătos să fie așa.

Intrăm în școală și apoi la serviciu, unde mereu sunt alții care știu mai bine ca noi și care aleg uneori să se folosească de asta pentru a ne face să ne simțim inferiori și lipsiți de control.

Apoi ne îndrăgostim și simțim cum pierdem și mai mult controlul.

Pe care niciodată nu ni-l dorim mai mult decât atunci când devenim părinți.

Vrem să controlăm cât mai mult, ca să ne ținem copiii în siguranță, departe de rău, ca să-i vedem cum cresc isteți și fericiți.

Dar viața nu este și nu va fi niciodată sub controlul nostru, la fel cum nici copiii noștri nu vor fi decât temporar și parțial. Mereu sunt lucruri care se întâmplă, orice ai face și oricât ai plănui.

Copiii vin cu temperamentul lor, ei nu sunt bucăți de plastilină în palmele noastre. Îi putem îndruma, educa și influența, dar ei nu vor deveni niciodată 100% cum îi visăm noi.

Iar asta e foarte bine. Cred că am fi zdrobiți de responsabilitatea aceasta imensă, pe care doar Dumnezeu sau Universul le poate duce până la capăt.

Eu, una, mă simt teribil de ușurată că nu depinde totul de mine. Că, orice-aș face eu, copiii tot cresc, păsările tot cântă, uneori o să plouă și alteori o să iasă soarele.

În unele zile o să fac totul aproape foarte bine, dar copiii mei tot o să fie triști pentru că afară nu a nins, iar în alte zile o să fiu exagerat de leneșă și-o să stau toată ziua în pat să citesc, iar copiii mei o să fie fericiți că au auzit la radio o melodie care le place.

Aleg să am încredere și să nu-mi mai doresc să am controlul, pentru că responsabilitatea controlului permanent și peste toate mă epuizează, iar mie-mi place să fiu odihnită.

E greu pentru că nu avem modele, pentru că ne dorim enorm să fim mai buni ca părinții noștri, dar nu știm cum

Generația noastră de părinți e deschizătoare de drumuri. Am intuit asta încă de acum nouă ani, când erau la modă forumurile și vedeam ce se discută, cum părinții, dar mai ales mamele, căutau să înțeleagă exact ce n-a mers în copilăria lor.

Ce facem noi e teribil de greu. Știm sigur că nu vrem să ne mai creștem copiii așa cum am fost crescuți noi, nu vrem să-i lovim, să-i umilim, să-i trimitem în camera lor, nu vrem să-i facem de rușine și să-i criticăm ca să fie mai buni. Vrem să-i susținem, să-i încurajăm, să-i învățăm despre emoții și vulnerabilitate, dar vrem în același timp să ne putem iubi în continuare părinții, să păstrăm de la ei bunul-simț și respectul față de meserie pe care ni l-au oferit ca pe un dar.

Cum decupezi din tot ce-ai trăit doar ce e bun și cum dai la o parte ce produce suferință? De unde mai știi, în sacul fără fund care este mintea ta, ce comportamente ale părinților tăi poți folosi în continuare și ce trebuie să se oprească la tine?

O metodă care m-a ajutat mult în ultimii ani și pe care am învățat-o de la psihoterapeutul Gáspár György, din articolele și din cele două cărți ale sale, *Copilul invizibil* și *Suflete de sticlă*, este să caut și să scot la lumină copilul din mine. El nu minte niciodată. Emoțiile și senzațiile despre întâmplările de atunci sunt adevărate. Mă uit la ele cu mintea de adult, uneori însoțită de terapeut, alteori singură, și văd foarte clar ce nu mi-a făcut bine, ce trebuie să evit ca părinte din ce am trăit în copilărie.

Mă informez, citesc, scriu, cer sfatul celor mai pricepuți decât mine, mă înconjor de părinți care caută în aceeași direcție ca mine, ca să nu mă pierd niciodată. De aceea am fondat colecția de cărți pentru părinți *Educație cu blândețe*, de aceea am fondat grupul de Facebook pentru părinți *Educație cu blândețe*, de aceea scriu cărțile pentru copii, de aceea scriu cartea aceasta și toate articolele de pe blog din ultimii nouă ani. Vreau ca *tu* să știi că nu greșești niciodată atunci când te stăpânești și nu-ți lovești copiii, că nu ești singură în acest trib. Suntem tot mai mulți și împreună cu copiii noștri vom găsi drumul pe care-i vom călăuzi cu blândețe.

N-o vom face perfect, nici nu ne propunem asta. Dar ne va ieși mai bine decât generațiilor anterioare, nu am niciun dubiu. Abia aștept să scriu o carte pe aceleași subiecte peste treizeci de ani, când copiii mei vor fi la rândul lor părinți și vor citi cartea aceasta, iar eu îi voi întreba dacă am făcut bine sau rău.

E greu pentru că există internet, care ne sufocă pe de o parte cu prea multe informații (nu toate bune) și, pe de altă parte, cu vina că nu suntem perfecți cum sunt ceilalți părinți

Pe internet găsești foarte ușor lucruri care-ți confirmă convingerile. Social media e astfel construită, încât e foarte ușor să-ți alcătuiești o bulă în care să găsești doar validare. Deși sunt multe informații valoroase și verificate științific, postate pentru folosul public, uneori e greu să ajungi la ele sau să discerni între ce e bun și ce nu, ce ți se potrivește și ce nu.

Există în continuare pe rafturile librăriilor ghiduri pentru părinți care încurajează lovirea și umilirea copiilor, editurile le promovează pentru că managerii lor știu că există un public dispus să cumpere astfel de cărți care sunt la limita legalității (în România sunt interzise lovirea copiilor și instigarea la lovirea copiilor). Din punctul meu de vedere, aceste sfaturi sunt toxice și periculoase pentru binele tuturor, pentru că o națiune poate merge înainte doar atunci când își respectă copiii și bătrânii.

Eu am ales să stau departe de oameni care sunt foarte diferiți de mine, care au convingeri diametral opuse mie, am ieșit din grupurile de Facebook unde mamele erau puse la zid, nu urmăresc blogurile scrise de persoane care nu au responsabilitate și ar publica orice pentru trafic.

Urmăresc medici care scriu pe blog, oameni de știință care își cunosc domeniul, jurnaliști care-și fac bine meseria, am mica mea echipă de mame cu care pot să râd de unele gânduri ale mele fără să mă tem că vor chema Protecția copilului.

Cine spune că e (și crede că e) părintele perfect ori minte, ori e în negare, ori a găsit niște pastile foarte bune, din care aș vrea și eu, dacă are în plus (adresa mea de e-mail e pe blog, mulțumesc frumos).

E greu când copiii din noi sunt invidioși pe copiii noștri pentru toate lucrurile care atunci n-au fost, dar acum sunt

Oho, de câte ori am simțit asta, iar câteva minute mai târziu mi-a venit să-mi dau palme peste ochi pentru o asemenea emoție oribilă!

Dar stai, Ioana, emoțiile tale nu sunt din vina ta!

Nu e vina ta că, pe vremea când aveai cinci ani, părinții tăi nu prea aveau bani, iar magazinele nu aveau încălțări, așa că umblai cu pungi vârâte în ghetele găurite, ca să nu-ți intre-n ele zăpada topită și murdară.

Nu e vina ta că păpușa cea mai dorită și mai prețioasă a ta, bebelușul ăla brunet, mare și grăsuț la care ai visat ani la rând, a stat pe șifonier până ai plecat la facultate, așteptând să *meriți* să te joci cu el, și nu l-ai ținut în brațe decât de două ori câte trei minute.

Nu e vina ta că a murit bunica și nimeni nu ți-a spus adevărul decât mult prea târziu.

Nu e vina ta că tatăl tău a plecat pentru totdeauna.

Nu e vina ta că, spre deosebire de tine când erai mică, copiii au încălțări noi, bune, rezistente și călduroase, care le vin bine.

Nu e vina lor că nu-i lovești, așa cum nu e vina ta că tu ai fost lovită.

E absolut normal să-ți invidiezi copiii.

Ioana mică privește cu jind toate astea. Jocurile tale cu copiii, călăritul, tăvălitul, discuțiile interminabile, serile lungi la povești, toate *teiubescurile*, toate vacanțele, toate declarațiile și îmbrățișările. Vrea și ea. Și e normal și sănătos să vrea.

În ziua în care am urlat de frustrare la copiii mei, care plângeau amândoi deodată atât de tare (și de nejustificat, mi se părea mie), iar eu eram atât de obosită și de furioasă pe ei că, deși le dau tot ce am, tot ce pot și tot ce simt, ei tot nemulțumiți sunt, aproape că am auzit geamurile și farfuriile din dulap zdrăngănind de cât de tare am urlat. Au ieșit din mine toată invidia și toată tristețea pentru Ioana mică, și imediat ce eu am tăcut, au tăcut și copiii, doar pentru o secundă însă. Apoi au început amândoi să plângă atât de tare, de data asta de frică, încât m-am simțit ca ultimul om.

Am înțeles atunci că nu am altă cale decât să-i dau Ioanei mici tot ce le dau și copiilor mei.

Așa că acum cresc patru copii în fiecare clipă a vieții mele. Fetița mea de aproape nouă ani, băiețelul de șase ani și jumătate, copilul nenăscut, care e cu noi mereu și se bucură de binele nostru, și Ioana mică. Primesc toți iubire, gânduri bune, cadouri, promisiuni și aprecieri, timp cu mine și asigurări că sunt importanți și văzuți. Uneori, mai vine la adunare și copilul din soțul meu, care vrea și el loc la masa noastră. E frumos așa, unde-s mulți copii e și multă joacă...

E greu pentru că în general nu avem încredere în noi, iar creșterea copiilor noștri, care este cel mai important rol pe care-l vom împlini în viața noastră, e un domeniu atât de complicat și nou pentru noi, încât

practic nu ne dăm nicio șansă să reușim performanța de a ne crește bine copiii

Cu fiecare zi care trece, la finalul căreia tu, iubitul și copiii tăi sunteți în pat, în siguranță, bucuroși că sunteți vii și nerăbdători pentru ziua de mâine, vei căpăta mai multă încredere în tine și în familia ta. Vei vedea că împreună găsiți soluții la orice, că bolile trec, că ei cresc și învață, că tu te descurci, că, de fapt, uneori ești chiar grozavă!

Începutul e greu, pentru că ești pe teritoriu complet străin, dar fiecare pas cu copilul tău în brațe, fiecare plâns care trece, fiecare conflict vă ajută să vă cunoașteți mai bine și să creșteți frumos.

Nu există rețete magice, există doar timp.

Timp care, deși nu pare, trece suficient de repede cât să ajungi să regreți fiecare etapă ce-ți părea chinuitoare și interminabilă, dar care avea atâta candoare pe care o simți pierdută și de care ți-e dor. Și uite-așa faci al doilea copil, pe al treilea, și tot așa.

Pentru că nu ne mai săturăm de iubire.

E greu pentru că-i iubim atât de mult, încât nu putem dormi noaptea

Dar o carte bună și un ceai de tei ajută.

#IvanZice

În pat, întuneric să-ți bagi degetele-n ochi, liniște, oboseală mare după o zi în copaci, Ivan respiră regulat, soră-sa sforăie în camera vecină, *taci, c-a adormit și el și pot să mă evacuez și eu oleacă pe balcon la un serial și-un vin, că doar e sâmbătă seara, și imediat după aia colapsez cu*

o carte pe piept, ah ce frumoasă e viața, dar nu, ăsta micu' sare brusc în fund și zice:
— Mami, e adevărat că în engleză la farfurie zburătoare se zice *sausage*?
— Nu prea, puiule, ăla e cârnat, dacă îmi aduc aminte corect.
— Ah, ce păcat, că i se potrivea *sausage*.
Și se trântește lat înapoi la somn, dându-mi totodată un cap în gură.
Ce voiam să zic: nu numai că acum îmi pulsează dinții, dar nu mai am niciun chef de vin. Acuma vreau bere cu cârnăciori. Și n-am. Și e sâmbătă seara.

Primul an împreună: cea mai dulce îmbrățișare

Când Sofia avea trei zile, ne-am externat din maternitate și am venit acasă.

Peste trei zile, am revenit cu ea în maternitate la neonatolog, pentru că mi se părea că respiră ciudat. Totul era în regulă.

La nouă zile a început să regurgiteze, întâi mai puțin, apoi tot mai mult și mai des. Ne-am dus cu ea la urgențe.

La trei săptămâni a început plânsul fără oprire, îndeosebi noaptea. Vrei să ghicești ce am făcut? Ai dreptate, ne-am dus cu ea la spital.

Când Ivan avea două zile, ne-am externat și am venit acasă. El nu plângea și nici nu vomita, în schimb dormea aproape tot timpul și nu prea sugea. Era prea mic și slab, avea puțin peste două kilograme. În prima lună ne-am dus cu el la urgențe de șase ori, o dată convinși că e în comă, pentru că dormea atât de profund, încât nu-i auzeam respirația și nici nu-i vedeam pieptul mișcându-se.

Ce vreau să zic este că bebelușii adevărați, spre deosebire de cei din filme, care doar gânguresc fotogenic și stau cuminți în haine perfecte, fac multe chestii neașteptate. Unele dintre ele sunt normale și sănătoase, dar părinții fie nu sunt avertizați despre ele, fie sunt prea speriați ca să mai acționeze rațional, dar altele sunt semne că ceva nu e cum trebuie și vizita la spital e salvatoare. Ideal este să ai alături o mamă experimentată, o *doula* care cunoaște bine bebelușii sau un medic pediatru care are timp să facă vizite la domiciliu. Așa nu devii *Mama Aceea Care Dă Buzna la Urgențe în Fiecare Miercuri, Vineri și din Două în Două Duminici.*

Unii bebeluși plâng mult, alții dorm mult, unii stau prea mult timp treji, unii nu se atașează bine la sân, alții nu mai vor să-i dea drumul.

Ce știm însă destul de bine după multe decenii de studiu, dar și după ce am iubit și am crescut bebeluși, este că toți vor să stea cât mai mult în brațe. Studiile arată clar nevoia uriașă de contact fizic a copiilor mici, pe care ei o resimt la fel de puternic cum resimt toate ființele foamea sau setea.

Așa că, dragă mamă, ține-ți bebelușul aproape. Poartă-l la piept, lasă-l să doarmă pe tine cât timp citești, refă-ți viața așa cum poți, ținându-ți puiul aproape.

Uite un lucru pe care l-am făcut greșit la primul copil și pe care poate tu o să-l faci mai bine: după ce am născut, mi-am reconstruit viața un jurul copilului, pentru că am fost sigură că asta e ceea ce face o mamă bună.

Ce-mi plăcea să fac înainte să nasc, în ordine haotică:

Să mă plimb prin piață, prin parcuri, să ascult muzică.

Să ies la un pahar de vin cu prietenele mele.

Să merg la concerte.

Să ies la cinema.

Să stau seara în oraș la o terasă.

Să călătoresc.

Să fac dragoste cu iubitul meu.

Să merg la serviciu, să muncesc, să planific, să scriu, să socializez.

Ce n-am mai făcut după ce am născut:

Nu m-am plimbat deloc prin piață, prin parcuri, nu am ascultat deloc muzică (cine are timp de așa ceva cu un nou-născut?).

Nu am ieșit la niciun pahar de vin cu prietenele mele (alăptam, doooh).

Nu am mers la niciun concert (e gălăgie).

Nu am văzut niciun film la cinema (și mai gălăgie).

Nu am rămas niciodată seara în oraș la o terasă, bebelușa trebuia culcată la 8 seara în patul ei (unde oricum plângea până la 4 dimineața, dar eu nu renunțam la rutină).

Nu am călătorit (o ieșire de două zile presupunea opt zile de adunat bagaje și burdușit mașina cu de toate, inclusiv mobilă).

Nu am făcut dragoste cu iubitul meu (nu aveam chef deloc, mă dureau toate zonele care înainte îmi produceau gâdilici în cerul gurii).

Nu am mers la serviciu (eram în concediu, și oricum nu aș fi fost în stare de nimic, noaptea plimbam fetița, care plângea întruna, ziua umblam ca un zombi încercând să n-o scap din brațe).

Ce se întâmplă cu un om căruia îi iei toate micile plăceri? Exact. Se ofilește, se umple de frustrări, nervi și gânduri negre. Depresia îmi rânjea de după colț.

Ca să mă asigur că fetița mea are un mediu de viață curat, liniștit și organizat, eliminasem tot ce-mi aducea bucurie. Rutina sterilă de spălat, plimbat, hrănit și culcat bebelușa îmi ucidea încet tot cheful de viață.

Deși, da, sigur că o iubeam ca pe ochii din cap, momentele în care dormea pe mine sau alături și întrezăream un zâmbet pe moaca ei dulce, mirosul ei de migdale, părul ei de mătase, ochișorii ei care mă căutau întruna, toate mă făceau extrem de fericită. O iubeam cu toate celulele mele, simțeam că prezența ei mă schimbă, mă vindecă la fiecare pas.

Dar îmi era greu să-mi regăsesc drumul cu această nouă ființă lipită de pieptul meu.

Când, într-o dimineață pe la cinci, am dat cap în cap cu iubitul meu, eu ieșind din dormitorul unde încercasem în van să adorm, el ieșind din dormitorul fetiței unde încercase în van s-o adoarmă, și ne-am speriat atât de tare unul de altul, încât eu am urlat, iar el a căzut lat pe podea, am decis să schimbăm ceva.

Ce-ar fi dacă, în loc să ne deconstruim complet viața și s-o aranjăm în jurul unei ființe care nici nu știe unde-i sunt mâinile, am aranja viața ei în jurul nostru, păstrând, desigur, acele lucruri care sunt esențiale pentru bebeluș?

Am început să ieșim la câte-o terasă, cu bebelușa într-un sistem de purtare.

Am luat-o la piață, la bibliotecă, prin magazine. Am început s-o adorm afară, în Grădina Botanică, iar după ce adormea mă opream pe o bancă să citesc.

Mi-am reluat întâlnirile cu prietenele mele; ele veneau cu iubiții sau cu cățeii lor, eu veneam cu bebelușa.

Am început să plănuim vacanțe în care ne propuneam să plecăm doar cu două genți (nu ne-a ieșit niciodată).

Ne uitam la filme împreună seara, cu bebelușa sforăind pe noi (așa am văzut primele sezoane din *Game of Thrones*). Din când în când, unul dintre noi mergea la cinema cu un prieten, iar celălalt culca fetița.

Sigur că pare așa, cam la mintea cocoșului ce zic eu acum, adică *Hellllooo, normal că asta e de făcut,* dar uite că atunci, în primele luni, amețită de hormoni și de iubirea asta complet nouă și atât de intensă, dar și de listele cu TREBUIE de pe internet, nu mi-am dat seama, nu am văzut acest firesc și startul a fost împiedicat și greu.

În următoarele luni am înțeles mai bine și plânsul copiilor, și nevoia lor de noi, dar și de timp.

Sunt multe alte lucruri pe care le-aș face diferit dacă aș mai avea copii mici, chiar dacă, până la urmă, nici ce-am făcut n-a fost așa de rău, că, uite, copiii noștri sunt deja mari și simpatici și isteți, nu pare că i-am stricat cine știe ce (vedem când mi-or trimite nota de plată de la cabinetul de psihoterapie), dar cu siguranță mi-ar fi fost mie mai ușor.

Conectarea cu nou-născutul, ținutul în brațe, somnul, legănatul, nevoia bebelușilor mici de contact, răbdarea, amenajarea spațiului, jucăriile, activitățile, plânsul, adaptarea unul la celălalt, comunicarea cu bebelușul, alăptarea și diversificarea au trecut cu bine, deși tare complicate mi s-au mai părut.

Scriu mai jos pe scurt despre toate aceste lucruri, pentru că sigur le pot fi de folos viitoarelor și proaspetelor mame și pentru că-mi doresc să nu mai uit ce-am învățat, chiar dacă acum nu-mi mai e de niciun folos. Dacă ai copii mai mari și nu plănuiești s-o mai iei de la capăt, poți liniștită să sari la capitolul următor.

Dar, înainte de a trece la detalii, te invit să faci cunoștință cu tine bebeluș. Care sunt poveștile pe care le știi deja? Dacă îți lipsesc detaliile, întreabă-ți bunicii și părinții. Te țineau înfășată? Plângeai mult? Cu cine dormeai? Cât timp ai fost alăptată? Ce jucării preferate aveai când erai bebeluș? Ai petrecut mult timp singură cât erai foarte mică? Cine-a stat cu tine? Ai poze de atunci?
Despre mine circulă această istorie de familie: până să împlinesc nouă luni, aveam mereu pielea de pe bărbie și mandibulă vânătă și tăbăcită, pentru că îmi petreceam mare parte din zi și din noapte înfășată foarte strâns în pânze și legată cu fașă (se pare că asta mă liniștea), iar când mă desfăceau ca să mă schimbe și să mă spele, mâinile mele porneau în sus cu atâta viteză și dorință, încât mă pocneam inevitabil peste bărbie. Desigur

că toată lumea râdea când, la mesele de familie, bunica, mama sau mătușa mea povestea așa o ispravă, Heheee, hotărâtă de mică Ioana noastră... Dar mie mi se părea atât de tristă această poveste! O și văd pe mititica de mine, legată ca un sac de cartofi, fericită să se miște alea cinci minute pe zi, cu moaca roșie de la cât se plesnește singură de prea mult entuziasm. Mai știu și poveștile cu Țața Floarea, o femeie din sat care stătea cu mine cât mergea bunica la școală, care uneori adormea și uita să-mi dea laptele de vacă pregătit în sticla cu tetină de cauciuc. Și, desigur, cele cu injecțiile cu penicilină pe care mi le făcea bunicul meu Jean cu seringa lui mare de sticlă, în timp ce bunica și unchiul mă țineau pe pat, iar eu eram atât de speriată, că reușeam să evadez printre picioarele lor, deși n-aveam nici un an și mă puteam deplasa doar târându-mă în patru labe.

Toate experiențele pe care le trăim la un moment dat (și mai ales acelea pe care nu ni le amintim foarte bine) ne influențează, ne schimbă și determină felul în care ne purtăm cu copiii noștri. Cu cât știm mai multe și le analizăm cu mintea de adult, cu atât mai limpezi și mai ușoare vor fi deciziile legate de felul în care ne purtăm cu copiii noștri. Dacă ne lăsăm trecutul neexplorat, multe dintre acțiunile noastre sunt pe pilot automat, la furie, grabă ori frică, dictate de cine știe ce întâmplări vechi. Dar, dacă ne uităm bine la întâmplările de atunci, în situațiile dificile vom putea pune ce vrem noi în locul unui răspuns expirat, anacronic și de multe ori caraghios, dacă nu chiar nociv. Astfel, vom putea reacționa cu răbdare, curiozitate, umor sau compasiune în situații în care părinții noștri ne-ar fi dat o palmă, și cu asta basta.

Primele clipe împreună

Eram atât de amețită după nașterea fetiței, încât nu-mi aduc aminte nimic din ce-am simțit. După cezariana de urgență, mi-au arătat-o un pic, apoi pe ea au dus-o la cântărit, pe mine m-au cusut strat după strat, apoi m-au mutat la terapie intensivă și mi-au băgat calmante în perfuzie. După vreo oră, mi-au adus-o, pufoasă, toată șifonată și flămândă. Dacă n-aș avea poza făcută de soțul meu fix atunci, sigur aș fi uitat și asta.

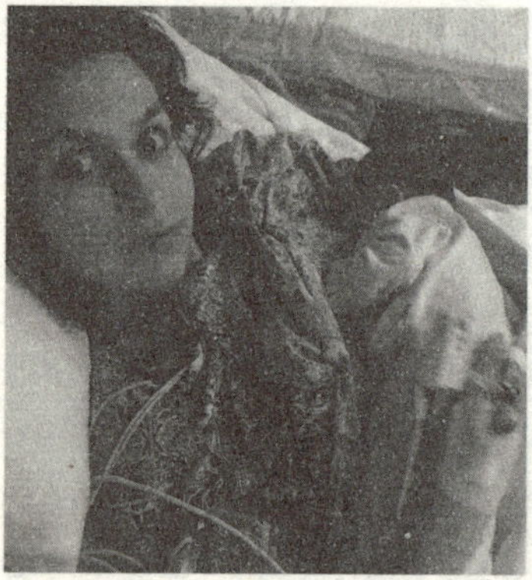

Am pus-o la sân și a molfăit ea ceva atunci, apoi a adormit. După ce m-au mutat în salon, câteva ore mai târziu, am cerut-o lângă mine și acolo a rămas. Îmi aduc aminte că eram moartă de somn (și drogată bine cu tot cocteilul de calmante), dar nu mă puteam liniști. Mă ridicam s-o văd în pătuțul ei transparent pe roți, zâmbeam ca proasta, apoi imediat plângeam, pentru că mă durea burta tăiată dintr-o parte în alta. Am făcut asta la fiecare cinci minute, până am terminat cutia de șervețele oferite de maternitate. Apoi, iubitul mi-a luat boțul de aur și mi l-a pus în brațe, și atunci au început mirarea, iubirea și teama.

Am plecat acasă curând și am început să ne descoperim în toată splendoarea noastră, în cele mai vulnerabile situații. Ea, abia născută, eu, proaspăt cusută, sângerând din tot felul de locuri care mai de care mai intime, obosiți, speriați și atât de îndrăgostiți.

Sunt atât de importante clipele acestea, primele! Chiar dacă e foarte posibil să uitați cu toții ce s-a întâmplat de fapt, familiaritatea pe care o construiți atunci, împreună, e foarte prețioasă! E atât de important pentru tată să fie invitat și el în acest dans al conectării cu nou-născutul! Astfel va căpăta încredere în el ca părinte și-și va începe propria relație solidă și minunată cu copilul său.

Lăsați-i și pe frații mai mari să se bucure de asta! Faceți poze, filme, dar mai ales trăiți!

Iar dacă nu aveți parte de ele din motive medicale, nu-i nimic, imediat ce se poate, stați lipiți împreună și totul va fi bine!

Copilașii chiar sunt magici și sunt atât de inteligenți!

Se-nvață în brațe?

Numeroase studii arată cât de multă nevoie au bebelușii ca mama lor să le fie aproape. De fapt, se pare că nevoia lor ca mama sau tatăl să le răspundă atunci când plâng este o nevoie la fel de importantă ca aceea de hrană (lapte matern, de preferat, sau lapte praf, dacă alăptarea nu e posibilă). Cu alte cuvinte, pentru bebeluși e important să aibă o persoană care să-i îngrijească mereu. Se adaptează greu și se simt stresați dacă azi îl îngrijește mama, mâine o bunică, apoi vecina, apoi tatăl și așa mai departe. Nou-născuții au nevoie de o persoană principală de atașament (dacă vrei să aprofundezi subiectul, îți recomand cartea *Bebelușul meu înțelege tot*, de Aletha Solter) și au nevoie ca acea persoană să le răspundă cât mai repede atunci când o cheamă.

Copiii atât de mici nu se cer în brațe pentru că s-au învățat prost sau pentru că sunt răsfățați, ci pentru că au cu adevărat nevoie de trupul cald al mamei lor (sau al tatălui) ca să se regleze și să se liniștească. Au nevoie de glasul părintelui să le traducă lumea, au nevoie de mișcarea blândă a mersului celui care-i poartă pentru a adormi.

Îmi place mult cartea *Conceptul Continuum,* a lui Jane Liedloff, care explică pe îndelete că, de fapt, copiii ar mai avea nevoie de încă un trimestru în burta mamei ca să fie pregătiți pentru lumea de afară, dar le-ar crește capul prea mult și nu s-ar mai putea naște natural (se pare că bazinul femeilor, și prin urmare canalul nașterii, s-a îngustat mult în timp, ca urmare a adaptării la mersul biped), așa că ei se nasc la nouă luni, dar încă trei au nevoie constant de contact cu mama sau cu tatăl. Cât mai mult în brațe, piele pe piele, vorbit cu grijă, alăptat la cerere, mediu prietenos și multe oportunități de somn. Cartea vorbește și despre efectele pe termen scurt și lung pe care le are privarea nou-născutului de atașamentul sigur cu o persoană care este disponibilă mereu pentru el.

Pe mine m-au salvat sistemele de purtare, mai ales la al doilea copil.

Puiul stătea la pieptul meu dormind, explorându-mi pielea de pe piept, molfăindu-și pumnii, gângurind, în timp ce scoteam fetița în parc sau mă jucam cu ea de-a picnicul pe covor.

Îți recomand să-l implici cât mai mult și pe tatăl copilului, dar și pe bunici, dacă sunt în zonă, să aibă grijă de tine cât tu ai grijă de copil.

Poartă-l în brațe fără grijă ori de câte ori te cheamă și nu te teme de nimic rău. Tot ce va învăța este că tu ești acolo când are nevoie și că se poate desprinde fără grijă, fiindcă are unde să revină. Va învăța că e iubit și prețios și că nevoile lui sunt luate în seamă. Va învăța că lumea e un mediu prietenos și că se poate baza pe cei pe care-i iubește.

Nu-l purta în brațe în mașină însă. Acolo, cel mai sigur loc e scoica lui auto, cu centurile întinse și bine fixate.

Cu excepția drumurilor cu mașina, micul pui de om te poate însoți oriunde ai nevoie sau vrei să mergi. Nu trebuie să devii prizoniera copilului tău; el se poate adapta foarte ușor la viața ta, câtă vreme îl ții departe de zgomote puternice, de aer poluat, fum de țigară și lumini de discotecă.

Cu cât ești tu mai bine, cu cât râzi mai des din toată inima, iar el e aproape și-ți aude râsul, cu atât startul lui în viață va fi mai lin.

Și nu uita să ceri ajutorul! Toată iubirea și grija pe care i le porți pot fi extenuante. Dormi. Mănâncă. Ia vitamine dacă medicul spune că ai nevoie. Ieși la aer. Citește, nu renunța la filme, la muzică, la cafeaua de la colț.

Faptul că ai născut nu este egal cu o condamnare la o viață anostă în slujba micii ființe superbe. Dimpotrivă, de-acum te poți distra și mai bine!

Somnul

Capitolul acesta va fi teribil de scurt. Cred că e important ca fiecare familie să-și facă programul de somn cum dorește. Singurul lucru pe care țin să-l scriu aici e că pentru copii e important să aibă o rutină de somn și să li se respecte dreptul de a se odihni măcar douăsprezece ore la început (în reprize), dreptul de a se trezi noaptea des în primul an și dreptul de a rămâne să doarmă alături de părinții lor dacă asta își doresc.

Acestea fiind zise, nu am rețete speciale de dezvăluit. Sunt copii care dorm mai mult ca alții, copii care preferă de la început să doarmă singuri (aceștia sunt rari pe lume, unul e la mine-acasă, dar nu mă invidiați, următorul e atașat la somn cât pentru cinci, n-a dormit singur nici măcar o oră în cei aproape șapte ani de când ne face viețile minunate și grele), copii care adorm ușor și alții care adorm în trei ceasuri, copii care au nevoie de somnul de prânz până la șapte ani și copii care de la doi ani nu mai vor să mai audă de o asemenea pierdere de timp, copii care adorm numai în mașină și copii care adorm vorbind cu tine.

Un singur lucru te rog, în numele copilului tău: *nu-l lăsa să plângă singur noaptea ca să-l înveți să doarmă fără tine.* Ce va învăța este că mama nu-l aude, că mama are lucruri mai importante de făcut, că frica și nevoia lui de contact și de companie noaptea nu contează, că lumea e un loc înfricoșător, rece și nepăsător, la care trebuie să se adapteze. O va face, dar costul e, din punctul meu de vedere, prea mare. Puteți găsi soluții să vă odihniți cu toții fără a-l obliga să doarmă singur: un pat lipit de al vostru sau o saltea pe jos lângă voi, până când va fi pregătit să facă pasul spre un dormitor al lui, poate alături de un frate sau de cățelul familiei.

Legănatul

Patru luni la rând, la fiecare dintre cele trei somnuri din fiecare zi, cel mic adormea doar în timp ce-mi pigulea pielea de pe cot! Nu se accepta nicio altă piele, musai cea de pe cot. Îmi amintesc perfect cum stăteam pe întuneric în timp ce niște degețele mici îmi moșmondeau pielea moale și ridată de pe cot. Strângeam din dinți să nu înjur, îmi distrăgeam atenția ascultând podcasturi, dar îmi venea să sfărâm tăblia patului.

De unde până unde pielea de pe cot? Păi, n-am mai vrut să-l legăn.

Și cum o asociere de somn se înlocuiește rapid cu alta, am căzut din lac în puț. Nu mai plimbam în brațe nouă kilograme de băiețel, dar, în schimb, acum îmi lustruia coatele! Freca pielea cu pricina până adormea, uneori trei minute, alteori douăzeci. Vă spun, uneori îmi venea să mă așez călare pe o bombă din desene animate și să decolez spre lună!

Am simțit nevoia să fac un capitol separat despre legănat fiindcă știu că e o problemă importantă pentru multe mame care la început fac totul și orice să adoarmă bebelușul, iar apoi nu știu cum să mai scape de acest *orice*, care le epuizează. Și poate că, dacă încă n-ai ajuns acolo, te pot convinge să ocolești această cale, care nu face rău, dar nici bine; în schimb, îți creează o problemă inutilă.

E ca și cum ți-ai lega de tălpi niște rotile care te ajută să ajungi mai repede din baie în bucătărie, dar cu care derapezi zdravăn și asta îți taie complet cheful de a te mai duce oriunde, doar că nu mai știi să le dai jos și te temi că atunci când o vei face nu vei mai ști să mergi. N-ar fi mai simplu să nu le pui de la bun început?

Legănatul e liniștitor. Majoritatea copiilor mici și foarte mici vor adormi mai repede dacă sunt legănați. Îl pui pe picioare, hâța-hâța, copilul ațipește în trei minute, perfect! Problema e că se trezește (copiii mici se trezesc des) și nu adoarme dacă nu îl legeni. Și uite-așa ajungi, la trei luni ale copilului, cinci, nouă, doi ani și jumătate, să-l legeni de treizeci de ori pe noapte și ești, evident, epuizată. Noaptea trebuie să ne odihnim, nu să dăm din picioare. Plus că una e să legeni patru kilograme și alta douăsprezece!

Ideal este să nu-i creăm din start copilului asocieri de somn care pe termen lung se vor dovedi greu de susținut, ca, de exemplu, legănatul, plimbatul în brațe, plimbatul în cărucior, plimbatul în mașină, trasul de sâni, trasul de păr, pigulitul urechii sau al pielii de pe cot.

Pentru că foarte repede copilul devine mai greu, mai puternic, va trece prin pusee de creștere și salturi mentale, îi vor ieși dinții sau va avea episoade trecătoare de boală în care va avea nevoie mai des să fie alinat și adormit, iar tu vei ajunge la capătul puterilor legănându-l, plimbându-l prin casă ori cu căruciorul, lăsându-ți pielea frecată și pigulită, doar-doar adoarme copilul.

Ce se va întâmpla mai departe va fi că tu, epuizată, cu limitele personale încălcate, vei fi nervoasă, sătulă, irascibilă, te vei răsti la copil, poate-l vei și smuci de colo colo, *Dar dormi odată, la naiba, că nu mai pot!* Pentru că și tu ești om și pentru că nu ai grijă de nevoile tale.

Toate ființele umane au nevoie de somn odihnitor. Da, și mamele. De fapt, mai ales mamele, care sunt atât de solicitate în timpul zilei.

Toate ființele umane au limite personale, care se cer respectate.

Ești irascibilă mereu? Corpul și mintea ta încearcă să-ți atragă atenția că te neglijezi.

Am trecut și eu prin asta. Pe Sofia am învățat-o să adoarmă ziua în căruț (și ohooo, cât m-a plouat ca să doarmă copilul), apoi purtată în sistem (văleu, cât mi-a rupt șalele), pe Ivan l-am învățat de bebeluș să adoarmă plimbat în brațe, iar pe la șapte luni deja îmi rupea coloana. L-am ajutat să facă tranziția la adormit în pat, dar, ce să vezi, a schimbat un obicei epuizant cu unul enervant. Când venea ora somnului, mi se înmuiau genunchii. Pardon, coatele!

Cum am scăpat de asta? Mi-am pus o bluză cu mâneci strâmte și lungi și i-am spus puiului (avea până-ntr-un an) că mă deranjează să mă atingă la cot și că nu îl mai pot lăsa să facă asta când trebuie să adoarmă. A protestat cinci minute, l-am mângâiat pe spate, a adormit și asta a fost.

Acum nu-mi pot da seama de ce am suportat atâta vreme un obicei care mă termina psihic. A fost atât de simplu să spun NU și să schimb această rutină!

Bun, și cum faci *tu* să scapi de legănat? Cum am scăpat și eu de masajul la coate. Încetezi chiar de azi această rutină pe care tot tu ai creat-o și la care copilul n-a făcut altceva decât să se adapteze. Nu este vina lui că adoarme doar legănat, tu l-ai învățat să adoarmă așa. Și nici vina ta nu e, ai făcut ce ai putut mai bine, dar acum ai înțeles că, de fapt, n-a fost chiar atât de bine și ai vrea să schimbi ceva.

Vestea bună e ca va fi destul de simplu, cu condiția să te decizi și să ai încredere în decizia ta.

Gata? Te-ai decis?

OK, primul pas este să le comunici decizia tuturor celor din jur. Soț, soacră, copil. Asta te va ajuta să îți auzi vocea spunând: *Am decis să nu mai legăn copilul. Puiule, de azi nu te mai pot legăna. Îmi pare rău, știu că tu vrei, dar eu nu mai pot. Sunt obosită și am nevoie să mă odihnesc. De azi o să adormi lângă mine în pat, în timp ce eu îți spun o poveste.*

Sigur că un copil de trei luni nu va înțelege ce spui, dar vocea ta calmă și decisă îl va ajuta să aibă încredere în ce se întâmplă.

Seara, vă întindeți în pat împreună, stingeți lumina și îi spui că e timpul pentru somn. Nu îl pui pe picioare, nu te ridici cu el, nu-l legeni. Îi vorbești calm și-l mângâi pe spate ușurel.

Sigur că va plânge și va protesta, se va zbate și se va împotrivi.

Dar tu vei rămâne calmă lângă el și-i vei spune cu multă iubire că așa veți adormi de azi înainte.

Ai încredere și nu ceda; dacă te răzgândești, copilul va înțelege că decizia ta nu e una bună, că nu ești un părinte hotărât, că el, de fapt, are puterea de a alege; ceea ce nu e nici adevărat, nici bine, pentru că îl împovărează pe copil cu decizii.

Rămâi lângă el cu blândețe, vorbindu-i cu încredere. Îl poți îmbrățișa, desigur. Nu-l lași singur, în niciun caz – copiii mici au nevoie de prezența noastră liniștitoare pentru a adormi (nu toți, dar majoritatea).

Îți promit că în câteva zile (hai, săptămâni, deși în majoritatea cazurilor nu durează atât de mult) copilul va uita de legănat, plimbat, dansat, iar tu te vei întreba de ce n-ai făcut asta mai devreme.

În plus, dacă adoarme întins lângă tine sau în patul lui, lipit de al tău, se va trezi mai rar, nu imediat ce vei opri legănatul sau plimbatul. Va avea și el un somn consolidat, mai legat și mai odihnitor. De tine nu mai zic.

De asemenea, te încurajez să faceți ture pe rând, tu și soțul, sau să-l adoarmă doar el. De obicei, copiii adorm mai repede cu tații, plus că le permite conectare și iubire în doi, iar tu poți să iei o pauză.

Unii copii au nevoie de asocieri de somn ca să se odihnească. Dacă și copilul tău e așa, se liniștește greu, se trezește des (deși nu are asocieri legate de tine), ideal este să îi oferi asocieri de somn care îi sunt la dispoziție, ca să se poată liniști singur dacă se trezește peste noapte. O păturică moale, un pluș.

Cred că nevoia de somn a mamei e mult subestimată. Mamele sunt îndemnate să alăpteze la cerere cât mai mult și să doarmă cu copiii cât mai mult, iar asta e foarte bine pentru copil. Totuși, când simți că nu mai poți, că începi să te transformi de oboseală, că ziua ești mai mult dragon decât femeie, că te paște depresia, atunci e timpul să te uiți la tine, să vezi ce nevoi ai și să faci tot posibilul să le împlinești. Soluții există întotdeauna. Poți să continui alăptatul ȘI să te odihnești noaptea, poți rămâne noaptea alături de copil ȘI să dormi bine.

Sacrificarea mamei nu e niciodată bună pentru copil. Și nu e dovadă de egoism să vrei să ai grijă de tine, se cheamă responsabilitate, respect și iubire față de propria persoană.

Nu te grăbi și nu face lucruri în locul lui!

Graba.

Graba părintelui față de copilul său e ca mama-soacră care dă buzna fără să bată la ușă în camera însurățeilor, fix în secunda în care amândoi răsuflă sacadat, gata să se devoreze reciproc sub pătură: ucide toată bucuria.

Când iubim pe cineva atât de mult pe cât ne iubim noi copiii, e normal, pe de o parte, să fim nerăbdători, să vrem mai mult.

Doamne, cât e de frumos! Abia aștept să-l văd cum stă în fund singur.

Ia uite ce frumos stă în fund, i se vede și gâtul! Abia aștept să înceapă să meargă!

Ce isteț e! Nu mai am răbdare, când o să înceapă să vorbească o să mă topesc!

Și tot așa. Ardem etapele, alergăm către următorul marcaj, fără să ne dăm seama că între timp ratăm plăcerea cursei.

Un alt motiv pentru care ne grăbim este greul. E greu cât e mic că nu doarme și e foarte dependent de brațele noastre. Visăm la clipele când va fi pe picioarele lui și nu vom mai sta îndoite de mijloc în poziție de echer ca să ne ținem de mână comoara cât explorează pe ici și pe colo. Apoi începe să alerge și visăm la clipa în care va sta liniștit la masă lângă noi, făcând conversație inteligentă cu verișorul. Mai clipim de două ori și e suficient de mare pentru conversația aceea inteligentă. Doar că, ce să vezi, acum nu mai vrea să stea cu părinții, că nu e *cool*; iese doar cu colegii de liceu, iar șansa de a ne bucura de copilul nostru a trecut.

Exagerez, desigur, dar mi-ar plăcea să reușim, noi, părinții, să stăm mai mult unde suntem și să nu mai alergăm atât de abitir spre viitor. Putem învăța asta chiar de la ei, de la copiii noștri, pentru care viitorul nu există, iar trecutul e doar manual de învățare. Prezentul e cel mai prețios și ei știu asta atât de bine!

Copiii noștri au nevoie ca noi să știm despre ei ce pot și ce nu pot în fiecare etapă a vieții lor.

La fel cum au nevoie și ca noi să avem încredere în ei și să-i lăsăm să crească în ritmul lor.

Copiii nu au nevoie să-i rostogolim noi de pe o parte pe alta, nici să-i așezăm în fund, chiar dacă suntem nerăbdători ca ei să crească mari și poate și puțin îngrijorați că alți copii de vârste asemănătoare bifează deja și asta, și cealaltă.

Copiii nu sunt mașini care livrează la secundă, ci ființe umane cu coduri genetice diferite, care au nevoie să treacă ele însele prin toate etapele înainte de a învăța chiar și lucrurile simple pentru noi, cum ar fi un pas.

Pentru a se putea rostogoli, un bebeluș are nevoie de multe exerciții, eșecuri și reușite, pe care le poate face doar singur.

Poate că ți se pare groaznic de greu să-ți privești puiul de cinci luni cum se opintește, întins pe burtă, roșu la față, să se răstoarne pe spate. Icnește, se balansează, mai scapă un pârț și-o râgâială, tu-ți muști buzele și abia te ții să nu te repezi la el să-l ajuți. Hei, el crește acolo, se luptă pentru dezvoltarea lui, și fiecare încercare nereușită e, de fapt, reușită, pentru că el își antrenează mușchii, echilibrul, răbdarea, toleranța la frustrare. Pentru el, acestea nu sunt eșecuri, ci antrenament, la fel cum ar trebui să fie și pentru noi încercările nereușite. Dar el e isteț, pentru că nimic nu-i întunecă instinctul și dorința de a reuși, în timp ce pe noi ne bruiază rușinea, frica de gura lumii, teama de judecată și alte asemenea buruieni emoționale cu care ne-au înzestrat părinții, școala și cutumele culturale.

Vă încurajez, dragă mamă și dragă tată, să aveți încredere în copilul vostru. Copiii știu cel mai bine să crească, nu au nevoie de noi să le arătăm, să-i ridicăm prea devreme, să-i grăbim. Vin cu experiența evoluției omului de milioane de ani și știu exact ce au de făcut. Rolul nostru este să ne informăm și să fim acolo cu brațele noastre pline de iubire pentru momentele în care puiul obosește, este flămând sau frustrat și are nevoie de asigurări și de dragoste pentru a-și recăpăta puterea de-a o lua de la capăt peste cinci minute.

Un pediatru bun, care să-ți vadă copilul de cinci, șase ori în primul an și o dată la câteva luni în următorii ani, te poate ajuta să verifici dacă crește în ritm normal.

Cartea *Puncte de cotitură*, de Berry Brazelton, îți oferă principalele repere pentru primul an din viața copilului.

Nu există copii răi și *Cum să educăm copiii mici cu respect și blândețe*, ambele de Janet Lansbury, *Copiii știu cel mai bine*, de Deborah Solomon, și *Bebelușul meu înțelege tot*, de Aletha Solter te vor ajuta mult în primul an.

Spațiul sigur pentru explorare

Copiii mici, de la zero la 24 de luni, au o misiune principală: să cunoască lumea. Încep domol, cu chipul mamei și al tatălui, cu mirosurile din camera în care dorm, cu luminile și sunetele din casă, apoi își descoperă mâinile și picioarele, descoperă diferite tonalități ale vocilor, expresiile de pe chipuri, descoperă gusturi și texturi noi, încep să mișune, să atingă, să tragă, să împingă, să guste, să țipe, să strice, să provoace.

Toate acestea sunt parte din adaptarea copilului la lume. El nu poate consulta dicționarul de fiecare dată când are o curiozitate, dar poate gusta obiectul nou din hol (care în 99% dintre cazuri e un papuc venit de-afară, din lumea plină de bacterii și gunoi care se deschide dincolo de ușa casei).

Tu, desigur, vei spune NU în repetate rânduri, încercând să ții departe de pericole micuța creatură care patrulează prin toată casa, iar el te va ignora cu drăgălășenia lui naturală. Iar asta nu pentru că e un copil rău, pentru că te sfidează sau pentru că n-ai țipat tu suficient de tare, ci pentru că nu se poate abține. Impulsul lui de a descoperi lumea este mult prea puternic!

Ai două opțiuni mari în această perioadă (ceea ce e o binecuvântare, crede-mă, pe măsură ce copiii cresc, toate problemele au atât de multe variante de răspuns, încât o să-ți dorești să te întorci la vremea în care cea mai mare problemă de părinte pe care o aveai era că cel mic linge roata căruciorului): fie stai încordată ca un arc și străjuiești siguranța și sănătatea copilului ca un majordom isteric, înarmat cu dezinfectant și cu NU la orice pas, fie te relaxezi, creezi un spațiu cât mai sigur în care copilul să exploreze cât dorește și-ți pui niște muzică.

Orice-ai face tu, copilul tău o să guste pietre, crengi și bucăți de covrig aruncate de alții; diferența va fi că în scenariul nr. 1 tu vei ajunge dependentă de rom sau de Xanax, în timp ce în scenariul nr. 2 te vei bucura de etapa aceasta simpatică a copilăriei mici (în timp ce ții aproape niște probiotice și faci poze despre care veți râde împreună peste niște ani).

Îmi aduc aminte episoade de groază pentru mine de acum câțiva ani, când Sofia avea vreo patru ani și gusta aproape tot ce-i ieșea în cale. Bineînțeles că eu făceam icter și toxiinfecție alimentară imaginare de opt ori pe zi, în timp ce ea nu avea niciodată nimic. Gusta crenguțele tufișurilor care ne ieșeau în cale, scoarță de copac, mânere de uși, iar după ce o certam și mă supăram că e atât de inconștientă, când credea că n-o văd, își plimba palmele peste garduri și conducte sau pe bara din tramvai și apoi își lingea palma cu ochii închiși, mormăind de plăcere. Îmi ies și acum bășici pe limbă când îmi aduc aminte. Abia când, după câteva ședințe istovitoare de terapie, am reușit să ignor obiceiul ei bizar, a încetat și ea să mai facă.

În perioada aceea am făcut pentru ea un abonament suplimentar la o clinică privată de sănătate, pentru că eram sigură că o să fim clienți permanenți ai spitalului de urgență. N-a fost cazul, dar eu am îmbătrânit cinci ani în perioada cu pricina.

Revenind la spațiul sigur de explorare, puteți amenaja sufrageria și bucătăria, dar și camera în care doarme puiul, astfel încât el să poată face tot ce dorește fără ca mami sau tati să stea de pază cu NU-ul la îndemână. E groaznic să te afli într-un magazin cu jucării care sunt toate ale tale, dar pe care nu ai voie să le atingi (cam așa se simte un copil de un an pe podea, înconjurat de dulapuri și sertare pline de mistere, pe care el nu are voie să le atingă).

Lăsați la înălțimea lui doar ce poate manevra fără stres. Urcați pe rafturile de sus cuțitele, bibelourile, laptopurile, răzătoarea, cablurile, prizele, cărțile prea grele, obiectele mici, care pot fi înghițite sau băgate în nas, boabele și litiera pisicii. Mutați lampadarul în altă cameră. Fixați în perete comodele și televizorul.

Puneți o mochetă moale pe podea. Cumpărați-vă un pantofar pentru hol și puneți acolo toate încălțările cu care umblați pe afară. Ușile spațiilor în care copilul nu are voie pot fi blocate cu sisteme speciale de siguranță.

Așa. Acum stați liniștiți și bucurați-vă de etapa aceasta atât de simpatică!

Îmi aduc aminte când Ivan avea în jur de un an și reușise cumva să prindă pisica. Ciocolata e un animal foarte blând și docil, dar are un radar extraordinar când vine vorba despre copii. Când aude ciripit de pui de om, se bagă sub cadă și mai iese doar când se face complet liniște. Ei, de data asta Ivan o păcălise cumva și o prinsese de cap cu mâinile lui grase. Eu stăteam aproape, să intervin în cazul în care vreunul dintre ei ar fi avut nevoie de ajutor. Pisica nu era speriată, ci mai degrabă curioasă.

Băiețelul a observat-o o vreme, apoi ea l-a adulmecat dând din mustăți și el a imitat-o, mirosind-o cu nasul încrețit. S-au privit în ochi câteva secunde, apoi el a scos limba și a lins-o pe bot și pe ochi, cum a văzut el că face pisica atunci când se spală. Ciocolata, care nu se aștepta la una ca asta, s-a retras imediat cu urechile pe spate și a început să se scuture, în timp ce Ivan rămăsese cu limba pe-afară, căci se lipiseră de ea câteva fire de păr, iar el nu știa cum să scape de ele. Am râs discret de amândoi, apoi am ajutat copilul să-și curețe limba și n-am povestit nimănui niciodată despre asta (tatăl copilului e germofob, n-am vrut să-i provoc un AVC la gândul că fiul lui a lins pisicuța, care probabil cu trei minute înainte se linsese la rândul ei la... ei, lăsați).

Jucăriile și activitățile ideale pentru bebeluși

Activitățile și obiectele preferate ale copiilor vor fi întotdeauna cele pe care le folosesc părinții. Pentru ei, aceea e lumea adevărată, pe care vor s-o cunoască la prima mână. Nu rața colorată care dansează, ci telul de silicon cu care mama are treabă când face la cuptor chestia aia delicioasă cu banane. Nu telecomanda de jucărie care cântă când apeși pe buton, ci aceea mică și neagră care deschide mașina sau închide televizorul.

Copiii știu foarte bine ce e important și ce le este mai util. În plus, ne iubesc și vor să facă alături de noi totul, de aceea plâng fiindcă vor polonicul și cutia cu șervețele, se țin după noi orice-am face și se supără când le spunem că sunt prea mici pentru una sau alta. Nu sunt prea mici ca să încerce!

Dac-aș fi din nou părinte de bebeluș, nu aș mai da bani pe nicio zornăitoare de plastic, pe niciun carusel cu fluturași care se învârt și cântă, pe niciun antemergător sau masă cu activități. Aș pune copilașul în scaunul cu măsuță lângă mine sau, dacă stă în picioare, în turnul de lemn creat special pentru ca micuții să poată sta alături de părintele care-și face treaba.

L-aș lăsa să taie morcov fiert, să spele cartofi, să sorteze paste fierte sau nefierte, să împerecheze șosete după ce le scot din uscător, să „facă ordine" în sertarul cu caserole și capace, să zornăie o sticlă cu apă în care am pus boabe mari de fasole, să scoată și să bage obiecte în cutia goală de șervețele cu fantă de plastic.

L-aş ţine departe de jucăriile foarte colorate, cu sunete şi lumini, care nu fac parte din viaţa simplă şi de zi cu zi, a fiinţei umane şi care nu fac decât să-l stimuleze şi să-l obosească pe micuţ.

Ţin minte cum mulţi ani la rând, până când copiii au împlinit cam trei şi cinci ani, primul lucru pe care-l făceam când primeam jucării din astea gălăgioase era să le scoatem bateriile, pentru că, altfel, copiii începeau să plângă. Jucăriile muzicale simple, din lemn, sunt însă atât de simpatice şi utile!

La fel şi cele Montessori din lemn, cele Waldorf din materiale naturale, şi cele care nu-s jucării, ci obiecte din natură: frunze, conuri de brad, scoici, pietre, castane sau flori uscate.

Aş lua copilul cu mine în sistemul de purtare oriunde m-aş duce şi l-aş lăsa să cunoască realitatea mea, din care acum face şi el parte. I-aş da acces la cărţi potrivite vârstei lui, cu pagini textile sau plastifiate, în timp ce eu citesc lângă el. I-aş da salteluţe pe care să poată picta doar cu apă în timp ce eu lucrez. I-aş da o tastatură veche la care să cânte ca la pian în timp ce eu fac un contract.

Singurul lucru din lumea adulţilor pe care nu i l-aş oferi copilului este ecranul. Dar despre asta am creat un capitol separat, pentru că e un subiect important pentru mine şi pentru toţi copiii noştri, cred eu.

Plânsul bebeluşului

Luni de zile aş fi preferat să-mi bagi un ac sub unghie decât să-mi aud fetiţa plângând. Ea dormea în patul ei şi eu agonizam alături, rugându-mă să nu se trezească. Icnea în somn și mie mi se strângea stomacul, mă lua cu greață și cu amețeală.

Atât de mult mă destabiliza plânsul ei! Mă făcea să mă simt ca o ratată, eram cea mai nepricepută și mai ineficientă mamă. Mă durea fizic s-o aud cum plânge și să știu că nimic din ce fac n-o ajută, sau o ajută doar pentru câteva minute.

În cazul ei, refluxul gastro-esofagian a fost cel care a chinuit-o până după patru luni. În cazul altor copii, de vină sunt colicile. Iar alții plâng mult ca să se descarce de tot ce trăiesc peste zi.

Sigur că sunt și copii mult mai liniștiți, care plâng puțin și rar.

O vizită (sau două, maximum trei) cu copilul la neonatolog sau pediatru ar trebui să te ajute să elimini posibilele probleme medicale pentru care copilul tău ar putea plânge.

Poate că, de fapt, nici nu plânge mult; poate doar *ți se pare* că plânge mult, pentru că tu așa credeai despre bebeluși, că sunt ca aceia din filme, care nu plâng decât când vine în vizită unchiul cu barbă.

Adevărul e însă că puii fragezi plâng destul de des. Plâng ca să fie schimbați, să fie hrăniți, să fie luați în brațe, plâng pentru că le e prea frig sau cald, plâng pentru că s-au speriat acum sau ieri, plâng pentru că au o cută pe cearceaf, iar alteori plâng pur și simplu.

Cred că a-ți propune să-ți oprești copilul din plâns de fiecare dată sau să-i împlinești de fiecare dată nevoile ca să nu apuce să plângă e o sarcină imposibilă, care nu face decât să pună presiune pe tine, o presiune din aceea care te sufocă, nu te motivează.

Spun asta în primul rând pentru că uneori copiii plâng din motive pe care nu le înțelege nimeni. Plâng pentru că sunt mici și neștiutori și nu au alt instrument ca să se descarce de toată frica, frustrarea și poate durerea pe care le simt uneori. Plânsul este cel care le împlinește această nevoie, iar ca să putem trăi cu asta, e important să ne uităm un pic la noi înșine.

De ce oare ne e atât de greu să ne auzim copiii plângând? În primul rând, pentru că suntem programați să ne îngrijim copiii, iar plânsetul lor este, de multe ori, un strigăt de ajutor. Dar dacă bebelușul e în siguranță în brațele noastre, hrănit, schimbat, odihnit, de ce continuă să plângă? De ce acest plânset al lui sfredelește în sufletul nostru până ajunge la straturi atât de dureroase, încât ni se pare de nesuportat?
Chiar dacă, de multe ori, nu are legătură cu noi, ci doar cu trăirile puiului de om, plânsul lui ne face să ne simțim pierduți, vinovați, incapabili.
Și mai poate fi ceva. Poate că plânsul nostru de bebeluș nu a fost suficient auzit. Poate nu a răspuns nimeni chemărilor noastre repetate când am fost mici. Poate plânsul copilului nostru ne aduce aminte de suferința copilului care am fost, de singurătatea și neputința lui. Alinând plânsul copilului

nostru, ne alinăm (sau măcar încercăm) și propria noastră suferință.

Ajută mult să ne uităm la lucrurile acestea, care de cele mai multe ori sunt bine îngropate, pentru că dor prea mult. Acum câteva luni am întrebat-o pe mama despre lucrurile acestea din trecutul meu. Plângeam des? Mă auzea cineva? Răspundea cineva la chemarea mea? Mă lua cineva în brațe? Am aflat că nu, nu prea, de fapt, destul de rar se întâmpla să mă țină cineva în brațe. Nu avea cine, ei erau la cursuri, la fel și colegii lor, iar eu rămâneam în camera de cămin singură, ore în șir. Apoi m-au dus la bunici și s-au întors la cursuri la Iași. Bunica s-a străduit să mă țină aproape, dar lucra în fiecare zi, iar după ce-și termina orele la școală, trebuia să aibă grijă de animalele din curte, de răsaduri, de livadă, de casă și de mâncare. Am crescut cum am putut, printre treburile celor mari, și m-am adaptat la situație. Am învățat să mă descurc singură și să nu aștept mare lucru de la alții.

Și, oricât de strâmb ar suna, mă doare când le ofer copiilor mei tot ce am și ce sunt, pentru că fetița Ioana n-a primit asta la timp și se simte lăsată în urmă. Dar asta repar acum, sunt atentă la mine, aud plânsetele fetiței care am fost și îi răspund imediat. Furia este emoția care de obicei îmi atrage atenția că Ioana mică are nevoie de atenția mea. Mă uit în urmă și mă ascult. Îmi ofer un pic de timp și de compasiune. De cele mai multe ori, nu e nevoie de mai mult.

Comunicarea cu bebelușul

Felul în care suntem și felul în care ne purtăm noi, mama și tatăl bebelușului, sunt primele oglinzi ale lumii în care se naște el. Emoțiile noastre sunt primele pe care învață să le descifreze.

Reacțiile noastre, ale părinților, la prezența lui sunt primele informații pe care le capătă despre sine.

Prezența mea o sperie pe mami?

Mami e bucuroasă când mă vede?

E obosită mami?

E nervoasă?

Mami mă strânge în brațe cu iubire sau cu furie?

De ce s-a enervat mămica mea? E vina mea?

Sunt eu în siguranță când mami e atât de tristă sau de furioasă?

E lumea un loc frumos sau periculos?

Sunt o ființă bună sau rea?

Sunt dorit(ă) aici?

Sunt lucruri pe care le simte fără să le gândească. Lucruri care îi modelează personalitatea și care îi vor influența viitoarele relații.

Majoritatea dintre noi devenim părinți fără să avem habar de greutatea bagajelor pe care le purtăm în suflet, care ne târâie inima pe jos și ne-o fac sensibilă la orice, care ne fac să izbucnim în crize de furie din nimic.

Reformulez.

Nu cunosc pe nimeni care să-și fi făcut curat în dulapul cu schelete înainte să aibă copii. Nimeni. Pentru că se vorbește foarte puțin despre igiena emoțională, despre puterea trecutului asupra comportamentelor noastre de părinți, pentru că habar n-avem ce-are una cu alta, credem că tot ce e necesar ca să avem copii sunt două trupuri puse pe treabă (și, eventual, măcar un venit stabil, o casă cu încălzire centrală și un set de bunici mai aproape de trei sute de kilometri). Dar despre cum stăm cu păianjenii și liliecii din subconștientul nostru nu ne spune nimeni.

Și uite-așa facem copii și ne trezim că nu le suportăm plânsul, că ne înfuriem când ne privesc și nu ne ascultă, că am mai fi avut nevoie de vreo cincisprezece ani de terapie înainte să fim suficient de curați ca să-i vedem în copiii noștri doar pe ei, nu pe noi suferinzi de tot ce n-am primit, deși am fi avut nevoie, sau am primit, deși nu am fi avut nevoie (aici mă gândesc la palmele la fund, la păruieli, critici, pedepse și alte metode de educare care nu ne-au învățat decât ce sunt frica, rușinea și abuzul).

Dar nu-i nimic, copiii sunt foarte puternici și rezilienți, așa cum am fost și noi. Nu se vor lăsa stricați cu una, cu două.

E esențial să înțelegem ce impact uriaș au faptele noastre asupra ființei lor atât de dependente de noi. Să conștientizăm cât de mult rău putem face. Și să ne oferim un pic de timp. Atât.

E un prim pas suficient.

Așadar, înainte să dai năvală în camera bebelușului ca un balaur cu șase capete, enervată că IAR plânge și trebuie să te dai jos din pat ca să-l alini, înainte să apeși pe clanță, oprește-te și respiră adânc de câteva ori. Adu-ți aminte că nu el a vrut să fie aici și să plângă de dorul tău. Tu ai vrut!

Apoi, după ce te întorci în patul tău, dă-ți și ție ce i-ai dat lui: timp și iubire. Apreciază-te pentru tot ce ai făcut toată ziua, pentru toate gândurile rele pe care le-ai strunit, pentru furia pe care ai primit-o și pe care ai întrebat-o *ce* doare, de fapt.

Vorbește-i copilului cu vocea ta normală. Povestește-i ce urmează să faci, dă-i timp să se pregătească.

Citește-i din cărțile tale.

Cântă-i.

Vorbește-i despre bunicii, unchii și verișorii lui.

Vorbește-i despre următoarea vacanță.

Despre cum îl așteptai când era încă în tine.

Povestește-i despre tine copil.

Lasă-l să vadă că mama lui e om. Că se întristează uneori și că e ceva normal. Că se sperie uneori și că e ceva util, care ne ține în siguranță.

Primește-i emoțiile așa cum vin, toate sunt sănătoase, toate merită primite.

Alăptarea și diversificarea

Nu sunt nici consultant în alăptare, nici medic pediatru și nici nutriționist, nu am nicio competență să te sfătuiesc în aceste privințe, așa că nici n-o s-o fac.

O să spun doar că, uitându-mă în urmă la aceste etape din viața mea și a copiilor mei, am observat cât de ușor a devenit totul din momentul în care am avut încredere în copii și în competența lor de a-și cunoaște nevoile, gusturile, plăcerile și nevoile, și în instinctul meu.

Măsuratul, tabelele cu cifre, număratul minutelor de alăptat, cântăritul, comparația cu alți copii de vârste asemănătoare, toate astea mă îndepărtau de puiul meu, mă făceau să vreau să-l încadrez într-un tipar anume, în loc să mă bucur de ceea ce este.

Alăptatul nu a fost ușor. I-am ținut la sân pe amândoi cât am putut, m-am și muls în paralel de cinci ori pe zi vreme de un an la fiecare copil, cu pus ceasul noaptea ca să mă mulg când ei dormeau legat, iar când a devenit prea chinuitor pentru mine, m-am oprit și ei m-au înțeles.

În ziua în care am spart faianța din bucătărie trântind de perete un castron cu piure, în timp ce Sofia se uita la mine de parcă aveam în cap un cuib de berze cu pui cu tot, m-am oprit din cursa cu ce *trebuie* și mi-am lăsat copila *să fie.*

Am continuat să-i ofer mâncare, dar n-am mai gătit special pentru ea, ci i-am oferit din mâncarea noastră, care oricum era curată, nu foarte sărată și variată.

Ca în toate celelalte, ne-am adaptat viața astfel încât copiii să trăiască în siguranță alături de noi, fără să facem eforturi sau sacrificii uriașe, pentru că ele sunt invariabil toxice pentru relație, pe care o împovărează și o încețoșează.

Nu uita că sunt doar etape în viața voastră lungă. Nu pune presiune pe ele și nici nu le acorda mai multă importanță decât trebuie. În economia vieții voastre împreună, alimentul cu care începi diversificarea și forma în care i-o oferi nu are absolut nicio importanță.

Sigur că nu e bine să începi cu *junk food* (de fapt, aceasta e o opțiune proastă și la 6 luni, și la 5, 9 sau 30 de ani) sau cu dulciuri, dar acestea sunt lucruri elementare, despre care te poate lămuri ușor un specialist în alimentația copilului.

Tot ce mai adaug aici e să ai grijă și de tine în acest proces de împrietenire a copilului cu mâncarea. Nu uita să mănânci și tu hrana care-ți place și de care corpul tău are nevoie, răsfață-te cu lucrurile care te încântă, cere ajutor la bucătărie, comandă mâncare chinezească sau indiană, dacă la asta poftești, gătește cu toți ai tăi împreună, indiferent de vârsta lor, și nu uita că lucrul cel mai important în viața voastră e relația dintre voi. Câtă vreme ea e solidă, puternică, adevărată, câtă vreme vă ascultați și vă respectați nevoile, vă conectați ușor și rămâneți în această stare de grație cât mai mult cu putință, nu contează dacă ai alăptat 9 luni sau 36, dacă ai început cu fructe sau cu legume, dacă ai făcut piure sau ai ales autodiversificarea.

Va veni o vreme, mult mai repede decât crezi, în care aceste lucruri vor deveni absolut nesemnificative, ba chiar vei uita cu totul detaliile procesului care acum te ține trează noaptea (așa cum m-a ținut și pe mine).

Anul al doilea și cei care urmează: Limitele, regulile, educarea și cooperarea

Sinceră să fiu, nici nu-mi amintesc ca acest cuvânt, *limite*, să fi existat pe lume înainte să devin mamă.

Imediat ce copilul meu a scos nasul în lume, *limitele* au apărut în viața noastră ca migrena după o noapte de petrecere: dureros și inevitabil.

Limitele sunt importante. Ele ne țin în siguranță și îl învață pe copil diferența dintre bine și rău, pentru ca mai târziu să poată decide singur.

Limitele trebuie puse ferm, dar cu blândețe.

Nu toate limitele sunt justificate.

Copiii au nevoie de limite.

Copiii contestă limitele.

Bine, perfect, extraordinar, dar CE sunt ele? Unde încep și unde se termină? Cum fac eu să mă împrietenesc rapid cu ceva ce nici nu știam că există? Sunt oare cursuri online despre limite? Cărți? Cursuri universitare? Emisiuni TV? Or fi specialiști și pentru asta?

În plus, nevoia de a învăța despre *limite* rapid, ieri, cu un copil plângând în brațe, mă ardea în capul pieptului. (Oare copilul plângea pentru că nu-i pusesem limite ferm, dar cu blândețe? Hm, nu m-am gândit la asta până acum, mereu am crezut că Sofia a plâns atât de mult în primele ei luni de viață pentru că am fost o mamă groaznică. Din când în când mai credeam că plânge pentru că așa fac bebelușii, dar asta se întâmpla foarte rar; cel mai des credeam că e vina mea.)

Am început să citesc. Să stau și să cuget. Să mă gândesc la mine mică. Fetița Ioana. De ce oare avea ea nevoie?

M-am uitat la fetița mea, care începea să exploreze lumea târându-se pe fund de colo colo.

Două lucruri mi-au devenit clare destul de repede.

Fetița mea are nevoie să exploreze în siguranță, așa că trebuie să mă asigur că în locul în care petrece cel mai mult timp nu sunt pericole pentru ea. Decât să-i spun NU la fiecare pas, nu mai bine îndepărtez toate motivele pentru care ar trebui să-i spun NU? Am pus mai sus tot ce putea trage peste ea. Am blocat prizele. Am scos firele. Obiectele fragile sau prețioase. Am pus pe jos o mochetă moale. Pe rafturile de jos am lăsat doar ce putea atinge și gusta ea fără vreun pericol. Aceasta e responsabilitatea mea. Nu pot aștepta de la un copil de nouă luni să se abțină de la a face ceva ce îi vine instinctiv să facă: să exploreze. Nici de la unul de doi ani sau de trei nu e realist să aștept asta, creierul lui nu e suficient de matur pentru a putea dezvolta strategii de gestionare a impulsului de a se cățăra, de a alerga, de a întinde mâna, de a trânti, de a gusta un obiect care îl interesează. Dar de la mine pot cere un lucru destul de simplu. Nu trebuie să fac un traseu laser pentru a apăra Bijuteriile Coroanei, trebuie doar să mă asigur că bebelușul meu nu se poate curenta, tăia sau sufoca în camera sa. Am terminat o facultate cu 9,80 pe vremea când încă se mai dădea examen de licență, oi reuși să fac și asta.

Fetița mea are nevoie ca eu să fiu părintele care știe ce face. Cum fac asta? În primul rând, devin părintele care știe ce face. Îmi fac curat în cap și fac o listă cu limitele de siguranță, igienă și sănătate care sunt importante pentru mine. Dau la o parte limitele fără noimă de genul *Nu sărim pe pat că stricăm arcurile*, pentru că acum avem saltele cu spumă, care nu se strică (bine, nici nu se prea poate sări pe ele, dar asta nu-i împiedică pe copii să încerce de opt ani încoace, aproape în fiecare zi). Adaug la asta limitele personale, despre care voi scrie imediat un mic subcapitol separat, fiindcă mi se pare un subiect extrem de important, despre care se vorbește foarte puțin și după înțelegerea căruia viața mea de părinte a devenit mult mai ușoară și mai frumoasă. Obțin, așadar, o listă generală de lucruri care nu sunt negociabile și pe care vreau ca fetița mea să le facă sau să nu le facă. Las niște spații goale pentru lucruri la care nu te poți gândi înainte să le trăiești.

De exemplu, în ziua în care fetița mea de doi ani mi-a adus în palme, radiind de fericire, un rahat negru care arăta ca un cârnat afumat, pescuit din fântâna arteziană din Parcul Kiseleff, imediat mi-am dat seama că pentru mine e importantă și această limită: *Nu punem mâna pe caca, chiar dacă plutește frumos în fântâna noastră preferată.*

Acum, că am parapetele, adică limitele, trebuie să le instalez în viața noastră, pentru ca puiul meu să știe că e în siguranță și iubit, că eu sunt aici și veghez, că sunt competentă, informată, atentă și că își poate vedea de crescut, de explorat și de iubit fără să se teamă de nimic.

Din punctul meu de vedere, când știe că părintele e competent, atunci e copilul cu adevărat liniștit.

Un părinte care-i spune NU cu calm și siguranță îi aduce unui copil mai multă liniște și bucurie decât unul care cedează la primul plâns al copilului și-i spune imediat DA. Ce înțelege copilul? *A, deci stai, mama NU ȘTIE ce trebuie să fac? De fapt, eu decid? Dar eu am doar doi ani...*

Sigur că nu va spune asta vreodată, nici n-o va conștientiza vreme îndeungată, dar se va simți derutat, împovărat de decizii care nu ar trebui puse niciodată pe umerii unui copil.

Doar adultul este cel responsabil să decidă ce alimente sunt sănătoase, care grădiniță e mai bună și de la ce vârstă merge copilul la grădiniță, dacă și când va mai apărea un copil în familie.

Copiii au și ei, desigur, nevoie de control. Alături de conectare și competență, nevoia de autonomie, de a putea face ce dorești să faci, este teribil de importantă. Pentru că limitele pot acutiza această nevoie de control, ea trebuie și poate fi împlinită în fiecare zi în situații în care copilul își poate exersa și exercita autonomia fără ca asta să-l împovăreze. Copilul de nouă luni poate alege ce jucărie să ia de pe raft. Cel de doi ani poate decide care dintre bluze va fi cea pentru mers la grădiniță azi. Copilul de patru ani poate decide dacă vrea să iasă în parc sau nu, dacă își ia bicicleta sau trotineta. Cel de șase ani poate decide cum să-și împartă ora de televizor, în două reprize sau una singură. Cel de opt ani poate decide dacă vrea să-și cumpere din banii lui un LEGO sau să-i doneze unui coleg care are nevoie de ei.

Limitele țin copilul în siguranță.

Și cum cunoaște copilul limitele? La fel cum le cunoaște orice ființă umană. Atingându-le. Luând contact cu ele, trăgând de ele, împingându-le, ca să afle din ce material sunt, dacă și unde crapă.

Ceea ce noi numim contestarea limitelor, încălcarea lor, reprezintă pentru copil procesul de cunoaștere a granițelor. Testarea limitelor din partea copiilor mici nu este o încercare de manipulare, nu e răutate, nu e sfidare, nu e un joc de putere. Copiii vor să vadă unde e parapetul, și pentru asta îl vor atinge, se vor împinge în el, vor încerca să-l ocolească, să-l sară, e posibil chiar să se izbească de el cu putere. E bun acest parapet? Mă pot încrede în el, sau e șubred și o să mă prăvălesc în prăpastie?

Parapetul ești tu, spunând clar, scurt, cu drag, dar 100% convinsă: *Nu te las să faci asta* sau *Nu vreau să faci asta* sau *Nu face asta. Nu ai voie să faci asta.*

Atunci când copilul e mic, poți să adaugi o explicație scurtă: *Poți să te rănești. Doare. Se sparge.* Apoi iei copilul cu blândețe și-l muți în altă parte. *Știu că ți-e greu să te abții, așa că te ajut eu.*

Când copilul e mai mare, poți să adăugi explicații mai lungi, dar nu are sens să le repeți de sute de ori. Dacă explici degeaba și copilul continuă, îl iei cu binișorul de acolo. *Văd că nu te poți abține să-l lovești pe băiețel. Hai să mergem acolo pe iarbă până te liniștești puțin.*

Of, ți-e greu să lași telefonul din mână, o să te ajut eu, îl iau și-l închid, apoi stăm împreună până trece supărarea asta.

Se va supăra copilul pe NU, indiferent de vârsta lui?

Sigur că da.

Și eu mă supăr când sunt refuzată, indiferent de motiv, de cine mă refuză, de ce am cerut.

Toți am vrea să primim mereu ce ne dorim, imediat, dacă s-ar putea.

Ne supărăm când nu se poate.

Mă tăvălesc eu pe podea când soțul meu îmi spune că a uitat să-mi ia iaurt pentru cereale, când eu pofteam mult, dar foarte, foarte mult, la cereale cu iaurt?

Îmi vine să fac asta, dar mă abțin. Uneori zic ceva urât, alteori doar îl tratez cu privirea mea rece ca gheața sau îl ameninț voalat cu pierderea unor privilegii.

Copiii nu au atât de mult autocontrol. Creierul lor este încă imatur (creierul ființelor umane ajunge la maturitate la douăzeci și trei de ani, adică peste încă două decenii de acum pentru copilul tău). E nedrept să așteptăm de la ei să facă ce nu reușim noi după zeci de ani de antrenament printre oameni.

La un an o să se arunce pe spate și o să strige.

La doi ani o să se dea de-a rostogolul pe ciment și o să strige.

La trei ani o să arunce cu lucruri și o să strige.

La patru ani doar o să strige.

Da, pot striga mult timp, mult mai mult decât putem noi îndura privirile ucigașe ale trecătorilor amabili, care, dacă ar avea bandă adezivă în poșetă, sigur ar lipi o bucată pe gura comorii noastre, așa, ca din întâmplare.

Dar acesta nu e un motiv să dăm parapetul la o parte. El există pentru siguranța copilului și va rămâne acolo până va învăța copilul să zboare sau să înoate, după caz.

Îl însoțesc cu răbdare (de unde fac rost de ea, discutăm în capitolele următoare), cu calm, încerc să-l țin în siguranță și aștept. Nu explic, nu mă scuz, nu-i distrag atenția copilului.

Nu cred că e sănătos să ne învățăm copiii că frustrarea și supărarea trebuie băgate sub preș. Dimpotrivă, ele ne pot fi utile dacă le lăsăm să existe și dacă ne uităm la ele. Frustrarea ne învață să rămânem pe poziții și când e greu. Supărarea ne arată ce e important pentru noi.

Știu că e greu să-ți vezi copilul plângând: *Aoleu, dacă-l traumatizez? Dacă la treizeci și cinci de ani ajunge la psiholog fiindcă nebuna de maică-sa nu l-a lăsat la trei ani să traverseze singur?*

Da, există riscul să ajungă oricum la psiholog și să te pârască pentru cine știe ce ai făcut sau n-ai făcut, dar sigur nu va fi pentru că te-ai asigurat că nu-l face afiș o mașină.

Copiii care nu au destule limite obosesc, pentru că nu-și cunosc spațiul și pentru că trebuie mereu să ia decizii care sunt dincolo de puterea lor de înțelegere și responsabilitate. Fie devin hiperactivi, fie devin pasivi și se retrag, pentru că nu se simt în siguranță printre ceilalți.

Un exercițiu care m-a ajutat mult să devin un părinte calm și ferm este acesta: am încercat să-mi aduc aminte cât mai multe reguli și limite impuse de bunicii care m-au crescut și de părinții mei. Unele erau destul de bizare, altele aveau logică (pe care o văd abia acum, atunci mi se păreau teribil de enervante și de stupide). De exemplu, puteam ieși afară la minus 15 grade (atâtea erau iarna la Piatra Neamț pe atunci) fără geacă, doar în puloverul gros de lână, dar nu aveam voie să ies fără căciulă. Stăteam afară zilnic nesupravegheați ore în șir, mergeam singuri la școală de la șapte ani, dar nu aveam voie să ne invităm vecinii la joacă pe la noi acasă. Când primeam o napolitană învelită în ciocolată (rar, de două, poate de trei ori pe an), mama o tăia în patru și aveam voie o singură bucată pe zi, o dată la două zile (poate de asta mă apucasem la un moment dat să ling pastilele din sertarul cu medicamente, erau singurele lucruri dulci din casă). Nu aveam voie să sar pe canapele sau pe pat. Nu aveam voie să-i contrazic pe adulți. Nu aveam voie să plâng de față cu alții. Nu-mi aduc aminte reguli despre ora de culcare, orele de masă, despre interacțiunile cu străinii, cu siguranță ele au existat, dar nu mai țin minte absolut nimic despre ele. Nu prea aveam voie să vorbesc la masă și era destul de grav dacă nu mâncam tot din farfurie. O regulă pe care o țin minte foarte bine este una care mi se părea foarte nedreaptă: când mama sau tata decidea o pedeapsă pentru ceva *ce se presupunea* că am făcut, *nu aveam voie să deschid gura, să mă apăr sau să explic*; dacă îndrăzneam *să răspund,* pedeapsa creștea semnificativ. Același tratament îl primeam și la școală (nu doar eu, toți elevii): dacă îndrăzneai să argumentezi o poziție contrară adultului de la catedră, erai scos în față, umilit,

amenințat, uneori lovit, iar în cazul cel mai rău, erai reclamat la director și primeai note mici la materia cu pricina sau la purtare, ceea ce însemna scandal, umilințe, pedepse, eventual bătaie și acasă.
M-am gândit la Ioana mică, cea care a crescut cu toate regulile acestea. La cum m-au făcut să mă simt unele dintre ele. Îmi aduc aminte foarte bine dorința uriașă de răzbunare pe care o aveam încă de pe la șase ani. Îmi doream atât de mult să pot vorbi, să spun și cum mă simt, ce cred, ce-mi doresc, să mă asculte cineva, să am control și putere, să fac dreptate!
Exercițiul acesta m-a ajutat să nu devin un părinte tiranic, în ciuda dorinței mele de a fi în sfârșit eu șeful. M-am auzit de câteva ori, când fetița noastră era mică, spunându-i să nu sară pe pat. Ea s-a oprit și m-a privit întrebătoare. De ce adică să nu sară pe pat? *Strici arcurile*, i-am răspuns în gând. Apoi am râs, pentru că noi avem saltele de spumă. Regula aceasta e inutilă. I-am zâmbit și i-am făcut semn să continue să sară. Vreau ca fetița mea și băiețelul meu să fie sănătoși și în siguranță, dar vreau și ca ei să înțeleagă de ce sunt regulile importante și că, dacă au argumente, le putem schimba astfel încât să fie justificate pentru toată lumea.
Copiii mei nu poartă căciulă iarna, la fel cum nu port nici eu. Nu le e frig la cap, iar când le e, îmi

cer o căciulă. Port mereu căciuli în rucsac, pentru cazul în care e nevoie de ele.

Dar au un program de somn constant de când s-au născut, pentru că am observat și noi, și ei că fără el nu e bine. Avem reguli când vine vorba despre mâncare sănătoasă, despre timpul la ecrane (apropo, aici ne-au pus și ei nouă limite, nu doar noi lor, pentru că au observat că și noi petreceam mult timp pe laptop și telefoane, inclusiv când nu lucram, și-au zis: *De ce noi să avem limită, și voi nu?* Așa că acum avem și noi).

Ce reguli aveai tu în copilărie? Câte dintre ele există acum în viața copiilor tăi? Cum te făceau să te simți limitele tale de atunci? Ce nevoi împlinesc limitele pe care i le impui copilului tău și ale cui sunt aceste nevoi? Stai câteva minute și gândește-te la asta. Dacă nu reușești să-ți aduci aminte mare lucru, poți încerca o conversație cu părinții sau cu bunicii tăi. În cel mai rău caz, veți constata că, deși acum te stresezi foarte tare cu aceste limite, pe termen lung, iată, ele sunt complet irelevante pentru copil (câtă vreme își fac treaba, desigur, și copilul crește sănătos și în siguranță).

#SofiaZice

— Mami, când vine tati?

— La noapte sau mâine, iubito, de ce?

— Mi-e dor de el.

— Păi, oricum în somn dormi, deci nu prea contează dacă e și el acasă sau nu.

— Da, dar mă ajută să știu că e și el acolo lângă mine, să îl aud cum respiră și să simt că suntem aproape.

— Sofia, tu și tati dormiți în camere diferite.

— Mami, nu mă mai contrazice atâta, știi tu ce vreau să zic. Familia e familie, nu au treabă pereții.

Limitele personale

Am regăsit pentru prima oară ideea de limite personale în cărțile scrise de psihoterapeutul danez Jesper Juul, *Acesta sunt eu, tu cine ești?*, *Copilul tău competent* și *Arta de a spune NU*. Citind argumentele autorului, s-a făcut dintr-odată liniște în capul meu.

În primii ani cu copiii am încercat să le stau la dispoziție cât mai mult, aproape tot timpul. Așa credeam că face o mamă bună: leagănă până i se desprind brațele din umeri, cântă până i se transformă vocea în orăcăit de broască.

Mă jucam cu ei până-mi venea să rup cu dinții cuburile alea de Lego Duplo. Mă ridicam de la masă de zeci de ori pentru ei, le ofeream tot din farfuria mea, înțepeneam de frig cu ei în parc ore în șir, îi plimbam în ploaie, udă până la piele, ca să doarmă bine.

Consecința naturală a acestui fapt a fost că am slăbit și m-am ascuțit fizic și emoțional ca un creion uitat în ascuțitoarea electrică. Am devenit irascibilă, nu mă mai bucuram de nimic, eram mereu trasă la față și la suflet, acră ca un măr verde; eram un butoi de pulbere care exploda câte puțin de cinci ori pe zi, iar o dată pe săptămână trânteam ușile de se crăpau pereții.

Asta se întâmplă când nu îți asculți corpul și îți ignori nevoile.

Eram nedormită, flămândă, plictisită, mă simțeam nevăzută, neiubită, neajutată, neapreciată, mă simțeam ca o cârpă, pentru că *mă tratam eu însămi* ca pe o cârpă. Le eram de folos tuturor din jur, aveam o vorbă bună pentru toți, mă străduiam să fiu cât mai disponibilă și mai drăguță, dar mie nu-mi dădeam nimic.

Împărțeam resursele mele cu toată lumea, fără să păstrez ceva și pentru mine. Eram convinsă că acesta e rolul meu de mamă; că, odată ce am făcut copii, gata, asta va fi viața mea, că sunt un pom roditor din care lumea vine să ia, iar eu trebuie să stau acolo în vânt și ploaie sau sub un soare arzător și să mă bucur că sunt de folos.

Chiar dacă pe dinăuntru mă mâncau carii.

Când gaura din mine a devenit atât de mare și eram la milimetri distanță de un dezastru (o depresie, poate, o boală gravă, un atac cerebral sau o decolare pe Lună), am dat peste acest concept al limitelor personale. În aceeași perioadă am descoperit și comunicarea nonviolentă și teoria nevoilor, iar copacul care sunt a început să-și construiască gradul de protecție de care avea nevoie de mult.

Am citit cu aviditate explicațiile unor oameni mai deștepți decât mine, precum Jesper Juul și Marshall Rosenberg, despre importanța iubirii de sine, a atenției către propriile nevoi înainte de orice altceva.

Toate emoțiile noastre apar ca efect al împlinirii sau neîmplinirii unor nevoi.

Nevoi avem cu toții; unele sunt comune, altele sunt specifice fiecăruia. Există nevoile de bază ale ființelor umane, cum sunt cea de hrană și apă, adăpost, căldură, sănătate, siguranță, odihnă și iubire. Apoi există nevoile de sprijin, de comunicare, de apreciere, de dreptate, de adevăr, de râs, de contact fizic, de cunoaștere și așa mai departe. Pe unele le simțim mai intens, pe altele mai puțin intens.

M-a ajutat enorm să-mi identific nevoile cele mai importante, cele care se cer împlinite și cele care, atunci când rămân ignorate, mă fac să sufăr, să fiu nervoasă, să mă simt nemulțumită.

Limitele personale sunt tot aici, în acest loc în care te uiți la ceea ce vrei tu, la cine ești tu, la ce-ți place și la ce nu.

Nu ești deloc egoistă dacă îți acorzi importanță, pentru că, oricât de mult ți-ai iubi copiii, soțul, familia, prietenii, tu ești cel mai important om din viața ta și singurul om căruia îi datorezi și îi poți oferi cu adevărat liniștea și fericirea.

În plus, atunci când tu ești bine, când sufletul tău e plin, atunci crengile tale sunt pline de fructe și ești pregătită să naști și altele, ca să poți fi sursă de bine pentru cei pe care-i iubești.

Procesul de identificare a limitelor personale e unul care-mi place teribil. Mai țineți minte oracolele de acum trei decenii? Ei, e cam același joc.

Ce-ți place să faci?

Dacă ai avea o zi liberă, ce ai face cu ea?

Care sunt valorile tale, în ce crezi?

Ce nu ai face niciodată?

Care e mâncarea ta preferată?

Cine e cea mai bună prietenă a ta? Ce-ți place cel mai mult să faci cu ea?

Ce te relaxează?

Ce te enervează?

Ce nu ai accepta niciodată să faci?

Ce mâncare nu suferi?

Unde îți place să fii atinsă?

Unde urăști să fii atinsă?

Îți place să dormi? Cât ai dormi dacă ai putea?

Unde îți place să mergi în vacanță?

Ce hobby-uri ai? Cum niciunul? Mai caută, trebuie să fie ceva acolo, o urmă pe fundul borcanului.

Toate lucrurile acestea sunt parte din tine, și, pentru a le putea comunica celor din jur, e important să le afli. Pe multe le poți identifica doar citind lista de mai sus. Altele ies mai greu la lumină, în momentele în care îți acorzi un pic de timp să stai și să fii pur și simplu.

Trăim atât de multă vreme atenți la ceilalți, preocupați de ce o să creadă sau o să spună lumea despre noi, investim atât de mult timp în a ne perfecționa măștile, încât ne pierdem pe noi acolo, dedesubt.

Dar, odată ce ai pătruns acolo și ai început să descoperi comorile sufletului tău, nu o să te mai poți opri.

Eu mi-am redescoperit plăcerea cititului.

A pictatului unghiilor seara târziu, în timp ce copiii dorm, soțul se uită la un film, iar eu ascult muzică și sorb din cana mea uriașă de ceai.

Uneori îmi ascut creioanele și colorez în cărțile copiilor. Alteori cos haine pentru păpuși din resturile hainelor vechi ale copiilor.

Sau fac curat în bibliotecă sau în farfurii. Nu pentru că trebuie (deși, da, uneori mai și trebuie), ci pentru că *vreau*.

Îmi aleg momentul în care să pot face asta cu bucurie, în tihnă.

Vorbesc cu prietenele mele la telefon seara, ne descărcăm de tot ce-am adunat, ne încurajăm, râdem una de alta și una cu alta.

Din momentul în care mi-am aflat limitele personale, mi-a devenit mai ușor să le și comunic.

De exemplu, cititul seara. Le-am citit copiilor de mici, citim și acum inclusiv ziua, dar momentul principal de citit a fost mereu seara, înainte de culcare. Le place mult, citim în jur de o jumătate de oră, uneori și mai mult; alteori, când e târziu sau suntem obosiți, ne oprim după zece minute.

Ei citesc deja și singuri, dar plăcerea de a citi împreună a rămas, avem în continuare această rutină care sper să rămână neschimbată încă multă vreme.

Când erau mai mici și citeam cărți ilustrate, cereau de multe ori, de zeci de ori la rând, aceeași carte.

Seara, insistau să le mai citesc o carte. Apoi încă una. Mi se usca gâtul și uneori eram atât de obosită, încât îmi venea să dau cu cărțile de pământ, să le dau foc și să sar pe ele (multe dintre ele erau fix cele scrise de mine; cu toate astea, ajunsesem să nu le mai suport).

Ei cereau, eu le dădeam, nu asta fac mamele bune, sunt atente la nevoile copiilor și le împlinesc? Mamele bune citesc cu intonație pe voci și pe roluri, se bucură de carte odată cu copiii, le creează cu vocea lor suavă această lume magică în care orice e posibil.

Dar când citeam cu dinții strânși, ca să nu scape vreo înjurătură, mai eram eu oare această mamă de poveste?

Într-o seară, când Sofi și Ivan mi-au cerut a șasea carte, iar eu eram atât de sfârșită, încât nici să plâng de oboseală nu mai aveam putere, le-am spus:

— Nu vreau să vă mai citesc.

A fost prima oară când le-am spus că nu mai vreau să fac ceva cu sau pentru ei. Prima reacție a fost uimirea. Nu s-a rostit niciun cuvânt. Ei se uitau unul la altul și pe rând la mine, eu așteptam să cadă securea cuvenită mamelor egoiste și rele.

Dar n-a căzut nimic.

Sofia a zis:

— Bine, mami, lasă, că mai citim și mâine.

Ce-a zis? Stai puțin, chiar a zis asta?

Da, asta a zis. Pentru că ei, copiii, înțeleg foarte bine limitele personale. Copiii, spre deosebire de noi, sunt mereu în contact cu limitele, ei știu mereu exact ce vor și ce nu vor și ne comunică asta fără jenă; pentru că de ce ți-ar fi jenă să spui ce vrei și ce nu vrei?

De ce oare suntem crescuți atât de departe de noi înșine? Care este pericolul când te cunoști și știi ce este tolerabil și ce nu pentru tine? Să comunici toate astea? Pericolul e, mă gândesc, ca oamenii din jurul tău ar putea să confunde cunoașterea de sine cu egoismul. Dar care ar fi câștigul? Incomparabil mai mare, cred eu.

Când te cunoști și te aperi, te eliberezi de frustrare, de conflictul cu tine însuți; când ești acolo pentru tine însuți și-ți aperi granițele, capeți putere, liniște, echilibru, ai mai multă răbdare cu cei din jur, ești mai disponibil și mai greu de supărat.

În plus, îi oferi copilului tău un exemplu de respect și grijă față de sine care-i va fi de folos toată viața.

Ne-am culcat în seara aceea mai devreme, pentru că ei au înțeles că am nevoie de odihnă. În seara următoare m-au întrebat câte cărți aș vrea să citesc, apoi au zis câte ar vrea ei și am stabilit de la început un compromis, pe care l-au respectat fără nicio negociere.

Pentru mine, acela a fost începutul unei noi ere. Era în care eu sunt la fel de importantă ca ei, în care eu *și doar eu* sunt responsabilă să-mi stabilesc, să-mi comunic și să-mi apăr limitele personale. Lucrurile s-au schimbat enorm, foarte repede.

Mi-am făcut lista de nevoi și m-am dus cu ea la cei din jur. În primul rând, la mine. Eu am nevoie să mă asigur că fac lucruri și pentru mine, în reprize de cinci minute de trei ori pe zi, dacă mai mult nu se poate.

Apoi, soțul meu a fost invitat să contribuie la împlinirea nevoilor mele de apreciere, iubire, contact, ajutor.

Copiii au fost și ei invitați în această lume nouă în care și mama e om, are nevoi și vreri, și dorințe și emoții și limite.

Ce bucuroși au fost când le-am mărturisit lucruri despre mine, despre ce-mi place și ce nu-mi place, ce mândri s-au simțit că am încredere să le împărtășesc asta despre mine! Cât de matur și de elegant au reacționat atunci și reacționează și acum, patru ani mai târziu, când le spun că nu pot face un lucru pentru ei fiindcă pentru mine e important în momentul acela să fac altceva!

E un limbaj pe care copiii îl înțeleg și care le sună firesc, câtă vreme adultul se exprimă natural și vorbește despre sine. Dacă încerci să reproduci rânduri dintr-o carte, va suna fals; copilul va ști că încerci o strategie în loc să te comunici pe tine și va deveni nesigur pe motivele tale.

De exemplu, Sofia (opt ani și jumătate acum) îmi adresează această rugăminte:

— Mami, pot să dorm la prietena mea în noaptea asta?

— Ai vrea mult să faci asta? Eu aș vrea să dormi acasă, încă suntem în pandemie și nu mă simt bine să știu că tu interacționezi acolo, acasă la prietena ta, cu atâția oameni care la rândul lor se duc la serviciu și la grădiniță și interacționează cu alți oameni...

— Știu, mami, dar eu vreau mult, mi-e dor de ea.

— Te cred, iubito, știu cum e, și mie mi-e dor să mă văd cu prietenele mele. Putem să ieșim afară cu prietena ta, să vă jucați în parc, ce zici? Nu te pot lăsa să dormi acolo, ar fi și nedrept față de fratele tău, care nu poate merge la prietenul lui, aș simți că încălcăm regulile și aș fi îngrijorată că ne-am putea îmbolnăvi.

A acceptat, deși cu siguranță nu acesta a fost răspunsul pe care și-l dorea.

Ivan își dorește să stea mult la ecrane, să umble la setări la laptop și la telefoanele noastre, e fascinat de tehnologie, de aplicații, de parole, vrea să înțeleagă cum funcționează lucrurile și să aibă putere și control asupra lor. Am stabilit reguli clare, poate folosi laptopul lui de școală (un laptop mai vechi al meu) pentru a se vedea cu prietenii lui, pentru a căuta informații pentru teme, pentru a citi cărți în engleză, pentru a-și pune muzică și cam atât. Toate astea adunate nu pot depăși o oră, pe care el o poate gestiona cum dorește. În fiecare zi, de zece ori pe zi, el cere mai mult. Mai mult timp, mai multă libertate pe internet (pe care a pierdut-o după ce a instalat, fără să-și dea seama ce face, 21 de jocuri pe telefon), îmi cere telefonul, deși a pierdut dreptul să-l mai împrumute.

Discuțiile noastre sunt așa:

— Mami, îmi dai telefonul tău?

— Nu vreau să-ți dau telefonul meu.

— Bine, pot să stau puțin pe laptop?

— Cred că ora ta de ecran s-a încheiat deja, nu?

— Da, dar mai vreau să mai stau.

— Te cred, fiindcă și eu mă desprind greu de ecran. Dar e important pentru mine să respectăm regulile, ca să nu ne certăm și să fim toți bine, sănătoși. Nu te las să mai stai la laptop.

Începe să plângă. Îl consolez: *Îmi pare rău că ești supărat.* În câteva minute se descarcă și pleacă să se joace. Peste o oră, se repetă cele de mai sus.

Eu rămân de neclintit, pentru că știu că am motive sănătoase și serioase să spun NU. Nu-i iau dreptul de a fi supărat, nici nu mă simt vinovată că sunt sursa supărării lui, nu este rolul și datoria mea să-mi fac copilul fericit în fiecare clipă a vieții lui. Rolul și datoria mea sunt de a-l înconjura cu iubire, adevăr și siguranță, de a-l ghida în lume astfel încât el să crească sănătos și capabil să ia singur decizii, să distingă între bine și rău, să aibă principii și respect față de sine și de alții. Fac asta în primul rând fiind așa cum îmi doresc să fie el.

Vreau ca el să se iubească, așa că mă iubesc și eu.

Vreau ca el să aibă încredere în sine, așa că am și eu în mine.

Și așa mai departe.

Un alt aspect important când vine vorba despre limite se referă la cele ale copilului. Copilul își afirmă și își apără limitele când spune NU. Când ne spune NU.

Fiecare NU al copilului adresat nouă, lumii, este un DA pe care și-l spune sieși. Și asta e foarte normal și sănătos. Ce bine ar fi să putem celebra așa cum merită fiecare NU al copiilor noștri! Să fim siguri că vor spune și la șaisprezece ani, când li se oferă o țigară cu marijuana, același NU pe care ni-l trântesc nouă când îi invităm să-și strângă jucăriile.

Din păcate, de foarte multe ori, NU-ul copilului se intersectează cu nevoia noastră disperată de cooperare.

Trebuie să te îmbraci și să plecăm, altfel iar întârziem cu toții.

Nu se poate să nu te speli pe dinți, e foarte important!

E a cincea zi în care refuzi să faci duș, trebuie să te speli!

Pune, te rog, jucăria aia înapoi pe raft, nu avem bani să o cumpărăm.

Iar copilul are în același timp altă nevoie sau dorință.

Vreau să mă mai joc cinci minute.

Nu-mi place să mă spăl pe dinți, periuța îmi rănește gingiile.

Nu-mi place să fac duș, pentru că trebuie să mă întrerup din joc.

Vreau jucăria asta, nu pot să mă despart de ea.

Și așa mai departe.

În capitolul următor am să vă povestesc mai multe despre felul în care am înțeles eu să gestionăm aceste situații tensionate în care ce vreau eu și ce vor copiii mei sunt lucruri diferite, deseori chiar opuse.

Până acolo însă, vreau să mai subliniez un lucru pe care l-am citit la Jesper Juul și care mi se pare foarte important: copiii nu-și pot apăra propriile limite, nici pe ale altora. Asta e strict responsabilitatea părinților.

Adulții au acest rol teribil de complicat de a încuraja copilul să-și descopere și să-și apere limitele personale, inclusiv față de părinții săi, educându-l în același timp cu blândețe și cu fermitate.

Sună imposibil, nu-i așa?

Nu e. E doar complicat până reușești să-ți găsești calea, stilul, vocea de părinte calm, sigur pe el și competent. Cu atât mai mult, cu cât noi nu am avut modele prea bune în direcția asta. Mulți dintre noi am crescut fie la creșă, fie la bunici, care au fost fie prea permisivi, fie prea ocupați ca să ne bage în seamă.

Adevărul este că nu știm cum se cresc copiii. Știm cel mult cum *nu* se cresc: nu vrem să ne punem copiii la colț pe coji de nucă, nu vrem să le spunem că sunt urâți când plâng, vrem să-i educăm fără frică, dar cu respect. Iar despre *cum* să facem asta învățăm alături de copiii noștri și unii de la alții, încercând, eșuând, cerându-ne iertare, încercând din nou.

Ce simt că e teribil de important mai ales în primii ani este să acceptăm și să înțelegem cât mai repede că ființele acestea mici care au crescut în noi și care ne seamănă sunt diferite de noi și sunt ființe umane egale nouă. Au nevoi, ca și noi. Se cunosc pe sine, ca și noi. Au dreptul ca nevoile lor să fie văzute și luate în seamă.

Dacă un copil refuză să poarte căciulă, e posibil să nu-i fie frig.

Dacă refuză să mai mănânce, e posibil să fie sătul.

Dacă adoarme greu, cel mai probabil nu-i priește programul sau ceva din rutină nu-i permite să se liniștească.

Limitele copiilor

Dr. Janet Woititz abordează ceva mai amănunțit acest aspect al limitelor copiilor în cartea *Mai bun decât părinții tăi*. E un subiect la care mă gândesc mult, mai ales de când au crescut copiii mei. Când erau mici, parcă nici nu consideram necesar să le observ limitele personale, și îmi dau seama acum că am greșit.

De multe ori i-am îndemnat pe copii să împartă jucăriile cu verișorul lor sau cu copii străini din parc. Astfel am încălcat limita posesiunilor lor.

De multe i-am îmbrățișat fără să le cer acordul. Le-am încălcat astfel limita personală a propriului corp.

Nu le-am ascultat părerea pentru că mă grăbeam.

Nu i-am lăsat să încerce ceva pentru că mi-a fost teamă să nu se supere dacă eșuează. Le-am încălcat limita de evoluție prin propriile lor eforturi.

Sigur că poate părea puțin exagerat ce scriu, dar hai să plecăm de la premisa (corectă, din punctul meu de vedere), că puii noștri sunt ființe umane întregi. Pe mine m-ar supăra să-mi ia cineva din mâna telefonul ca să-l dea unui vecin, în timp ce și pe copilul meu, în mod evident, îl supără când îl oblig să împartă ceva ce el dorește să păstreze. Și atunci, de ce consider că e în regulă, ba chiar educativ, să-i încalc lui o limită pe care în cazul meu o apăr cu convingere?

Care sunt, așadar, limitele oricărei ființe umane, deci și ale copiilor? Gândurile, emoțiile, opiniile, spațiul, lucrurile și corpul lor. Toți avem aceste lucruri care sunt ale noastre. Avem dreptul la ele. Sunt parte din identitatea noastră și nu pot, sau mai bine zis n-ar trebui, să fie încălcate, invalidate, minimalizate, luate în râs de alții, nici măcar sau mai ales de părinții noștri.

Aș merge mai departe și aș spune că puii noștri au dreptul la propriile lor greșeli, la propriile lor principii de viață și la propria lor viață socială, atunci când vor deveni suficient de treji să le poată înțelege și gestiona.

Oricât de mic ar fi un copil, el se atașează de anumite lucruri. Păturica de când era bebeluș, plușul care era cândva un cățel, iar acum e doar un fel de pernuță diformă cu o jumătate de ochi, pijamaua veche cu care încă doarme, chiar dacă îi ajunge doar până la buric, cana de plastic și așa mai departe. Acestea sunt obiecte pe care copilul le învestește cu mare valoare, poate pentru copil sunt niște prieteni adevărați.

Când un copil își pierde un lucru drag, nu trebuie să minimalizăm gravitatea evenimentului pentru el. Copilul suferă cu adevărat după jucăria de pluș de cinci lei luată dintr-o benzinărie din Bulgaria, este prietenul lui învestit cu viață (chiar dacă imaginară), iar dacă-i spui că-i iei altul, nu faci decât să-i ignori realitatea și să-i trivializezi suferința.

Nu cred că-i o idee bună să ne apucăm să aruncăm noi lucrurile vechi ale copilului, oricât de distruse ar fi. Povestim cu cel mic și-l implicăm în decizie. Așa îi arătăm că ne pasă de el, că emoțiile lui sunt importante pentru noi.

La fel și gândurile, emoțiile și opiniile copilului. Sunt ale lui și sunt la fel de valoroase ca ale noastre, chiar dacă poate ale lui sunt mai puțin bazate pe informații validate științific și îi lipsește experiența de viață. Emoțiile sunt toate adevărate, și cele ale unui copil de unsprezece luni, și cele ale unui bunic de optzeci și trei de ani. Toți ne dorim să fim iubiți și acceptați! Toți vrem să ne fie ascultate și luate în seamă opiniile!

Atenție, a lua în seamă opinia cuiva nu înseamnă a o pune în aplicare!

Faptul că implic copilul de trei ani într-o discuție despre vacanța viitoare nu înseamnă că îl voi lăsa pe el să decidă, ci că îl voi invita să ne spună şi el ce i-ar plăcea să facă în vacanță, ce nu i-ar plăcea, pentru că astfel el se va vedea prețios, își va înțelege valoarea ca ființă umană, iar acesta e poate cel mai important dar pentru orice om!

Spațiul e important pentru mine, la fel cum e și pentru tine și pentru copiii noștri. Cu toții avem nevoie de cuibul nostru, de un loc care să nu fie invadat de nimeni, unde să ne putem ascunde micile secrete, unde să ne desfășurăm activitățile noastre tainice, unde să ne pitim jurnalul sau să ne retragem când plângem și nu vrem să vorbim despre asta.

Și copiii au nevoie de locul lor. Au nevoie să bați la ușă când vrei să intri în camera lor, la fel și la baie, când sunt suficient de mari să meargă singuri la toaletă sau la duș. Au nevoie să nu le controlezi sertarele, să nu le faci curat în dulapuri, să nu le așezi patul altfel decât vor ei.

Astfel vor învăța că persoana lor e importantă și inviolabilă, vor ști să respecte limitele personale ale celorlalți și nu se vor lăsa invalidați de alte persoane.

Timpul e o resursă importantă, care vine cu limite personale. Copiii au nevoie de mici să stea și singuri, cu părintele aproape, desigur, dar nu neapărat în raza lor vizuală. Bebelușii pot sta liniștiți pe spate să-și exploreze palmele, tălpile, tavanul, umbrele de pe pereți, propria lor respirație, sunetele și mirosurile casei.

Părintele care simte nevoia de a fi un părinte bun distrându-și permanent copilul nu face decât să-l întrerupă, să-i ia această abilitate înnăscută de a sta cu sine, să-i fragmenteze puterea de concentrare, pentru ca peste trei ani să se mire că micuțul nu se joacă singur, se plictisește, vrea mereu să fie amuzat de mami sau de tati. Acesta e un exemplu clasic și foarte comun de încălcare a limitelor de spațiu, timp și dezvoltare a copiilor mici (dap, am făcut și eu asta la primul copil, la al doilea m-am mai potolit, nu pentru că aş fi înţeles ce am greşit la primul, ci pentru că îmi devenise imposibil să distrez non-stop doi copii mici, încercând în acelaşi timp să nu ajung în cămaşă de forţă la balamuc).

Când vine vorba despre corpul lor, of, cât de important mi se pare să le recunoaştem dreptul de a decide încă de mici, pentru a-i feri de abuzuri de orice fel şi pentru a-i învăţa din copilăria mică ce este bine şi ce este rău când vine vorba despre relaţii cu alţii, atingeri şi respect!

De fapt, cred că voi scrie un capitol separat despre acest subiect şi apoi revenim la ce facem când copiii îşi simt încălcate limitele, ne spun NU, iar noi avem nevoie disperată de un DA.

Nu săriţi capitolul acesta despre consimţământ, cred că e mare nevoie de aceste conversaţii în spaţiul românesc, în care trupurile copiilor şi cele ale femeilor sunt deseori considerate bunuri publice, ceea ce este profund greşit şi nedrept.

Cum ne învăţăm copiii să îşi respecte corpul, dar şi pe cele ale celorlalţi?

În ţara în care majoritatea părinţilor încă îşi lovesc copiii, şi îi privesc ca pe nişte mici animale de casă care trebuie dresate şi care au obligaţia de a sta la mângâiat şi la pupat când vin rudele în vizită, în ţara în care copiii sunt internaţi fără părinţi şi sunt legaţi de pat pentru a nu face zile fripte personalului medical, în ţara în care fete de unsprezece ani sunt considerate responsabile pentru violurile prin care au trecut, pentru că s-au purtat ori s-au îmbrăcat provocator, să vorbeşti despre consimţământul copilului pare o glumă.

Însă este absolut necesar să vorbim despre asta, e parte din educarea noastră ca adult și a copilului ca viitor adult care trebuie să știe care sunt limitele lui personale, dar și ale celorlalți.

Poate ni se pare că a obliga copilul să primească îmbrățișarea unei rude e o lecție de altruism și bune maniere; dar, de fapt, lecția pe care i-o predăm copilului nostru e cea numită *Nu contează ce simți, important e să nu se supere mătușa.* Ceea ce deschide ușa multor mesaje toxice și unor comportamente care pot favoriza neadaptare sau chiar abuz.

Zilele trecute l-am auzit razant pe băiețelul nostru întrebându-și prietena de-o viață (el are șase ani, ea șapte):

— Pot să te ating pe mână?

De mulți ani, la noi în casă regula noastră e asta: nu atingem copiii fără să-i întrebăm înainte. Pare straniu? N-ar trebui să fie. Corpul lor le aparține și cred că trebuie să înțeleagă asta de mici. Copiii nu trebuie obligați să se îmbrățișeze și să se pupe cu nimeni, dimpotrivă, trebuie învățați că este în regulă să nu dorești contact fizic cu toată lumea, că au dreptul de a refuza acest contact, la fel cum au obligația de a nu forța pe nimeni altcineva să le tolereze atingerile.

Este un principiu de bază, foarte simplu și foarte important în relația dintre oameni. Vrem o societate cu mai puțin abuz? Hai să începem cu ce ne învățăm copiii!

Când copilul spune:

„Nu vreau să merg la buni, că mereu mă pupă pe gură și mă strânge prea tare în brațe!“, iar noi spunem: „Hai, lasă, că nu e așa mare brânză, e buni și te iubește, taci și rabdă!“, ce înțelege copilul este că nu el decide cine îl poate pupa, strânge și atinge și că adulții știu mai bine. Învață că nu e important ce simte *el* despre asta, că alte reguli ale lumii sunt mai prețioase, iar de aici până la anularea limitelor sale și ale altora nu mai e mult. E posibil ca, atunci când alt adult va vrea să-l atingă și el se va simți neplăcut, să nu mai spună NU, pentru că a învățat că nu contează ce simte *el* despre corpul lui. Ar putea el însuși să atingă alt copil sau un adult chiar dacă semnalele corporale ale celuilalt spun clar NU.

Dar dacă, în loc de asta, am spune: „Am înțeles, mulțumesc că mi-ai spus, o să vorbesc cu buni să nu te mai atingă fără acordul tău. E absolut în regulă să spui NU când e vorba despre corpul tău", copilul înțelege că poate refuza orice tip de atingere, că spațiul lui personal e prețios și că nu poate fi încălcat de nimeni, nici măcar de cei din familie. E primul pas și pentru a te asigura că el însuși va respecta spațiul intim al altora.

Hai să vedem împreună *ce* înseamnă consimțământ.

În sensul larg, consimțământ înseamnă aprobare, cooperare nesilită, asentiment, aderare de bunăvoie la ceva. Nesilită!

Dar este realist să ne propunem să ne creștem copiii în acest spirit? Sigur că da. Când sunt foarte mici, le cerem consimțământul formal, pentru că ei nu ni-l pot da conștient.

Putem anunța un bebeluș înainte de a-l lua pe sus:

— O să mergem acum să-ți schimb scutecul, bine?

Îi dăm timp să proceseze și tonul și expresia noastră, apoi ne vedem de treabă.

Apoi, pe măsură ce crește, îl învățăm despre corpul lui, despre denumirile anatomice ale organelor lui și despre spațiul personal al fiecăruia, care poate fi de jumătate de metru, sau de un metru, în funcție de cum se simte confortabil fiecare.

Îl putem îndruma să inventeze el o metodă de salut care să nu implice îmbrățișări și săruturi.

E important să ne învățăm copiii cum să reacționeze când cineva le invadează spațiul personal.

Dar, înainte de asta, ajută să ne gândim la următorul subiect:

Cum reacționăm noi, adulții, când ne sunt încălcate limitele personale? Cum ni le apărăm?

Eu, de exemplu, am crescut smotocită de o grămadă de lume. Bunicii mei au fost învățători la sat, mergeam cu ei la școală, pentru că nu aveau cu cine să mă lase. Îmi aduc aminte cum mă trăgeau de fălcuțe diverse doamne și domni, copiii mă luau de mână și mă duceau după ei, ne pupam pe gură toată familia, eu cu părinții, cu mătușile și bunicii. Așa am crescut, asta a fost normalitatea noastră și nu îmi aduc aminte să mă fi deranjat cât am fost mică. Pe la zece ani însă, sau poate doisprezece, nu mai știu exact, nu mai doream să fiu pupată și îmbrățișată de tot neamul, dar mi-a fost rușine să spun asta cuiva, așa că și acum se mai întâmplă situații ciudate. Nu am știut niciodată că pot să refuz o îmbrățișare a unei rude, nu mi-a spus nimeni.

Când au început pipăielile la școală sau în autobuz, m-am simțit mereu vinovată că urăsc aceste atingeri. De parcă ar fi fost ceva în neregulă cu mine! Nu am îndrăznit decât o singură dată să protestez, eram în troleu și un maimuțoi stătea lipit de mine, deși troleibuzul era gol. M-am îndepărtat de el de câteva ori, a venit după mine, i-am spus să mă lase, nu s-a oprit și, ieșită din minți, i-am tras o poșetă în cap. Nu sunt mândră de asta, acum n-aș mai face la fel, mi-am ieșit din minți și nu am nicio scuză. Atât am putut. S-a uitat uimit la mine, era clar că nu se aștepta, s-a îndepărtat și a coborât la prima. Din nefericire pentru el, în ziua cu pricina aveam în geantă nu doar agenda în care-mi notam cursurile, ci și un parfum cadou pentru o colegă.

Nimeni nu a intervenit cât mă pipăia el, iar după ce am ripostat, lumea din troleibuz m-a privit ca pe o nebună. Multă vreme înainte și după asta nu am știut să-mi apăr corpul. Am răbdat în tăcere, am transpirat, mi-a venit să vomit. Am stat mulți ani în relații în care, ca să mă exprim ca o prințesă, corpul meu nu a fost tratat deloc ca un templu.

Acum sunt mult mai conștientă de nevoia mea de spațiu personal; deși îmi plac îmbrățișările, prefer să fiu întrebată înainte.

Inclusiv cu copiii, când mă sufocă, le spun onest, și fac asta de când erau mici:

— Puiule, nu pot să respir, poți, te rog, să te dai puțin mai încolo? Am nevoie de puțin spațiu.

Ei înțeleg asta foarte bine și se retrag.

Cum ne învățăm copiii să-și protejeze corpul și spațiul personal?

În primul rând, respectându-le noi înșine corpul și intimitatea. Nu intrăm peste ei în baie sau în camera lor, ne acoperim de față cu ei. Le cerem voie, verbal sau din priviri ori gesturi, să îi îmbrățișăm. Le-am explicat despre intimitate și limitele fiecărui om.

Le-am spus de pe la trei ani, de când au intrat în colectivitate, și deci nu au mai stat numai cu mine în preajmă, să spună răspicat, atunci când simt nevoia:

— Te rog să nu stai așa aproape de mine.

— Poți, te rog, să nu te lipești așa de mine? Nu-mi place.

— Te rog să nu mă îmbrățișezi.

— Te rog să nu mă atingi.

— Te rog să nu mă săruți.

— Nu îmi place.

— E corpul meu, spațiul meu, te rog să nu mă atingi.

Să ridice mâna ca pe un scut dacă e nevoie.

Să ceară ajutorul unui adult dacă vorbele și mâna ridicată nu au efect.

Să îmi spună mereu dacă există persoane care le încalcă spațiul personal.

Să stea departe de persoanele care nu le respectă spațiul personal.

Ne-a ajutat și cartea pentru copii pe care am scris-o tocmai pentru a le transmite mai ușor acest mesaj al dreptului asupra propriului corp, *Adevărul gol-goluț*, care știu că a ajutat multe familii în acest demers.

Nu i-am obligat niciodată să accepte atingeri de la membri ai familiei și nici din personalul grădiniței sau școlii.

Când îmi vine să-i strâng în brațe, le cer voie înainte. De cele mai multe ori vor, alteori însă nu, și le respect dorința. Nu o iau personal și nu mă simt neiubită. Știu că este vorba despre nevoia lor de a decide pentru corpul lor. Respect asta și mă bucur că au înțeles cum merg lucrurile.

Nu vă imaginați ceva superformal, de multe ori, acordul se cere printr-o privire, între părinte și copil e adesea suficient. Sau o întindere a brațelor. Când vine vorba despre alte rude, cred că e nevoie de o cerere verbală a acordului, mai ales dacă interacțiunea cu copilul e mai degrabă rară.

Când vor să mă îmbrățișeze ei, nu se năpustesc spre mine, ci îmi spun:

— Am nevoie de o îmbrățișare.

La fel și cu pupatul.

Sunt liberi să spună:

— Acum nu vreau să mă pupi sau să mă îmbrățișezi.

Am eliberat pentru ei aceste vorbe de orice formă de vină sau rușine.

Nu e nimic în neregulă cu a nu dori să fii atins. Există persoane care tolerează bine atingerile, ba chiar le face plăcere, la fel cum există persoane care nu doresc să fie atinse nici de partener, nici de părinți.

De ce e atât de important să fim atenți la acest aspect? Pentru că, atunci când îi sărutăm cu forța, când îi rușinăm dacă refuză să accepte îmbrățișări de la rude, copiii noștri învață că:

— dorințele și nevoile lor nu sunt la fel de importante ca ale adulților;

— nu e bine să își exprime nevoile și dorințele;

— alții pot decide în ceea ce privește corpul lor;

— părintele nu e de partea lor;

— ceea ce simt e greșit (din moment ce toți ceilalți se comportă ca și cum normal ar fi să te îmbrățișezi cu toată lumea).

Toate aceste lucruri sunt incongruente cu ceea ce ne dorim de la copiii noștri și pentru ei: să fie conștienți de ceea ce simt, să comunice asta, să se asigure că le sunt respectate limitele, pentru a rămâne în siguranță, să respecte la rândul lor limitele altora. Dacă noi nu le respectăm limitele, asta va fi normalitatea lor, vor învăța că limitele sunt făcute să fie încălcate, le vor permite și altora să le încalce și e foarte posibil să le încalce și ei pe ale altora.

Dar dacă le permitem să decidă ei și îi învățăm despre consimțământ?

Din ce observ la copiii mei și la ceilalți pe care îi cunosc, din tot ce am citit, un copil căruia i se permite să refuze îmbrățișarea unei rude sau a unui coleg ori educator:

— știe foarte bine care sunt limitele lui personale;

— știe că are acest drept natural, dc a decide când e vorba despre propriul lui corp;

— simte că este văzut, acceptat, iubit așa cum e;

— nu este speriat să vorbească despre ce simte;

— știe că părintele e de partea lui;

— e în general mai relaxat în prezența altora, pentru că știe că nu trebuie să accepte lucruri care nu îi plac;

— va respecta limitele altora.

Dacă nu e un subiect prea dureros pentru tine, te-aș invita să te gândești un pic la felul în care a evoluat relația ta cu propriul tău corp. Cât de mult ți-a aparținut? Ți s-a permis să ai și să exprimi limite personale? Ai știut ce se întâmplă cu corpul tău pe măsură ce creșteai?
Eu îmi aduc aminte rușinea cu care mă trezeam pe la cincisprezece ani după ce aveam vise mai intense, în care mă sărutam cu vreun băiat sau el mă invita la vreo petrecere. Îmi simțeam corpul viu și cald și eram sigură că asta e pentru că sunt o păcătoasă. Când m-a atins un băiat prima oară într-un mod ceva mai intim, am izbucnit în plâns. Și acum mi se mai întâmplă uneori, în momente de maximă intimitate, să mă simt foarte tristă.
Nu e vina noastră, nici a părinților noștri, nici a dascălilor noștri. Fiecare a făcut ce a putut mai bine. Poate că noi putem face lucrurile diferit.

Aș vrea să mă opresc puțin aici ca să-ți aduc aminte că ești un om complet, bun și prețios. Chiar dacă nu faci totul întotdeauna perfect și uneori nici măcar bine nu-ți ies lucrurile, ba se întâmplă chiar să dai spectaculos cu bâta-n baltă, tot ești un om complet, bun și prețios, care nu e perfect și care are tot dreptul să greșească. Greșelile sunt cele care ne fac simpatici și ceva mai înțelepți cu fiecare zi care trece. Dacă am face totul bine mereu, am fi plictisitori și aroganți. Cine vrea astfel de persoane-n viața lui? Când vocea afurisită din capul tău apare din senin să te certe, să-ți spună că ești proastă, varză, că ai paté de gâscă în loc de creier, că ești grasă, bună de nimic și alte bunătăți de pe platouașul plin vârf cu autosabotare și autoînvinovățire, să-i spui din partea mea să meargă să cânte la altă ureche, aici n-o mai bagă nimeni în seamă. *Voce, ești nasoală, dă volumul mai mic, mă deranjezi!*

E normal să ne vedem greșelile și să nu le minimalizăm. E util să ne asumăm responsabilitatea, să vedem ce am greșit și data viitoare să ne străduim să nimerim varianta mai bună de reacție. E inutil și chiar neproductiv să ne acoperim cu plapuma grea și sufocantă a vinei, care nu va face decât să ne apese, să ne facă nesiguri, obosiți, stresați și să ne împingă să greșim iar.

Ești un om complet, bun și prețios.

Știu pentru că și eu sunt unul. Și eu greșesc. Îmi dau voie să greșesc și îmi dau timp și spațiu să repar, și data viitoare să încerc mai mult.

Când copilul spune NU

De ce spun copiii NU?

Suntem tentați să credem că odraselele noastre (când fac lucruri care ne enervează, nu le mai spunem *copii* și *pui*, ci *odrasle, huni, tătari, animale sălbatice*) ne spun NU cu următoarele scopuri:

— Ca să ne pedepsească.

— Ca să ne e manipuleze.

— Ca să se răzbune.

— Ca să ne vadă în spital.

— Ca să ne interneze la nebuni.

— Ca să ne scoată peri albi.

— Ca să ne bage în mormânt.

— Ca să ne arate cum e să facă pe șefii.

— Ca să ne facă mințile paté.

— Ca să ne oblige să întârziem iar la birou, ca să ne pierdem jobul.

Înțeleg tentația de a o lua personal și de a crede că, atunci când nu cooperează, copilul vrea să ne facă nouă un rău. Poziția aceasta de victimă e una pe care mulți dintre noi au învățat-o de mici, când chiar au fost victimele diverselor forme de abuz (fizic, sexual, emoțional). Apoi, când ești nervos, ce e în fața ta devine imediat un câmp de luptă, iar cine se află în fața ta și spune altfel decât spui tu îți este dușman și vrea, prin urmare, să te distrugă.

Dacă vei reuși să faci un pas în spate, să respiri adânc de câteva ori și să-ți amintești paragrafele următoare, cred că vei putea să eviți atmosfera de război din mintea ta și reacțiile disproporționate la NU-ul copilului tău.

Copiii cooperează cu părinții lor în majoritatea cazurilor, pentru că sunt programați să o facă (e chestiune de supraviețuire, până la urmă) și pentru că ne iubesc. Am regăsit această idee la Jesper Juul, în cartea *Copilul tău competent.* Mi-a rămas în minte un exemplu pe care îl descrie autorul din experiența acumulată în cabinetul de psihoterapie: o mamă era foarte stresată de faptul că în curând băiețelul ei urma să înceapă grădinița. Nu era pregătită pentru acest pas, se simțea vinovată că alesese să se întoarcă la serviciu, resimțea puternic anxietatea de separare de fiul ei, era extrem de stresată, se frământa, plângea, era sigură că băiețelului urma să-i fie foarte greu să rămână la grădiniță atâtea ore fără ea, că avea să plângă, să refuze să mănânce și să se joace. Desigur că discursul ei față de fiul ei a fost unul încurajator, însă el îi simțea foarte bine toate grijile și stresul; copiii, mai ales cei mici, trăiesc în emoțiile noastre, le simt direct, indiferent ce le spunem. În prima zi de grădiniță și în cele ce au urmat, băiețelul a plâns, a protestat, a refuzat să mănânce și să se joace. Acesta a fost felul lui de a coopera cu mama sa: împlinindu-i așteptările. Ea, desigur, nu a văzut lucrurile așa, ba chiar s-a supărat pe el că refuză să stea acolo cât merge ea la serviciu. Dar fiul ei nu a știut cum să-și arate altfel iubirea față de ea.

Copiii fac ce ne dorim de la ei dacă pot, spune Ross Greene, terapeut american și autorul unora dintre cele mai apreciate cărți pentru părinți și profesori. În cartea *Cum să creștem ființe umane,* Ross Greene explică și demonstrează cum și de ce vor copiii să ne facă fericiți, să funcționăm bine împreună. Pe scurt, e tot pentru că de asta depinde supraviețuirea lor, iar ei știu asta instinctiv, și pentru că ne iubesc și vor să ne arate asta.

Premisa aceasta e una pe care eu o simt ca adevărată și care m-a ajutat mult în relația cu copiii mei, pentru că am înțeles că NU-ul lor nu are legătură cu mine sau nu este în ciuda mea, ci are legătură cu ei; astfel, copiii vin în ajutorul meu, pentru ca eu să-i cunosc, să mă cunosc și să ne putem înțelege, conecta și iubi mai bine.

Copiii fac bine dacă pot.

De altfel, nu e un lucru adevărat și în cazul adulților?

Și eu fac bine dacă pot. Fac ce știu că îi va face pe alții fericiți, mai ales pe cei pe care îi iubesc.

Cu câteva condiții însă, care sunt valabile și pentru copii, și pentru adulți.

Îmi permit să emit această teorie: *toate ființele umane fac bine dacă pot, pentru că toate au nevoie de iubire. Iar iubirea, oricât de mult ne-ar plăcea să fie altfel, de cele mai multe ori este condiționată de comportament.*

Copiii spun NU și ni se opun din multe motive. Încerc să enumăr câteva dintre ele.

— Nu pot face fizic ce le cerem (sunt prea mici): de exemplu, vrem ca puiul nostru de doi ani să nu se mai tăvălească de furie când nu primește ceva, dar el încă nu are autocontrol, cortexul lui prefrontal nu funcționează încă la capacitate optimă, așadar, deși poate că înțelege că nu e social acceptabil să se tăvălească pe jos în supermarket, nu se poate abține.

— Sunt obosiți.

— Nu înțeleg ce le cerem.

— Pentru ei e mai important sau mai interesant să facă altceva atunci (nu am cunoscut încă niciun copil care să considere că să-și strângă jucăriile sau să se spele pe dinți e mai interesant sau mai important decât să se uite la un film sau să se joace cu cel mai bun prieten).

— Au crescut și simt nevoia să își renegocieze limitele, pe care le simt prea restrictive. E normal, când limitele le rămân mici, să ceară unele mai relaxate.

— Sunt deconectați de noi, simt că ne-au pierdut pe drum și încearcă să ne arate asta ca noi să putem repara (ei nu știu cum să facă asta)

— Au nevoie de mai mult control în viața lor, simt că li se impune prea mult, poate au reguli prea multe și prea stricte. Toate ființele umane au aceste trei nevoi emoționale esențiale: autonomie, conectare și competență.

— Sunt stresați, îngrijorați, epuizați de o schimbare majoră în viața lor, care îi consumă și pentru gestionarea căreia ar avea nevoie de ajutor, dar nu știu cum să-l ceară. Așa că îți atrag atenția cum pot că sunt în suferință, că au nevoi neîmplinite (se poate întâmpla asta, de exemplu, când încep grădinița, când apare un nou frate, când încep școala, când unul dintre părinți lipsește mult de acasă sau este indisponibil emoțional).

— Își cunosc și își respectă limitele personale (de exemplu, un copil de trei ani poate refuza să fie gâdilat, sărutat sau îmbrățișat, iar noi trebuie să respectăm asta și să n-o luăm personal).

— Vor să se asigure că părintele e sigur pe ceea ce face, că au alături un adult de încredere, care s-a gândit bine și rămâne ferm atunci când limita e pusă sub presiune. Asta îi ajută pe copii să se simtă în siguranță, liniștiți că-și pot vedea de explorat și crescut fără griji în spațiul creat de părinte.

Vezi? Nu e mai nimic despre mama sau despre tata în lista asta. E doar despre ei, sunt motive obiective (care țin de dezvoltarea lor sau de mediu) sau subiective (ce le place, ce vor, ce îi atrage) pentru care copiii noștri nu fac mereu ce le cerem.

Sigur că există copii cu temperamente mai cooperante și copii care se încordează mai des. Eu am câte un copil de la fiecare extremă. Fetița noastră s-a născut să iubească regulile, o fac să se simtă sigură și liberă. Din când în când, cere renegocierea lor, pe măsură ce crește, dar, în cea mai mare parte a timpului, e nevoie doar s-o rog ceva și ea e bucuroasă să facă ce poate pentru a-mi împlini cererea. Dezavantajul este că are și ea regulile ei cu privire la camera și lucrurile ei și felurile în care face totul, și ferească Dumnezeu să încalci vreuna!

Băiețelul este un luptător împotriva regulilor și a condiționărilor de orice fel. Frumos și adorabil, teribil de isteț și de încăpățânat, el se face zid de treizeci de ori pe zi în fiecare zi când vine vorba să-i ceri ceva ce nu e sigur că dorește (nici că nu dorește nu e sigur, dar zice NU din start și apoi mai vede el). Totul este mult mai complicat cu el, de la organizarea meselor sau a vacanțelor la mersul la somn, spălatul, îmbrăcatul, alesul hainelor și cadourilor. În același timp, simt că m-am dezvoltat personal cu viteza luminii de când sunt mama lui. M-am înfuriat dincolo de limitele cunoscute de mine vreodată, am făcut și eu crize de furie în care aproape că m-am tăvălit în parcul Herăstrău pe iarba de lângă Roata Mare, am plâns, am implorat, am amenințat, am zăcut ore în șir stoarsă ca o cârpă după negocieri interminabile cu omulețul de 98 de centimetri care stătea drept în fața mea și zicea limpede, a optzecea oară: *Nu vreau!*

Am mers la terapie, l-am dus și pe el, m-am căutat de toate butoanele pe care apăsa el și am lucrat la dezactivarea lor, am terminat de citit toate cărțile pe care le-am găsit despre copiii cu voință puternică, am încercat toate scurtăturile și strategiile din lume până am ajuns în acest loc în care conviețuim și ne iubim, facem compromisuri unul pentru altul; uneori renunță el, alteori renunț eu, dar nu încerc să-l mai schimb, să-l fac cooperant ca sora lui sau dispus să renunțe oricând la limitele lui pentru alții, ca mine.

Când am încetat cu adevărat să-l mai modelez după schemele din capul meu, când nu l-am mai înghesuit în mulajele mele despre cum trebuie să fie copilul meu, a încetat și el să mi se mai opună din principiu, pentru că nu mai are motiv să se apere de mine.

În continuare spune NU, dar nu la fel de des ca înainte, iar dacă îi las suficient de mult timp, de cele mai multe ori se răzgândește și spune DA, dar trebuie să fie cum l-am rugat pentru că așa vrea el, nu pentru că așa îi cer eu. Mai jos vei găsi un capitol separat despre viața cu un copil care se opune mereu.

Ce să nu facem când copiii ni se opun și de ce

Ce frumos ar fi ca progeniturile noastre să facă tot ce ne dorim de la ele, tot timpul! Sau măcar uneori? Vreodată?

Adevărul e că-i exasperant să stai mereu cu gura pe acești omuleți simpatici, pe care-i iubești de nu mai poți și care aud de la douăzeci de metri, prin trei uși închise, dacă ai foșnit un ambalaj de ciocolată, în schimb, când îi rogi de opt ori la rând (ultimele două pe un ton complet lipsit de eleganță) să vină la masă, brusc au probleme cu auzul.

E timpul să mergi la baie! Te-am rugat să faci ordine în jucării! Tot nu ți-ai terminat temele? Te rog să nu-i mai iei jucăriile fratelui tău. Lasă tableta aia. Închide laptopul. Nu, nu mai ai voie pe YouTube.

De cinci ori repeți cu răbdare, cu calm și cu blândețe. A șasea oară ridici tonul. A zecea oară ai scoate sabia, noroc că n-ai.

E greu, e foarte greu spre imposibil să rămâi calm în fața tehnicilor imbatabile ale copiilor, cu toate variantele lor:

— nu te aud;

— te aud, dar nu pricep ce zici;

— pricep, dar nu-mi pasă;

— îmi pasă, dar nu vreau.

Așa că înțeleg perfect ce ne vine să le facem când în fiecare zi, de fiecare dată când trebuie să facem și altceva decât ce vrea copilul să facă non-stop, trecem prin acest purgatoriu de rugăminți, insistențe, strategii care se termină mereu cu strigăte, amenințări și uși trântite. Ne vine să le tragem una, să se învețe minte și să termine cu fițele astea, *pe vremea mea copiilor nu li se sufla atâta în coarne, faci ce zice maică-ta și gata,* să-i obligăm să facă ce trebuie, să-i încuiem trei zile în camera lor doar cu apă și coji uscate de pâine, să le zicem tot ce ne vine la gură, să le luăm ce au mai drag și să-l facem zob cu ciocanul, să nu-i mai iubim, să nu le mai facem pe plac niciodată, să ne aruncăm în grabă într-o valijoară trei perechi de chiloți, borcanul de Nutella și cutia cu Xanax și să plecăm pentru totdeauna pe o insulă unde copiii sunt interziși pe vecie.

Daaaaar nu facem nimic din toate astea. Nu facem!

Ne vine să ne răzbunăm pentru că oboseala, frustrarea și furia ne transformă în copii de cinci ani care vor să explodeze tot Universul când ce-și doresc ei nu se întâmplă.

Dar nu suntem copii de cinci ani, ci copii de douăzeci și cinci, treizeci și cinci sau patruzeci de ani sau mai mult, care au trăit și au citit și au învățat suficient despre viață cât să nu se comporte ca la grădiniță.

Unele reacții la opoziția copilului ne fac nouă și le fac lor mult mai mult rău decât neîmplinirea lucrului pe care ți-l dorești făcut, iar copilul refuză să-l facă. Unele lupte nu merită purtate, iar altele pot fi câștigate și altfel (despre strategii pentru a ajuta copilul să coopereze am scris în capitolul următor). Dacă ajungi să-ți lovești copilul pentru că refuză să se spele pe cap, mai bine-l lași cu părul murdar o vreme.

Iată ce nu trebuie cu niciun chip să facem când copiii ni se opun.

Nu-i lovim.

Nu există pe lumea asta niciun motiv întemeiat pentru care să lovim un copil.

De fapt, dacă stăm să ne gândim bine și ne permitem să fim sinceri, ne lovim copiii nu pentru că am crede cu adevărat că așa le salvăm caracterul, ci pentru că ne pierdem controlul. Le ardem o palmă la fund sau una peste ochi, îi tragem de păr sau de urechi, îi smucim de haine sau de mâini nu pentru că suntem părinți cu metodă, care aplică strategii de parenting recomandate, ci pentru că ne speriem și ne înfuriem atât de tare, încât ne comportăm animalic, instinctiv; facem ce ni s-a făcut și nouă sub masca iubirii și a educației.

Lovirea nu duce la educare și progres, ci la durere, umilință și frică.

Copiii nu învață din educarea cu lovire decât că merită să fie loviți, că acela care e mai mare și mai puternic are dreptul și chiar obligația de a-i lovi pe cei mai slabi, că violența e o soluție (când, de fapt, e doar sursa problemelor și a suferinței).

În plus, relația dintre copil și părintele care-l lovește (chiar dacă loviturile sunt rare și se petrec în situații pe care părintele le consideră justificate) se surpă cu fiecare lovitură. În frică, iubirea crește greu și strâmb. Dorința de eliberare și de răzbunare crește. Un copil care este lovit i se va opune mai mult părintelui său decât unul care este înțeles și ghidat cu blândețe.

Stima de sine a unui copil lovit (chiar și ocazional) suferă. *Dacă mama, care e Dumnezeu, mă lovește, sigur am făcut eu ceva. Sunt rău, merit.*

Am trăit cu această convingere treizeci de ani. Abia când am avut copiii și am regăsit-o în mine pe Ioana mică, am înțeles că ea nu a făcut nimic ca să merite să fie lovită, că ea e bună și prețioasă, și abia de atunci a început viața mea cea adevărată și frumoasă.

Nu-i pedepsim.

Dacă pedepsele funcționează, atunci de ce trebuie să le aplicăm din nou și din nou, de fiecare dată mai mari, mai grele?

Pedepsele nu numai că nu funcționează, dar fac mult rău. Nici nu e nevoie de prea multă teorie aici, e nevoie doar să ne uităm un pic în urmă și să fim sinceri: când eram pedepsiți în copilărie, regretam amarnic ce-am făcut sau regretam faptul că am fost prinși? Ne gândeam intens cum să nu mai facem aceeași greșeală sau cum să ne ascundem mai bine și cum să ne răzbunăm? Eu îmi aduc aminte foarte bine, ba am și scris în jurnal de multe ori când eram pedepsită, că îmi doresc mult să mor ca să-mi pedepsesc părinții, care mă țineau degeaba în camera mea de la etajul trei al blocului în timp ce toți prietenii mei strigau după mine sub fereastră.

A pedepsi un copil înseamnă a-i face ceva neplăcut sau a nu-l lăsa să se bucure de ceva ce-i place, cu scopul de a-l determina să facă ce spune părintele. Esența este aceasta: cel care impune pedeapsa vrea să-l facă pe copil să sufere ca să-l învețe o lecție. Bun, dar cum poate fi benefic pe termen lung un lucru care-l face pe copil să sufere?

Iată ce-i fac pedepsele copilului pe termen scurt, mediu și lung și în ce fel erodează ele relația părinte-copil (subiectul este aprofundat în cartea *Pedepsiți prin recompense*, de Alfie Kohn). Din pedepse, copilul învață că abuzul este soluția problemelor, că ele se rezolvă dacă cel puternic îl face pe cel slab să sufere.

Copilul învață că nu contează argumentele sau dreptatea, ci doar cine este mai puternic și-l poate manipula sau răni pe celălalt.

Pedeapsa îl înfurie pe copil și-l face să vrea să se răzbune.

Pedepsele îl fac pe copil să se simtă și mai lipsit de putere în viața lui, iar asta îl va face și mai rebel, și mai deconectat de părinți.

Pentru că de obicei nu au legătura cu sursa problemei, pedepsele nu-l învață pe copil nimic util (îți iau tableta pentru că nu ți-ai făcut temele nu spune nimic nici despre motivele pentru care temele sunt importante, nici despre motivele pentru care copilul nu vrea sau nu poate să își facă temele).

Pedepsele îl fac egoist pe copil, pentru că el e singurul care suportă niște consecințe (pedeapsa în sine), iar despre răul provocat altora (pe care i-a lovit sau i-a jignit, de exemplu) nu se discută deloc.

Pedepsele afectează mult relația părinte-copil, pentru că un copil pedepsit nu mai vede în părinte un aliat iubitor, protector și îndrumător, ci un adult care urmărește să-l constrângă și să-l facă să sufere pentru că a greșit.

Acest ultim aspect este pentru mine și cel mai important și motivul principal pentru care nu mi-am pedepsit niciodată copiii. Cu toate astea, ei sunt copii civilizați, care respectă majoritatea regulilor casei și toate regulile lumii în care trăim. Calea educării fără manipulare este, desigur, mai lungă și mai grea decât cea care include și pedepse, și loviri, amenințări și trimis la colț. Sunt un adult care a suferit din cauză că a crescut cu astfel de metode. Am înțeles cât de mult rău mi-au făcut toate acestea și am încercat să fac lucrurile diferit cu copiii mei, fără să cad într-o altă extremă la fel de periculoasă, cea a părințelii fără reguli și limite.

Nu strigăm la ei. Frica îi face să se retragă, să devină nesiguri.

Țipetele oricărei persoane sunt înfricoșătoare; ce să mai zic despre ale părinților tăi! De la un punct, te obișnuiești cu ele și nici nu le mai auzi, dar nu cred că ne dorim să ajungem până acolo.

Pe de altă parte, e aproape imposibil să fii părinte, să-ți crești copiii zi de zi, oră de oră, și să nu ridici vocea la ei. Nu mi-e clar de ce anume se întâmplă asta, probabil e un amestec de limite umane care sunt atinse, încălcate, călărite în mod repetat fără milă, de oboseală, disperare, lipsă de alte resurse și soluții, nevoie de a fi auzit și luat în seamă, nevoie de a acoperi cu glasul tău (care sigur spune ceva cu sens) urletele copilului, suferința trecutului, care e zgândărită de fiecare dată când copiii tăi îți aduc aminte de copilul din tine.

Dar merită să facem tot posibilul să ne abținem cât mai mult, pentru că, dacă ne speriem copiii cu strigătele noastre, relația dintre noi o să se tensioneze, o să se erodeze și o să se subțieze încet, dar sigur.

În plus, nici nu ajută cine știe ce, de fapt. Rareori am văzut copii motivați de strigătele părinților. Agasați până în punctul în care nu ne mai aud, da, am văzut destui.

Nu le distragem atenția.

Iată părerea mea (probabil) nepopulară: distragerea atenției e o metodă lipsită de tact și de respect, dar eficientă uneori, mai ales cât copiii sunt mici. Am încercat să o aplic cât mai puțin și doar atunci când strigătele copiilor îmi deveneau insuportabile sau când nevoia mea ca ei să facă ce doream era mult mai importantă decât principiile mele de educare cu respect.

A distrage atenția unui copil pentru a-l determina să facă ce vreau eu e o păcăleală din care copilul nu învață nimic util, dimpotrivă, învață ceva nesănătos: că nu contează ce vrea sau ce simte el, important e doar ce dorește părintele (de exemplu: *Vreau să nu mai plângă copilul sau să mănânce tot din farfurie, așa că o să-i pun ecranul ăsta cu desene în față* și gata, voința copilului e suprimată).

Mi-e foarte ușor să fac acest exercițiu de empatie: să spunem că vin acasă întristată că m-a înjurat cineva în trafic și vreau să protestez și să plâng în brațele soțului meu, dar el nu poate primi tristețea mea, pentru că îl face să se simtă neputincios și îndurerat, așa că, în loc să mă asculte, dă drumul serialului meu preferat pe Netflix și mă așază pe canapea la televizor, cu un pahar de vin în mână. Cum mă simt eu oare?

Sigur, îmi veți spune că nu e același lucru. Dar ce e totuși atât de diferit? Vorbim despre două ființe umane cu anumite nevoi care sunt astupate, băgate sub preș de persoana care ar putea împlini aceste nevoi, dar care nu știe, nu poate sau nu vrea să împlinească aceste nevoi.

Nu-i umilim și nu-i amenințăm, nu ne retragem iubirea și nu-i abandonăm.

Umilințele, jignirile, amenințările sunt forme de abuz emoțional. Noi, persoanele adulte, avem putere asupra copiilor, care depind de noi din multe puncte de vedere. Tentația de a ne folosi de această putere pentru a-i manipula e uriașă, mai ales când suntem presați de timp sau furioși.

Vom înțelege multe dacă ne vom face timp să ne amintim cum ne simțeam noi când eram umiliți și condiționați acasă și la școală, dacă vom privi fără frică ura care creștea în noi când eram nedreptățiți și dezgustul față de noi înșine când nu reușeam să fim la înălțimea așteptărilor adulților din viața noastră, care erau modelele noastre și sursa de siguranță și iubire.

Eu nu-mi doresc să sădesc semințele urii și ale disprețului de sine în copiii mei. Vreau, dimpotrivă, să-i învăț să se prețuiască și să iubească, iar asta fac abținându-mă (uneori cu mare efort) să spun tot ce-mi trece prin cap când mă înfurii pe ei (despre metode de gestionare a furiei am scris în capitolul Crizele de furie).

Orice e mai bun decât abandonul. Acesta e lucrul de care se tem copiii cel mai mult. Sunt sigură că dacă i-am întreba ce ar alege între a fi loviți sau a fi părăsiți de mamă, ar alege bătaia. Nimic nu-i rănește mai mult decât teama că, dacă au comportamente nedorite, vor rămâne fără iubirea părinților, care este pentru copii vitală precum apa și mâncarea.

Câteva vorbe rostite la mânie, pe care, de fapt, nici nu le crezi, pot afecta pe termen lung stima de sine a unui copil.

Bunica mea, cu care am crescut în primii ani, spunea, când o supăram:

— Gata, mă duc în lumea mea.

Și pornea pe aleea de sub bolta de vie. Mergea agale spre poartă cei douăzeci de metri, care mie mi se păreau mult mai mulți și în mod cert periculoși. Îi auzeam papucii de plastic cum lipăiau pe ciment, îi urmăream pietricica neagră prizonieră între crăpăturile tălpii și mă gândeam: *Nu se mai întoarce, de data asta nu se mai întoarce niciodată, o să rămân singură aici și o să mor de foame,* plângeam și alergam după ea, iar ea-mi spunea s-o las, că nu mai poate, și eu o credeam și mă agățam de poalele capotului ei înflorat.

Abia de curând am încetat să mai fac compromisuri în relații de teamă că o să fiu abandonată de parteneri, colegi, prieteni. Mi-am trăit mai bine de două treimi din viață convinsă că, dacă nu mă port cum vor alții, o să rămân singură și o să mor de tristețe.

Adevărul e că ne iubim copiii orice-ar face, că ne dorim să schimbăm doar unele dintre comportamentele lor, nu pe ei, și că, de fapt, le admirăm puterea de a rămâne mereu de partea lor înșiși și de-a-și apăra cu atâta îndârjire limitele personale și vrerile. Am putea chiar să le spunem asta cândva, când nu suntem în conflict. Poate că, dacă vor fi siguri că am înțeles lecția aceasta, nu se vor mai simți obligați să ne-o tot predea.

Nu le oferim recompense.

Recompensele funcționează pe termen scurt, chiar pot părea supereficiente! Dar sunt așa o capcană! Ca toate animalele, și omul reacționează bine la recompense.

Dacă mănânci tot, primești desert.

Dacă îți faci temele, câștigi 30 de minute de joc video.

Îți dau bani dacă mă ajuți să spăl vasele.

Dacă te porți frumos cu fratele tău, poți să-ți inviți prietenii la ziua ta.

Dacă îți strângi jucăriile, îți dau una cadou.

De fiecare dată când te speli pe dinți, pun un abțibild aici, pe frigider, iar când aduni zece, îți cumpăr o carte.

Eu văd trei probleme cu recompensele: una mare, una mijlocie și una mică.

Cea mică: efectul de motivare al recompensei scade pe măsură ce copilul crește, așa că trebuie mereu să te asiguri că recompensa e mereu mai mare, mai valoroasă, mai rapidă. Într-un timp relativ scurt, va trebui să investești o grămadă de timp și de bani în a plăti copilul să facă lucrurile pe care vrei tu să le facă. Vei ajunge să cumperi tablete și consolă de jocuri și să-ți plătești copilul ca să dea cu aspiratorul mai mult decât te-ar costa o echipă de curățenie. Vei intra într-o cursă fără sfârșit, pe care n-o poți câștiga. Niciodată nu vei putea cumpăra tot ce-ți cere copilul tău să primească pentru a face lucruri pe care ar trebui să le facă oricum. Și, da, asta e problema cea mai mică.

Problema mijlocie este că motivația exterioară, recompensa, o ucide pe cea interioară, pentru că e mult mai satisfăcătoare, mai dulce, mai colorată, mai amuzantă.

Ce este motivația interioară? Acel sentiment care te împinge dinăuntru să faci ceva. Curiozitatea, dorința de a învăța, de a fi mai bun, de a reuși ceva interesant, dorința de a ajuta pe cineva pe care-l iubești sau care are nevoie de ajutor, principiile morale, valorile, acestea fac parte din motivația intrinsecă. Un ecran colorat, cu un joc video pe el, va fi întotdeauna mai interesant decât un principiu moral pentru un copil care nu a avut încă suficient timp să aprofundeze principiile morale.

Oferindu-i copilului lucruri, îi înăbuși bucuria de a le face *pentru că vrea el.* Și e posibil să nu o mai poți resuscita de la un punct încolo.

Iar problema mare este că, oferindu-i copilului recompense pentru ca el să facă ce trebuie să facă, ratezi complet șansa de a-i explica de ce e important (poate chiar esențial) să facă lucrul cu pricina.

În loc să-l educi, îl manipulezi ca să obții fără bătaie de cap ce-ți dorești. Recompensa nu e educație, e doar mită (una neprevăzută de codul penal, ce-i drept).

Copilul care se spală pe dinți pentru recompense nu înțelege de ce e așa important să se spele pe dinți, și dacă trei ani s-a spălat pe dinți pentru stickere, iar la patru ani îi spui că, de fapt, el trebuie să se spele pe dinți pentru propria-i sănătate, ce credibilitate o să mai ai când recunoști că atâta vreme l-ai manipulat și l-ai plătit, în loc să-l ajuți să înțeleagă de ce e important s-o facă?

Odată ce pornești pe drumul acesta, e greu să te oprești, pentru că e nevoie de timp, explicații raționale, argumentate, multă răbdare și consecvență. Desigur că e mult mai simplu să scoți o ciocolată din buzunar, dar gândește-te, pe termen lung, la binele copilului tău.

Ai vrea ca fata ta să se pupe cu toți colegii care îi oferă o pungă de bomboane, sau ai vrea ca ea să știe din start că oricine îi cere așa ceva e un idiot?

Ce să facem când copiii ni se opun?

Dac-ai ajuns până aici cu lectura, sigur ai ceva întrebări. OK, nu e bine cu pedepse, cu recompense, nu distragem atenția, nu manipulăm, nu condiționăm iubirea de supunere; dar atunci cum ne educăm copiii? Cum impunem limitele atât de necesare traiului între oameni? Cum îi învățăm ce e bine și ce e rău? Cum îi ajutăm să învețe singuri să decidă?

Am pus mai jos câteva strategii care funcționează foarte bine la noi. Uneori merg aplicate toate pe rând, alteori una este suficientă. De multe ori, simpla mea deschidere de a înțelege sursa conflictului dintre mine și copil face magie, iar rezistența se topește.

În alte situații, e nevoie de ceva mai mult efort. Efort pe care știu că mi l-am asumat atunci când am făcut sex neprotejat cu soțul meu, cu scopul de a ne reproduce.

Înainte de a trece la strategii, scriu aici și ceea ce este evident: fii un model bun pentru limitele, regulile, valorile și principiile familiei.

Vrei să mănânce sănătos cei mici? Nu cumpăra nimic din ce nu ai vrea să mănânce copiii tăi.

Vrei ca ei să nu țipe și să nu lovească? Nu țipa și nu lovi.

Vrei să nu fie un *bully* la școală? Nu te purta disprețuitor cu oamenii din viața ta.

Vrei să fie copilul tău un adult independent, care decide pentru sine? Lasă-l să ți se opună și să decidă de mic (atât cât poate decide un copil).

Vrei să citească? Citește și tu, dar de-adevăratelea.

Vrei să nu stea mereu lipit de ecran? Lasă și tu telefonul deoparte.

Să mergem acum mai departe cu demersul nostru. Ce facem când copilul nostru spune NU?

Căutăm motivul rezistenței.

Aici ajută să ne uităm la motivele pentru care copiii spun NU în mod obișnuit (le-am enumerat două capitole mai înainte). Iar ca să putem face asta, trebuie să ieșim din filmul în care opoziția copilului există doar ca să ne facă nouă viața amară.

Să nu mai fim *drama queen* adică!

Știu, e un rol de care cu greu ne despărțim, pentru că îl știm pe de rost și ne-a devenit a doua piele. Cum o să ne mai descurcăm în lume dezbrăcați? Ei bine, am eu o idee, o să povestesc imediat mai jos un joc pe care-l fac cu mine însămi când opoziția repetată a copilului îmi aprinde motoarele invizibile de sub fund și mă simt gata să decolez spre înălțimi.

Când copilul face ce nu trebuie sau nu face ce trebuie o dată, îi explicăm frumos de ce e nevoie să facă sau nu lucrul cu pricina.

Când copilul repetă rebeliunea a doua oară, tragem aer în piept și mai explicăm o dată.

Când copilul în continuare se pune de-a curmezișul, începem să vedem urme de roșu în fața ochilor.

— Trebuie să ieșim pe ușă acum, nu mai pot întârzia la serviciu.

— Nu.

— Te rog să te speli pe dinți, e târziu, trebuie să ne culcăm.

— Nu.

— Te rog să-ți termini temele, e important să le faci până la capăt.

— Te rog să strângi jucăriile de pe jos.

— Să te bagi în pat.

— Să te dai jos din pat.

— Să lași telefonul ăla.

— Să mă lași să te spăl pe cap.

Nu. Nu. NU!

Se întâmplă de multe ori într-o zi să nu primim de la copil răspunsul dorit, orice-am face. Și atunci ne ia valul. Furie, frustrare, dezamăgire, tristețe, singurătate, epuizare, lipsă de speranță. Și reacționăm la tot ce simțim. Amenințăm, pedepsim, strigăm, trântim. E normal, e uman. Pentru că o luăm personal. *Copilul ăsta vrea să mă bage la nebuni. O să mă omoare. Nimic nu vrea, e contra mea. Face anume ca să mă scoată din minți.*

Intrăm în rolul Drama Queen. Suntem o victimă a propriului nostru copil, care ne prăjește creierii. *El e de vină că o luăm razna.* Niciun om nu rezistă la asemenea tortură psihică zilnic.

Ei, dar mai există un rol pe care-l putem juca în situații din acestea. Când simțim că vine valul și avem de ales între cele două cartonașe, să-i lăsăm rolul de Drama Queen altcuiva.

Celălalt rol e de Sherlock Holmes. Un rol mult mai cool, zic eu. Sherlock e mereu relaxat, elegant, atent la detalii, frumos (mai ales dacă e jucat de domnul Benedict Cumberbatch), deștept și are totul sub control.

Nu ca doamna Drama Queen, mereu despletită, cu ochi de nebună, roșie la față, răcnind de colo colo.

Ce vă propun, de fapt, este să înlocuim atitudinea de ofuscare la comportamentul copilului cu altceva: curiozitatea.

Una autentică, exact cum o are Sherlock. *Băi, totuși, care-i faza? De ce zice copilul ăsta NU acum? De ce zice NU în general? Hm, ce poveste interesantă... Ia să-mi aprind eu pipa (imaginară) și să vedem, de când a început cu NU-urile?*

E o etapă normală în dezvoltarea lui ori s-a întâmplat ceva? Aha, coincide cu momentul în care s-a născut fratele lui. Sau cu cel în care a început grădinița, sau m-am întors eu la muncă. Când îmi spune mie NU, ce DA își spune lui? Nevoii lui de control? Dorinței lui de independență? Nevoii lui de a fi văzut și recunoscut? De a se desprinde? Ce pot face să îi satisfac această nevoie?

Când nu ai suficiente indicii, poți trece la intervievarea celor implicați. Discută cu copilul:

— Puiul meu, te iubesc mult, vreau să înțeleg ce simți, ce-ai vrea să fac ca să te simți mai bine. Uite, am mare nevoie să știu ce e în sufletul tău. Ai vrea să ne uităm împreună la ce e acolo?

Dacă reușim să înlocuim Drama Queen cu curiozitatea, vor ieși de acolo lucruri extraordinare, vă promit. De cele mai multe ori, atunci când nu fac ce trebuie, nu este pentru că nu vor sau pentru că au ceva cu noi, e pentru că *nu pot*. E treaba noastră să descoperim ce-i împiedică, e treaba noastră să acceptăm că poate copilul nu e pregătit acum pentru ce îi cerem (să-și pună singur limită la ecran, de exemplu); așa că fie îl ajutăm noi s-o facă, fie nu-i mai cerem asta o vreme.

Magia însă abia urmează: odată ce alegi rolul lui Sherlock, știi ce se întâmplă? Curiozitatea mătură furia, conflictul e dezamorsat, pentru că atunci când ești curios față de ce simte o persoană, te conectezi cu ea ca să afli. Iar conectarea e întotdeauna cheia spre cooperare, întotdeauna.

Un copil de doi ani care nu vrea să se joace fără mami nu vrea s-o înnebunească; doar că nu poate sta fără ea.

Dacă mami ar reuși să iasă din costumul de suferință și să caute să afle de ce oare copilul se ține după ea ca un maniac, ar găsi acolo doar iubirea lui nemăsurată, nu rele intenții. Iar asta e posibil să schimbe total relația celor doi.

Un copil care refuză să se spele pe dinți poate fi tratat ca o enigmă interesantă. *N-o să te spăl cu forța, deși aș putea, n-o să te ameninț, n-o să-ți iau privilegiile. O să caut să aflu care e motivul pentru care refuzi să te speli pe dinți. Poate n-am explicat într-un fel care să rezoneze cu tine? Poate te-ar ajuta niște poze cu dinți cariați? Poate te simți constrâns și ai vrea să decizi tu cu ce pastă și la ce oră să te speli? Poate acesta e felul tău de a protesta că mergi la școală? Că ai un frate nou? Uite, de mâine petrecem timp împreună doar noi doi, tu alegi cum.* Și așa mai departe.

Alege curiozitatea. Drama Queen asta nu are beneficii pe termen lung, deși, da, e un rol mult mai ușor, recunosc. Pentru că ne e familiar. Îl jucăm de mici, l-am văzut la părinții noștri, îl știm pe de rost. Rolul de Sherlock e mult mai greu de jucat, e nevoie de repetiții, dar și când îl înveți... să vezi atunci succese, premii și aplauze la scenă deschisă!

Copiii vor să facă bine.

Noi putem să-i ajutăm.

Asta e.

Ne conectăm.

Conectarea e o nevoie umană pe care o avem cu toții, dar copiii o simt mai acut, pentru că depind de ea, de noi, pentru a supraviețui. Multe dintre comportamentele negative ale copiilor sunt semnalul de alarmă pe care îl trag ei ca să ne arate că ne-am pierdut conectarea și că e nevoie urgent să o restabilim. Noi putem trăi fără conectare cu copilul, el mai greu fără conectarea cu noi, mai ales în primii ani din viață.

Copiii au nevoie de atenția noastră; desigur că o preferă pe cea pozitivă; dar, în lipsa ei, e bună și cea negativă, orice tip de interacțiune e mai bună decât nicio interacțiune, așa că, dacă nu obțin timp și iubire, măcar obțin o reacție, țipete, furie, amenințări: *În sfârșit, mami mă vede, ba mai mult, wow, ce efect puternic am asupra lui mami când fac fix pe dos, îmi place asta, o să o fac tot mai des!* Nu-ți vor spune asta, sunt prea mici pentru a raționaliza astfel, dar asta e ceea ce simt, conform studiilor pentru cercetarea mecanismelor atașamentului și conectării.

Ca să evităm comportamentele negative, ideal este să rămânem conectați cu copiii cât mai mult, ceea ce nu este mereu posibil.

Dar ce este conectarea, de fapt?

Din tot ce am trăit și am înțeles despre oameni, indiferent de vârstă, conectarea este starea de grație în care se află două persoane care sunt atente doar una la cealaltă, se văd, se ascultă și se privesc cu intenția de a se cunoaște și de a se susține.

Când asculți ce spune o persoană fără să te gândești la altceva, când te joci, când faci o mărturisire, când spui *Te iubesc*, când adormi cu ochii la chipul celuilalt, când zâmbești și celălalt îți zâmbește, când simți în aerul dintre voi un fir întins între inimi, care vibrează când bate o inimă, iar persoana cealaltă simte bătaia inimii o fracțiune de secundă mai târziu.

Copiii au nevoie de asta cu noi cât mai des.

Noi nu le-o putem oferi decât din când în când.

Iar când reprizele de conectare sunt prea rare, sau când copilul trece prin schimbări, el își va cere dreptul la conectare. Are nevoie de ea ca de apă.

Nu-i refuzăm apa când o cere, nu?

Mai ales că, de cele mai multe ori, ajung cinci minute de conectare pentru ca micuțul nostru să se simtă plin de energie și putere.

Cum ne conectăm, mai exact?

Lăsăm deoparte orice ne poate distrage (telefonul, cana de cafea, cartea, telecomanda de la TV). Tragem aer în piept, ne desprindem de orice ne preocupa acum cinci secunde. Ne așezăm astfel încât privirile să ne fie la același nivel. Luăm copilul în poală, în brațe sau ne așezăm lângă el. Îi zâmbim. Îi putem spune orice, de la *Ce mai faci, micuțule?* la *Sunt aici, ce vrei să facem împreună?* Uneori nu e nevoie să spunem nimic, ne va conduce copilul spre o conversație sau un joc care-l atrage, tot ce trebuie să facem este să rămânem acolo, atenți și deschiși.

Pare simplu, dar nu este, mai ales dacă în copilărie nu ai beneficiat de conectare cu părinții tăi, care sigur nu știau despre existența acestei nevoi și nici despre teoria atașamentului sigur. Ei se luptau să aibă ce pune pe masă și să nu murim de frig în apartamentele fără căldură.

Conectarea cu copilul poate fi dureroasă pentru fetița din tine, dar poți rezolva asta păstrându-ți timp pentru conectarea cu ea în momentele în care ai timp doar pentru tine.

De multe ori, cele câteva minute de conectare pot schimba cu 180 de grade poziția copilului față de ceea ce îi ceri. Odată ce se simte încărcat de iubire și de încredere, va fi mai dispus să coopereze.

Îndrăznesc să zic că mai mult de jumătate dintre conflictele noastre s-au rezolvat după ce ne-am dat un pic de timp împreună, eu cu fiecare dintre ei.

Ah, să nu uit să spun și asta acum: de la Monica Reu am învățat (ea este trainer în comunicare nonviolentă și are multe cursuri despre conectare) că nu există conectare între trei sau mai multe persoane în același timp. Doar două câte două, pe rând. Așadar, dacă ai mai mulți copii, e musai să-i oferi fiecăruia pe rând timp și spațiu dedicat. Alte lucruri merg la pachet, cum ar fi baia, joaca, mâncatul, gătitul, dar conectarea are nevoie de intimitate în doi, pentru că nu funcționează când e prezentă și concurența (care e inevitabilă și permanentă între frați).

Apelăm la rațiune.

Copiii nu înțeleg întotdeauna de ce un anume lucru e important pentru noi (și mai des se întâmplă să înțeleagă, dar să nu le pese; despre aceste situații și rezolvările lor posibile am scris mai jos).

Desigur că, dacă puștiul în cauză are sub 3–4 ani, sunt șanse mici să înțeleagă condiționările și stresul oamenilor mari, sau șanse mari să le considere caraghioase (în multe cazuri, ar avea dreptate), de exemplu:

Nu poți merge la grădiniță în pijama, nu este civilizat (pentru el s-ar putea să fie).

Nu pot întârzia la serviciu (*Ei, da, ce așa mare brânză, tati, întârzii cinci minute, îți ceri scuze și gata, eu așa fac când întârzii la grădiniță*).

Mașina nu pornește dacă nu îți pui centura la tine în scaun (*Aiurea, vorbești prostii, mami, mașina pornește dacă învârți cheia*).

Totuși, în multe cazuri, o explicație scurtă și limpede, care e musai să fie adevărată (copiii adulmecă minciuna mai rapid decât simt mirosul de ciocolată), ne poate scuti de etapele următoare.

Te rog să vii acum, vreau să ieșim pe ușă imediat ca să nu întârziem la medic.

Voi strange masa acum și, dacă nu termini de mâncat, o să-ți fie foame curând, iar cina e abia pe seară, după ce apune soarele.

Văd că lovești copiii din parc, îi doare, te rog să te oprești.

Nu pune mâna acolo, te va ustura pielea dacă atingi plita fierbinte.

Alteori ajută și să-i explici copilului de ce e atât de important pentru tine să facă un lucru sau altul. Poate că nu a înțeles explicația ta sau poate nu consideră important conținutul ei, dar dacă sunteți conectați, iar relația voastră e una bună, e posibil ca acest apel la cooperare să aibă rezultate (măcar uneori).

Te rog să nu mai amâni baia, vino să te spăl acum, sunt obosită și aș vrea să mă întind în pat cât mai repede.

Hai să-ți pun centura scaunului tău, vreau să te știu în siguranță cât conduc.

Nu vreau să te mai uiți la TV, mereu ești agitat când stai prea mult la ecran și nu vreau să ne certăm sau să ridic vocea la tine.

Nici nu e important dacă cel mic înțelege sau nu toate cuvintele pe care le rostești, el va reține din tonul tău și din mimica ta că ar însemna mult pentru tine să coopereze.

Nu uita că, sub trei ani, copiii nu au foarte mult autocontrol. E posibil să înțeleagă că ai prefera să nu facă un anumit lucru, dar impulsul de a face asta oricum să fie mult prea puternic.

Cu cât sunt copiii mai mici, cu atât explicațiile trebuie să fie mai scurte și urmate de acțiuni clare. De exemplu, la un an sau la doi, poți spune:

Nu pune mâna acolo, te poți răni!

Dacă pune mâna din nou, îl iei cu blândețe pe sus și îl duci în altă parte (sau în altă cameră).

Nu vreau să te rănești, văd că ți-e greu să te abții, așa că mergem în altă cameră împreună.

Din gestul și din tonul tău, copilul înțelege că știi ce faci, că ești acolo sigură pe tine și pe ce este inofensiv pentru el, așa că sunt șanse (mici, e drept) ca data viitoare să reușească să se abțină. Dacă nu, cel mai bine este să pui deoparte obiectul acela periculos, astfel încât să nu fii nevoită să ceri de la copilul tău mai mult decât poate face.

Arătăm consecințele. Aplicăm regulile stabilite de comun acord.

Aici aș vrea să explic ce am înțeles din tot ce am citit pe tema educării copiilor, dar mai ales ce am înțeles din interacțiunile cu copiii mei, care m-au învățat mai mult decât oricine ce merge și ce nu, ce este acceptabil să fac (în calitate de deținător al puterii fizice și morale asupra lor) și ce nu. Cred că, odată ce ai claritate asupra unor termeni și strategii, îți e mult mai ușor să decizi ce poți și ce nu poți face în familia ta și cu ce rezultate.

Consecința este acel fenomen care se întâmplă în mod natural după o acțiune anume. De exemplu: *Dacă nu mănânci bine, ți se va face foame, și următoarea masă e abia seara.*

Când spui: *Dacă nu mănânci tot din farfurie, nu primești desert*, nu formulezi o consecință, ci enunți o condiționare (îți dau desert doar dacă mănânci tot felul doi). Consecința naturală a nemâncatului e foamea, nu lipsa desertului.

Dacă lovești pe cineva, celălalt simte durere și furie și te va lovi și el sau va fugi de tine.

Așa formulezi o consecință.

Dacă mai lovești, mergem acasă: aceasta nu este formularea unei consecințe naturale, este fie aplicarea unei reguli, fie o pedeapsă, în funcție de cum te exprimi și de ce ați discutat înainte.

Și așa ajungem la reguli. Fiecare familie le are și e bine ca ele să fie cât mai clare pentru toți membrii familiei. Vă redau mai jos câteva dintre regulile familiei noastre, pe care le respectăm toți patru.

Nu mâncăm decât la masă și doar la orele de masă.

Nu mâncăm dulciuri din magazin și nici *junk food*.

Contribuim cu toții cât de mult putem la treburile casei.

Nu petrecem decât un timp limitat la ecrane pentru divertisment.

Ne spălăm pe dinți dimineața și seara.

Nu lovim niciodată pe nimeni.

Nu strigăm, nu jignim, nu amenințăm.

Dacă supărăm pe cineva, îi cerem scuze și ne străduim mai mult data viitoare.

Nu mințim și nu manipulăm.

Copiii traversează strada doar împreună cu un adult (până la cinci ani traversau doar de mână).

Ora de culcare (9 PM) este sfântă pentru copii, iar părinții pot întârzia cel târziu până la miezul nopții.

Lăsăm orice spațiu mai curat decât l-am găsit.

Reciclăm tot ce se poate.

Ajutăm de fiecare dată când putem.

Nu le povestim altor copii ce credem noi despre Moș Crăciun sau Dumnezeu. Dacă alți copii întreabă, îi rugăm să își întrebe adulții.

Citim în fiecare zi cât de mult putem.

Respectăm cărțile și pe cei care le fac.

Ne jucăm în fiecare zi.

Regulile trebuie să fie însoțite de consecințe atunci când nu sunt respectate. Fiecare regulă le este explicată tuturor împreună cu consecința ei, care nu este una naturală, ci una impusă de cei care au responsabilitate, adică de părinți.

De exemplu, dacă timpul copiilor la TV este de o oră în weekend și ei se uită șaptezeci de minute, cele zece minute în plus vor fi scăzute din timpul de mâine.

Dacă traversezi singur și nu ești atent, data viitoare vom traversa de mână. Dacă refuzi, nu mai mergem împreună în parc până când nu ești dispus să respecți regulile.

Părintele încearcă pe parcurs să înțeleagă de ce copilul nu respectă regula, face pe detectivul, propune strategii de compromis, invită copilul să ofere și el răspunsuri și soluții – vezi capitolul Negocierea.

Dacă refuzi să-mi dai mâna pe stradă, va trebui să mergem în parc cu căruciorul, iar tu vei sta în centuri. Dacă refuzi și asta, vom sta acasă. Vreau să fim în siguranță, văd că ți-e greu să te abții de la a fugi în stradă, așa că fac ce trebuie să fim bine. Fie îmi dai mâna, fie mergi în cărucior sau pe tricicleta cu mâner, fie stăm acasă.

Dacă jignești, voi încerca să aflu ce se întâmplă și ce nevoi neîmplinite ai, dar nu voi accepta să te mai vezi cu prietenul tău până nu sunt sigură că data viitoare te vei controla mai bine.

Dacă lovești în parc, te voi ajuta să te calmezi stând pe o bancă lângă tine și povestind despre ce simți și ce s-a întâmplat. Dacă în continuare lovești, vom merge acasă, pentru că văd că ți-e imposibil să-ți stăpânești entuziasmul și e mai sigur pentru toată lumea să nu mai stăm în parc.

Și aici, ca în toate relațiile și tipurile de comunicare din lume, tonul face muzica.

Dacă, atunci când copilul lovește alți copii în parc, să zicem, tu te simți copleșită de furia că te face de rușine și de teama că va ajunge un bătăuș și te repezi la el, îl extragi de-o aripă dintre copii, ca pe un pui selectat pentru decapitare, îl scuturi bine până la marginea parcului în timp ce-i zici printre dinții strânși tot ce-ai fi vrut să le zici părinților tăi când îți făceau același lucru, dar îți era prea frică, iar apoi plecați acasă, el mai mult pe sus... ei, dacă scena asta s-a întâmplat, asta nu se cheamă că ai aplicat tehnica regulilor și consecințelor, ci că ai fost depășită de emoții puternice și ai reacționat fără prea mult control sau efort pentru o educare pozitivă. Nu e nicio nenorocire, ni se întâmplă tuturor să ne fie greu și să ne pierdem direcția.

Important e să fim conștienți de faptul că un copil mic nu înțelege prea multe din comportamentul nostru grăbit, furios și temător. Înțelege că mama își pierde controlul și că în acele momente e posibil ca el s-o ia pe coajă. Nu înțelege însă nici ce a greșit, nici ce ar putea face pe viitor ca să greșească mai puțin.

Aici mă ajută pe mine aceste reguli cu consecințe negociate. Când le am pe ele și copiii le știu, atunci când mă enervez că ei le încalcă, nu mă reped, pentru că știu că lucrurile pe care le-aș face și le-aș spune nu ar fi pentru educarea lor, ci ca să mă răcoresc eu. Ceea ce ar fi nedrept și incorect, ca să nu mai zic că am crescut la celălalt capăt al furiei părintelui și am urât visceral aceste abuzuri asupra copilului.

Stau câteva secunde și respir, apoi aplic cu calm și răbdare consecința regulii cunoscute nouă (de obicei, nici nu mai e nevoie; de multe ori, cei mici știu deja ce au de făcut când încalcă o regulă). Mai multe despre cum gestionăm furia la noi acasă am scris în capitolul dedicat, Crizele de furie.

Pentru noi funcționează foarte bine acest amestec de reguli (care sunt cât de democratice se poate când diferența de vârstă dintre cel mai tânăr și cel mai în vârstă e de treizeci și șase de ani), consecințe negociate și consecințe naturale, curiozitate reciprocă, respect și iubire față de celălalt (chiar și când avem un conflict).

Nu a fost nevoie în cei aproape nouă ani de când suntem părinți să aplicăm vreo pedeapsă, să amenințăm sau să ne lovim vreodată copiii, nu i-am exilat niciodată în camerele lor. S-a întâmplat și încă se mai întâmplă să ridicăm vocea la ei (am observat că mereu se întâmplă asta când suntem obosiți, nervoși ori frustrați din alte privințe, copiii sunt doar praful de pușcă ce detonează butoiul), dar ne străduim de fiecare dată să aplicăm regula de aur: *fă-i celuilalt doar ce ți-ar plăcea să-ți facă și el ție.*

Înțeleg că vin vremuri grele în adolescență, dar am încredere că tot ce le-am arătat despre relațiile dintre oameni până acum ne va ajuta să depășim și următorii ani, dar și restul vieților noastre, cu demnitate și răbdare.

Ne jucăm.

Am dedicat jocului un capitol separat (a ieșit maaaare), pentru că simt că el poate rezolva atât de multe în relația părinte-copil, dar la fel de multe în relația adultului cu copilul din el. Jocurile cu copiii mei i-au adus Ioanei mici mult râs, pace, iubire și putere! Mă bucur atât de mult că m-am lăsat inspirată de copiii mei să mă joc!

Știți ce face jocul cel mai bine? Conectează suflete!

Așa că foarte ușor, când copilul spune NU, iar părintelui îi iese fum pe urechi, celălalt părinte propune un joc în care copilul vrea controlul, iar adultul spune NU. O inversare de roluri e mereu foarte amuzantă. O joacă cu perne detensionează atmosfera. Un joc în care părintele e împiedicat îl va face pe copil să simtă compasiune, dar și putere!

Atenție însă, nu folosi jocul ca pe o armă, nu te preface că te joci doar ca să-ți poți manipula copilul, se va prinde și-și va pierde încrederea în tine!

Jocul funcționează doar dacă ești sincer prezent în joc și ai chef să te distrezi cu copilul tău!

Știu că mulți adulți au uitat să se joace, că le este rușine să se tăvălească pe jos, că nu se simt creativi, că se plictisesc des și că au prea multe griji pe cap ca să se poată relaxa.

Știu prea bine, am fost și eu acolo.

Dar ce bine că acum nu mai sunt!

Am povestit în capitolul despre jocuri cum te poți bucura de joc cu copilul tău, de ce e jocul atât de binefăcător și ce jocuri anume ne-au ajutat în situații dificile.

Negociem.

Aceasta e strategia mea preferată! Iubesc negocierea cu copiii mei, pentru că mă ajută să redescopăr de fiecare dată cât sunt de isteți, cât de elastică este imaginația umană, ce frumoasă e gândirea critică, ce mult îmi place să le văd îndârjirea și să le aud argumentele!

E simplu?

Cel mai adesea, nu. Nu de când au depășit vârsta de patru ani.

E obositor?

O, Doamne, da, bine că mai sunt doar câțiva ani și apoi vor putea decide pentru ei, pe barba lor, iar eu voi rămâne să negociez doar cu pisica. (Mi-au dat lacrimile în timp ce am scris asta, nu-mi vine să cred că mai avem doar câțiva ani împreună, aoleu!)

Pierzi o grămadă de timp negociind?

Clar durează mai puțin să iei copilul pe sus și să-l îndeși în scaunul lui de mașină când te grăbești sau să-i oferi bani să-și termine temele, dar n-ar fi mult mai folositor pentru amândoi să înțelegi ce-l împiedică să facă ce trebuie, să-i explici mai bine de ce e important și să stabiliți împreună ce e de făcut pentru ca el să ducă treaba la bun sfârșit? Poate că nici nu are cum să facă asta? Poate e prea mic? Poate nu îi place? Dacă nu discuți și nu negociezi, nici n-o să știi.

Într-o dimineață, fetița noastră a refuzat să intre în sala de clasă de la grădiniță. Mergea acolo de vreun an deja, totul era bine, despărțirea era mereu ușoară. Dar, în dimineața aceea de iunie, nu se dezlipea de piciorul meu. Aș fi putut să o grăbesc să intre (eram în întârziere la o întâlnire) și să mă bazez pe faptul că educatoarea o va convinge să participe la activități, dar am decis să investighez și să rezolvăm împreună problema care o împiedica să-și ia rămas-bun și să rămână cu colegii ei la grădiniță.

Din aproape în aproape, mi-a mărturisit că e îngrijorată din cauza rochiței pe care i-o oferisem de dimineață, care se încheia la spate și pe care ea nu și-o putea scoate singură. Pe atunci mergea la o grădiniță Montessori, unde copiii de patru ani se îmbrăcau și se dezbrăcau singuri, iar ea știa că asta nu ar fi fost posibil cu rochia cu nasturi la spate. Am ajutat-o să se schimbe pe loc, cu o rochie simplă, apoi mi-a spus că ar vrea să-și aleagă singură hainele în toate diminețile (de pe la trei ani și le alegea doar în anumite zile, în majoritatea zilelor eram în grabă și alegeam eu). Mi-am dat seama că aș fi putut să-i ofer posibilitatea asta de mai demult și poate că nici la patru ani nu i-aș fi oferit-o dacă nu aș fi creat contextul acestei conversații.

De atunci și mai ales după ce am citit cartea *Cum să creștem ființe umane*, de Ross Greene, când copiii mei nu fac ce aștept de la ei, mai întâi îi întreb:

De ce?

Ce pot face să te ajut să faci asta?

Abia apoi:

Explic de ce e important pentru mine (sau pentru viitorul lui) să facă lucrul cu pricina.

Câtă vreme conversația are loc într-un context prietenos, relaxat, și părintele dorește cu adevărat să-și ajute copilul să facă ce trebuie, copiii se vor deschide și vor explora autentic alături de noi motivele opoziției lor și eventualele strategii de rezolvare.

Începând de la patru, cinci ani, copiii ne pot explica foarte bine ce îi sperie, ce îi îngrijorează, ce gânduri au, ce spun colegii, dacă și când sunt obosiți, și ne pot sugera metode de a îmbunătăți situația.

Băiețelul nostru urăște școala online. Am discutat despre asta de zeci de ori, și de fiecare dată am găsit împreună ceva care să-l ajute să îi fie mai ușor. El prinde repede și se plictisește când învățătoarea lui explică de multe ori la rând pentru fiecare coleg care a intrat mai târziu sau nu a înțeles din prima. Își face exercițiile și temele rapid, apoi trebuie să stea pe scaun să se uite degeaba la ecran în timp ce colegii lui lucrează.

Așa că am convenit ca, după ce își termină treaba, să se poată ridica și să se joace pe lângă laptop până termină și colegii. Am discutat și cu învățătoarea, a fost de acord.

De asemenea, îi e greu cu scrisul de mână, se enerva mereu foarte tare când avea ceva de scris. Discutând cu el despre asta, am înțeles că urăște să fie grăbit, așa că am convenit să facă exercițiile de scris după școală, în ritmul lui.

Dacă refuză să-și facă temele, poate nu a înțeles ce i s-a predat, poate că profesorul nu-l apreciază destul, poate că sunt într-adevăr prea multe (caz în care eu aș discuta cu învățătorul să-i reducă volumul de lucru), poate ora sau locul în care-și face temele nu e ideal, poate are nevoie de ceva energizant de mâncare înainte sau poate vrea să alerge în parc mai întâi.

Toate aceste lucruri le puteți hotărî împreună, până la urmă, vorbim despre viața, corpul, nevoile și dorințele lui, nu? Nu ne putem impune voința mereu asupra copiilor, sperând apoi naiv și debil că vor deveni adulți asumați și independenți.

E important să ne domolim nevoia de control și siguranța că știm mereu ce e mai bine pentru copilul nostru. Nu știm mereu. Uneori, mai bine știe el.

Invită-ți copilul la masa negocierilor, ca și cum ar fi un om mare. În multe privințe, e deja. Puneți-vă pe masă cu toții așteptările, dorințele, nevoile și limitele. Uitați-vă toți la ele, din toate unghiurile. Propuneți toți soluții, discutați-le pe rând, căutați compromisul, apoi țineți-vă partea de învoială. Funcționează, promit!

Ce bine se simt copiii când sunt tratați ca niște ființe complete, demne de decizie și control! Ce influență benefică are această abordare asupra stimei lor de sine, încrederii în ei, gândirii lor critice, abilității lor de a gestiona un conflict!

Ce ușurare pentru sufletul părintelui să știe că e o echipă cu copilul, că poate avea încredere în cooperarea lui (cel puțin pe anumite subiecte)!

Dacă nimic nu merge, putem fie să renunțăm, fie să ne impunem voința asupra copilului.

Și, desigur, sunt situații în care nimic nu funcționează și tot trebuie să ieșim pe ușă în următorul minut. Nu putem pleca fără copil, care refuză să se desprindă de Lego.

Aici avem, din nou, de ales. Mereu avem de ales în viață, chiar dacă uneori nu pare.

Putem alege să nu mai plecăm. Dacă, de exemplu, ieșirea era în parc, ca să alerge copilul, care însă nu dorește să se îmbrace pentru că joacă ceva palpitant pentru el, atunci e mai bine să rămâneți acasă. Nu toate bătăliile trebuie câștigate, de multe ori toată lumea câștigă când bătălia se amână.

Sau putem alege să ne asumăm responsabilitatea de adult, să luăm copilul pe sus cu tot cu Lego și să pornim spre școală sau spre programarea la doctor. Nu-i nicio problemă dacă e în pijama, sunt sigură că și educatoarea, și medicul au mai văzut copii în pijama la viața lor.

În general, nu sunt adepta mișcărilor bruște în ciuda dorinței copilului, dar uneori nu avem de ales și trebuie să facem câte-o extragere în viteză, mai ales dacă siguranța sau sănătatea lui sau a altora (sau jobul părintelui) este în pericol. Nu aș face asta niciodată doar ca să-mi demonstrez forța de părinte.

Care, apropo, vine din a avea puterea de a rămâne rațional în ciuda demonilor din trecut și a contextului nefavorabil, nu de a muta de colo colo o ființă care cântărește 10% din greutatea ta.

Dacă metodele de cooperare de mai sus (jocul, discuțiile, negocierile, conectarea) nu funcționează aproape niciodată și ești nevoită în nouă cazuri din zece să-ți forțezi, să-ți pedepsești sau să-ți amenințI copilul să facă ce trebuie, îți recomand să cauți ajutorul unui specialist. Relația voastră este suferindă și aveți nevoie de ghidare pentru a ieși la lumină. Nu te panica, nu e nimic ireparabil, dimpotrivă, mai toate se pot îndrepta, important e să cauți ajutor și să începi terapia cât mai curând, chiar de mâine. Nu e dar mai prețios pe care să i-l faci copilului tău decât un părinte conștient și în curs de vindecare.

Ce facem cu supărarea copilului care primește un NU?

În primul rând, nu ne temem de ea.

Aceasta e o altă lecție foarte importantă pe care mi-au arătat-o copiii mei: că ei au emoții de toate felurile și că, dacă-mi propun să-i feresc de cele neplăcute, o să fiu mereu obosită și frustrată că nu reușesc; în plus, îi privez de prilejul de a învăța lucruri prețioase despre ei înșiși.

Adevărul este că toate emoțiile sunt sănătoase și utile. Ele apar în noi pentru a ne arăta ce nevoi împlinite și neîmplinite avem, ca să ne ocupăm de ele și să fim bine. Emoțiile sunt stegulețele care ne dau informații la prima mână despre noi. Aceste informații sunt mereu adevărate. Mereu.

Alt adevăr este că emoțiile nu pot fi oprite, oricât am investi în învățare și în exerciții de reglare emoțională.

Încă unul: cu cât ignori mai mult o emoție sau te chinui să-i pui dop, cu atât se va încăpățâna ea să rămână în tine până când îi acorzi atenție.

Dacă accepți și internalizezi lucrurile acestea, îți va fi mult mai ușor să navighezi prin viață.

Iar dacă copilul tău crește știind cele de mai sus și fiind martorul acestei realități trăite de părinții lui, care nu ascund emoțiile, ci le observă și le prețuiesc, îi va fi mult mai ușor să-i înțeleagă pe ceilalți, să gestioneze conflicte, să-și accepte trăirile și să le asculte.

Da, copiii se supără când le spunem NU. Orice ființă umană se supără când nu primește ce-și dorește. Poate odată cu supărarea vine și furia, sau tristețea, sau revolta, invidia, dorința de răzbunare. Toate aceste emoții sunt sănătoase, chiar dacă nu ne plac la noi sau la copilul nostru. Nu putem face nimic să le extirpăm din noi. Dar putem învăța să trăim cu ele, oricum nu țin mai mult de câteva minute.

S-a supărat copilul că i-ai spus NU? Foarte bine, are un psihic sănătos.

Trebuie să renunți la limita pusă ca să-i alini supărarea?

Doar dacă limita era oricum inutilă. Altfel, nu, dimpotrivă.

Copilul are nevoie să simtă și dezamăgire, și supărare, și frustrare, la fel cum e important să guste și spanac, și ouă, și pește, și brânză.

Copilul trebuie să știe că nu-și poate anula emoțiile și că nu este realist și corect să aștepte de la alții să i le șteargă cu buretele.

Da, în viață va simți de toate, și începe să se antreneze pentru asta de mic.

Asta nu înseamnă că e nevoie să ne facem copiii să sufere nejustificat, să-i rănim intenționat, să-i umilim și să-i condiționăm, pe ideea că oricum asta îi așteaptă în viața de adult. Dimpotrivă, le oferim un model de relație bazată pe respect și siguranță, multă iubire și înțelegere, ca să-și construiască o bază sănătoasă de încredere și stimă de sine, de care se vor desprinde treptat știind suficient despre ei înșiși cât să poată avea relații echilibrate și să fie mulțumiți de viața lor.

Dar limite trebuie să punem, ca să-i ajutăm să fie în siguranță și să-și poată vedea de viață. Cu siguranță, iubire și blândețe, căci acesta este rolul nostru, nu să ne creștem copiii într-o bulă de săpun, feriți de tristețe, ci să le arătăm viața așa cum e, din brațele noastre iubitoare, dar ferme.

Copiii care nu-l acceptă pe NU

Și, desigur, sunt și copii din soiul cel mai încăpățânat, care contestă toate limitele, care la orice NU spui au pregătit un NU și mai mare, care trag de tine și te întreabă și insistă până te scot din minți, care se încordează și protestează și își cer autonomia cu voce răspicată, care văd fiecare limită ca pe o încălcare a spațiului lor, care se opun din oficiu și au nevoie de mult mai mult control în viața lor decât majoritatea copiilor.

Băiețelul nostru este așa și, credeți-mă, mă simt alături de el ca într-o tabără de antrenament militar, doar că plină de surprize pufoase și roz (căci el este adorabil, ca de altfel toți copiii independenți). Oscilez zi de zi între *Awwwww, cât e el de hotărât la înălțimea lui de un metru, cum strânge pumnișorii ăia pufoși ca florile de bumbac, ce adult remarcabil va fi, cât de mândră sunt de el*, și *Aidecapu' meu, să mă scoată cineva de-aici înainte să comit copilucidere din motive de nebunie temporară cauzată de contraziceri interminabile pe tema dușului de seară!*

Să vedeți cum e la noi. Îl aud că pufnește și-și împinge cutia cu Lego.

— Ce e, puiule, te-ai încurcat la joacă?

— Lasă-mă în pace!

— Nu e nevoie să fii așa de nepoliticos, încercam să te ajut.

— Nu mă ajuta. Ia uite ce-ai făcut, gata, mi-a stricat placul de joc.

— Ce e ăla?

— Placul. Îmi plăcea să mă joc și acuma nu-mi mai place, că te-ai băgat tu.

— Scuzeeee...

— Nicio scuză! (răstit)

Duminică, soare, cald, toamnă blândă.

— Hai, mergem cu bicicletele afară?

— Nu, nimic, nicio bicicletă, eu stau acasă.

— Mă gândeam să mergem la o înghețată, e frumos afară.

— Ba nu e frumos deloc, e urât!

— Da' de unde, e soare, cald.

— Nu e soare, nu e cald!

— Deci vrei să rămâi acasă?

— Nu rămân acasă!

— Vii cu noi deci?

— Nu vin cu voi! (răstit și încruntat)

Desigur, pe final deja se îmbrăca să vină cu noi.

La masă, dintr-odată îl văd că strânge pumnii.

— Văd că ești nervos...

— NU SUNT NERVOS!

— Pot să te ajut cu ceva?

— NU!

— Bine, îmi spui dacă te răzgândești.

— Nu-ți spun nimic!

Peste un minut îmi zâmbește și se lipește de mâna mea.

— Te iubesc, mami.

După școală și parc, seara acasă.

— Ți-e foame?

— NU!

Pun masa oricum, observ că balotează cu mare viteză și poftă.

— N-ai zis că nu ți-e foame?

— N-am zis.

— Ivan, te-am auzit toți.

— Știu, eu zic NU și când vreau să zic DA.

Singura dată când spune DA este când îl întreb dacă are nevoie de o îmbrățișare. Asta nu a refuzat (aproape) niciodată. În rest, refuză tot, inclusiv ce vrea și îi place, primul lui impuls este să spună NU; iată, zice NU și când vrea să zică da.

Acest băiețel, de altfel simpatic, lipicios, isteț, cu simțul umorului, care se descurcă foarte bine la școală, se opune și acolo, dar mai subtil și mult mai rar, este încăpățânat ca un catâr.

Da, așa a fost de mic. Totul cu el este o... nici nu știu cum să-i zic. Nu e luptă, pentru că el e foarte pasiv și liniștit. Nici negociere nu e, că noi nu prea câștigăm decât raaareori. Un dans. Să-i zicem un dans. Un dans al lui NU (spus de el) cu TREBUIE (spus de noi).

Am trecut împreună prin tot felul de etape. La patru ani făcea crize de plâns atât de puternice, că ajungeam să mă simt neom. Dacă, Doamne ferește, mă porneam să îi anunț că plecăm din parc acasă înainte ca el să VREA asta, strângea pumnii și urla de ne știa tot parcul Herăstrău (și e mare, credeți-mă). Am încercat tot ce se poate, singurele lucruri care au mers au fost: terapia la psiholog pediatru, terapia pentru mine ca să nu mai încerc să-l schimb și timpul (ca el să crească și să își poată gestiona mai bine furia, pe de o parte, și să poată avea mai mult control în viața lui, pe cealaltă parte).

Acum nu mai urlă, nu vorbește urât, nu lovește, nu strică nimic. Dar se opune.

Pe la cinci ani, ne înnebunea cu *Ei, na!* Cam așa:

— Hai să te speli pe dinți, Ivan!

— NU!

— Te rog, e târziu și nu te poți culca cu dinții murdari!

— Ei, na!

Fuck off, cu alte cuvinte. *Dinții mei, treaba mea.*

— Te rog să vii la cină.

— Mai târziu!

— Mai târziu strâng masa și o să-ți fie foame la noapte.

— Ei, na!

E foamea mea, plimbă ursu'!

— Te rog să te grăbești, întârziem la școală!

— Fac altceva acum.

— Ivan, ne încurci pe toți, te așteptăm la ușă îmbrăcați.

— Ei, na!

Whatever, eu fac ceva important pentru mine.

Ei, na, de zeci de ori pe zi.

Nu te mai răsti la mine, nu îmi place și nu merit să te porți așa.

Ei, na!

Schimbă, te rog, bluza aia, o porți la școală și la somn de cinci zile.

Ei, na!

Nu mai lăsa motocicleta aia în mijlocul camerei, ne lovim de ea.

Ei, na!

Măiculiță, ne-a făcut creierii terci. Plus că te apucă toate fricile: cum o să se descurce în societate? Așa o să-i răspundă și polițistului care-i spune că a depășit viteza legală? Ei, na! Soției, care-l roagă să-i ia ceva de la piață? Șefului care-i dă un proiect? Ei, na!

Am încercat de toate; unele au mers uneori, alteori nu a mers nimic și atunci fie l-am luat pe sus în protestele lui demne de un public plătitor de bilet, fie am renunțat. Da, a stat o săptămână nespălat. În a șaptea zi s-a dus singur să se spele, și de atunci nu a mai amânat dușul mai mult de trei zile.

Am renunțat cu el la multe limite și rutine, am mai și ridicat vocea, că om sunt și acest pui al meu mă duce pe culmile disperării (și asta nu e vina lui, desigur). N-avem cum să nu mergem la școală, să nu spălăm dinții. Unele lucruri trebuie făcute, țin de responsabilitatea mea de părinte, chiar și în ciuda dorinței lui de a se opune. Cu altele îl las în pace, nu insist cu mâncarea, cu baia zilnică nu mai insist de mult, la fel și cu hainele de școală cu care doarme sau invers.

Ne alegem bătăliile. Doar el le duce pe toate. Pe ab-solut toate!

Cum am scăpat de *Ei, na!* vreți să știți? Păi, l-am golit de putere. Într-o dimineață, am început să-l folosim eu, omul și fetița, la orice. Orice spunea fiecare, celălalt zicea un *Ei, na!* După 50 de repetări, *Ei, na* avea la fel de multă putere în conversație ca un prosop de bucătărie.

Din ziua aceea nu l-a mai zis.

A continuat să zică NU, pentru că știe că NU are mereu putere.

Dar există progrese odată cu vârsta!

Unul e că de la o vreme mă enervez foarte rar. M-am obișnuit, elasticul nervilor mei a plesnit mai demult, într-o zi în care ploua torențial, sora lui era la adăpost în mașină, mie-mi curgea rimelul pe Converșii galbeni, toate lucrurile noastre, inclusiv caserolele cu mâncare, bicicletele, căștile, toate bălteau de apă, iar el insista să termine de cules de pe jos niște castane. Am încercat tot ce știu, am fost teribil de creativă, având în vedere toată apa care-mi curgea pe șira spinării în timp ce tremuram de frig, dar el nu s-a mișcat nicio secundă până nu a terminat treaba. Și el era ud leoarcă și-i clănțăneau dinții, îi scăpau castanele printre degete, eu eram deja în mașină și-l priveam de la distanță. Mi-am dat atunci seama de ceva ce știam deja: că nu e despre mine. E doar despre el. Așa e el făcut. Culmea, e făcut de mine și de toți cei care ne-au făcut pe mine și pe tatăl lui. N-ar fi tocmai corect să ne supărăm. Trebuie să primim noi sprijin să-i fim alături și să-l învățăm cum să gestioneze acest lucru astfel încât să-i fie ușor în viață.

Mi-a confirmat asta câteva săptămâni mai târziu.

Într-o zi, în vacanța la schi, mi-a zis, în timp ce stătea în brațele mele la masă și se uita în farfuria cu paste (avea aproape cinci ani și jumătate):

— De ce nu mă iubești așa cum sunt eu?

M-a lovit în moalele capului. Toate cerințele astea ale mele la care răspunde cu NU, el le resimte ca pe o lipsă de acceptare. OK, probabil că e destul de frustrant pentru el. Dar sunt lucruri care trebuie făcute...

Cu ceilalți e cooperant, la școală este foarte politicos, respectă regulile, are grijă de colegele lui și de colegii noi, e glumeț, nu se răstește și gestionează foarte bine tot ce i se întâmplă acolo. Tot ce aud despre el când mă văd cu profesori sau cu alți părinți ori copii e *Ce simpatic e Ivan, supercool, îmi place de el de mor etc.*

E clar că el cu noi acasă se simte în siguranță și acceptat și își dă voie să se exprime așa cum îi este cel mai comod: cu NU.

Bun, și ce ajută, cum ești un părinte responsabil, delicat, dar totuși eficace pentru un copil care se opune la fel de des cum respiră? Am arătat mai jos câteva lucruri care merg pentru noi. Ne alegem bine situațiile în care îi prezentăm un TREBUIE.

Ne jucăm multe jocuri în care el are controlul (aruncă cu perne și eu încasez, alerg și nu-l prind, în schimb el mă prinde, sunt părintele nepriceput, care cade și greșește mereu).

Țin critica la zero și pun accent pe ce face bine (de obicei, copiii independenți sunt și teribil de sensibili și de introvertiți).

Îi dau cât mai mult control în viața lui.

Ne jucăm multe jocuri de contact fizic, ca să-și descarce energia (testosteronul începe să prevestească pre-pubertatea), simt cum își cunoaște agresivitatea și intuiește că are nevoie de metode pentru a o modela.

Îi dau timp să proceseze și să spună DA când și pentru că vrea el, nu pentru că îl rog sau îl oblig eu.

Nu continui dezbaterile la nesfârșit. Îmi expun punctul de vedere, argumentez o dată, de două ori, apoi îmi comunic încă o dată poziția și nu mai vorbesc.

Mă sfătuiesc eu el în tot ce-l privește. Să zicem ca în situația de mai jos:

— Măi Ivan ce mă fac eu, că, uite, ar trebui să fac cumva să mănânci și tu niște legume, nu merge doar cu pâine și paste și orez... Orice mamă vrea să aibă copii sănătoși, și doar cu făinoasele astea... Ce zici, cum să facem să mănânci și tu ceva prospături?

— Păi, nu suport roșiile.

— Știu.

— Nici ardeii.

— Ăhă.

— Cartofii se pun?

— Nu prea. Tot făinoasă.

— Aș putea să mănânc din când în când niște castravete?

— Sună bine. Îl alegi tu din magazin?

Încerc din răsputeri să-l înțeleg. E ca și cum e supărat pe sine și pe lume că tot crește, deși el ar vrea să rămână mic. Îi și place să crească, iar asta îl enervează și mai tare. Mă străduiesc să-i spun și să-i arăt că tot ce simte este normal și sănătos și că noi o să-l iubim orice-ar fi, oricât de mare ar crește.

Terapia prin joacă la psihologul pediatru ne-a ajutat mult. Sunt sigură că va fi mai ușor în anii ce vin. Și dacă nu va fi, nu-i nimic, sunt sigură că tot acest antrenament se va dovedi util cândva. Dacă voi deveni negociator de ostatici și voi da peste cel mai încăpățânat terorist din lume?

Și ce mai faci? Cum te simți în momentul ăsta? Ce spune sufletul tău?
Te-ai regăsit oare în capitolele anterioare? Ți se pare cumva că pe hârtie totul sună simplu, când, de fapt, în realitate, nimic nu pare să meargă? Știu sentimentul prea bine. Multă vreme m-am uitat cu jind la alte mame, cu copii mai mari ca ai mei, care păreau că se descurcă mult mai bine decât mine. Acum, când copiii mei au crescut, observ că și eu mă descurc mai bine decât mă descurcam cu câțiva ani în urmă. Vine cu vârsta (copiilor). Te antrenezi în fiecare zi, începi să știi ce merită efortul și ce nu, te enervezi mai rar, te cunoști mai bine, îi cunoști mai bine.
Te vei descurca mai bine. Cu fiecare zi va fi mai ușor.

Simplul fapt că citești paginile astea în loc să dansezi pe bar undeva într-un club arată că ești o mamă bună. O să cred la fel despre tine și dacă pui cartea asta jos și te duci să dansezi pe bar, toți avem plăcerile noastre vinovate (ale mele sunt Bridgerton și clipurile cu proști de pe YouTube). Te văd, îți apreciez efortul și dorința de a face cât mai mult bine pentru copiii tăi. Acesta e cel mai prețios lucru, poate la fel de prețios ca iubirea, dacă nu chiar mai prețios, pentru că iubirea față de copil vine atât de ușor, dar *mai binele*, eheee, pentru el trebuie să stoarcem din noi lapte și sudoare, și lacrimi, și vorbe înghițite, și respirații adânci, și o facem în fiecare zi, ani la rând și încă mult timp după ce încetează să mai fie nevoie, pentru că ei, copiii noștri, cresc și pleacă pe drumul lor, iar noi rămânem cu noi înșine.

Ce frumos ar fi să ne bucure și momentul acela, să nu ne trezim goale de sens, ci dimpotrivă, bucuroase că ne-am împlinit menirea de mame și fericite că putem reveni la menirea de a fi om, de a ne bucura de tot ce ne place, de a merge libere pe stradă și de a schimba lumea nu doar prin copiii noștri, ci prin noi însene.

Nu-ți da drumul, nu te abandona, nu te sacrifica.

Ești prețioasă cu totul, nu doar ca mamă.

Eu o să mă asigur că nu uiți asta, măcar pe parcursul acestei cărți.

Crizele de furie

Am împărțit acest capitol în două pentru că mereu mi s-a părut foarte nedrept faptul că despre crizele de furie ale copiilor se scrie și se dezbate atât de mult, cu atât de multă compasiune și îndemnuri pentru părinți să se documenteze cu privire la existența lor și să le abordeze cu răbdare, în timp ce pentru crizele de furie ale părinților avem doar plângeri și degete întinse acuzator. Ca să echilibrez balanța, iată, voi dedica aici, în cartea mea, un capitol întreg crizelor de furie ale părinților și în special ale noastre, ale mamelor. Nu doar copiii noștri sunt deseori depășiți de ce li se întâmplă, ci și noi. Ei se arcuiesc, se aruncă pe spate și se tăvălesc de zici că-s posedați de spiritul rău al lui Pokemon, noi ne blestemăm zilele, ne schimbăm vocea în cea a mamelor noastre, spunem tâmpenii pe care le regretăm apoi amarnic toată viața și chiar, în cele mai negre momente ale maternității, lipim câte-o palmă fierbinte și 100% nejustificată de trupul micuț și fragil al copilului nostru, care nu e sursa furiei noastre, ci doar oglinda care ne-o arată.

Îmi doresc foarte mult ca toți oamenii care citesc această carte să înțeleagă răul pe care-l fac o palmă, o jignire, o umilire, o amenințare rostită printre dinți, o pedeapsă asupra sufletului care absoarbe totul și care va ajunge, ca noi, foștii copii de acum câteva decenii, să creadă că merită.

Nu merită.

Nicio ființă umană nu trebuie lovită, umilită, amenințată, jignită.

Toți avem nevoie de iubire.

Toți învățăm și creștem doar când suntem departe de frică.

Toți ne pierdem cu firea.

Singura diferență dintre noi și copii este că ei nu au încă cine știe ce autocontrol, iar noi avem. Din păcate, majoritatea dintre noi nu reușesc să-l folosească încă foarte bine, dar sper ca asta să se schimbe pentru tine în următoarele ore, așa cum s-a schimbat pentru mine acum niște ani, iar puterea pe care-am căpătat-o atunci îmi este de folos în fiecare zi, pentru tot restul vieții.

Crizele de furie ale copiilor

Ce se întâmplă, de fapt, când un copil are o criză de furie, sau un *tantrum*, cum i se zice zilele astea?

Un copil de un an, doi, trei, patru plânge, strigă, lovește cu mâinile și picioarele, poate se tăvălește pe jos sau se dă cu capul de ce apucă, se arcuiește și se aruncă pe spate, încearcă să-i lovească pe alții sau să arunce cu lucruri.

Pentru cineva care nu știe nimic despre dezvoltarea unui copil, poate părea că cel mic e posedat de spirite războinice.

Pentru cineva care a uitat, poate părea că e un copil răsfățat, care se poartă ca un mic diavol pentru că așa îl încurajează părinții lui moderni. Adevărul e însă că și pe vremea noastră ne venea să ne tăvălim, dar primeam rapid un dos de palmă peste gură sau o palmă la fund, ca nu cumva să ne facem părinții de rușine. Și toată frustrarea ardea pe dinăuntru, pentru că ne era frică să o scoatem afară.

Ce se întâmplă cu un copil care face crizele acestea? E copleșit de o emoție foarte puternică (poate fi frustrare, frică, furie, supărare, neputință, oboseală, mai multe la un loc), cu care nu știe ce să facă și pe care nu o înțelege. Pentru că e mic și nu poate procesa ce se întâmplă cu el, nici să ceară articulat ajutorul nu poate și nici suficient autocontrol să aplice tehnici de calmare nu are, face ce poate: își folosește corpul pentru a se descărca. Strigă, plânge, dă din mâini și din picioare, se zvârcolește energic până când emoția puternică se disipează. Nu este rațional, nu ascultă, nu vede, nu este capabil să înțeleagă ce i se spune, nu este rău sau manipulator, nu aplică o strategie. Doar încearcă să scape de o emoție puternică.

Așa cum facem și noi când țipăm, trântim, spunem vorbe pe care nu le credem cu adevărat, pedepsim și amenințăm.

După o astfel de descărcare plină de acțiune, copilul fie adoarme, fie se simte eliberat și e binedispus și cu chef de joacă și de explorare.

Îmi amintesc limpede o zi din iunie 2019 când am mers, ca în fiecare zi de luni până vineri din anii de dinaintea pandemiei, să iau copiii de la școală. Am ajuns în hol și m-am strecurat prin marea de copilași mici și mijlocii, de părinți și învățători, să ajung la ai mei. Le-am răspuns celor care m-au salutat, am mai salutat și eu câțiva, doi mi-au îmbrățișat picioarele, am mers mai departe, am ajuns la clasa lui Ivan, care m-a rugat să-l mai aștept puțin să-și termine joaca. În timpul acesta am stat de vorbă cu una dintre colegele lui, care mereu îmi povestește despre ce se mai întâmplă la ea acasă, ce a zis mami, ce a zis tati etc. Și cum mă privea ea așa de jos în sus și dădea din mâinile ei mici, mi-am dat seama de un lucru la care nu mă gândisem cine știe ce înainte.

Cât de frustrant și de greu trebuie să le fie uneori copiilor micuți să trăiască printre oameni mari! Gândește-te puțin!

Sunt înconjurați mereu de aceste ființe mult mai mari decât ei, cărora le văd adesea doar picioarele și fundurile.

Mai mult, depind de aceste persoane pentru hrană, confort, somn, plimbare.

Aceste ființe mari fac totul bine. Își nimeresc gura cu lingura, vorbesc perfect și pe tonul potrivit, știu să se îmbrace și să se încheie la șireturi, merg fără efort și nu se împiedică la tot pasul.

Aceste ființe înalte sunt imprevizibile. Uneori se enervează și încep să strige, iar copilul se sperie, pentru că știe cât de lipsit de putere este în fața lor.

Câtă nerăbdare cred că simt ei uneori să crească, să fie și ei înalți, să poată face și ei tot ce trebuie, să nu li se mai reproșeze că sunt mici, nepricepuți, nepregătiți, să se descurce și să nu mai depindă de alții!

Să nu li se mai spună atât de mult NU, să nu mai fie mereu strigați, puși să facă lucruri care nu îi interesează.

Sigur că ei nu raționalizează toate astea, nu gândesc tot ce zic eu acum, dar cred că o simt deseori fără să o justifice cognitiv.

Poate că de-asta se și înfurie de multe ori când noi nu vedem niciun motiv aparent. Poate și de asta plâng tare uneori când nu le iese un lucru mărunt, se întind pe jos și nu se pot opri din plâns. *Ce motiv mai e și ăsta?* ne gândim noi. Dar poate că motivul real e fix acesta, faptul că sunt încă fragezi, cruzi, mici, într-o lume care nu e ușoară pentru ei, deși noi le punem mai tot la dispoziție. Diferența de dimensiuni și de capacități îi supără și îi frustrează, au și ei nevoie să elibereze această presiune, pe care nici măcar nu o pot identifica.

Cred că este de ajutor să încercăm să vedem lucrurile și din perspectiva lor.

Să ne așezăm mai des pe vine, să nu mai fim, măcar pentru câteva minute, de două ori mai înalți ca ei.

Să înțelegem că atunci când un copil nu face ce așteptăm de la el, nu e că nu vrea, e că nu poate. Și fie-l ajutăm noi să poată, fie încetăm să mai așteptăm de la el să facă la oliță la un an, să doarmă singur la doi, să nu se mai enerveze, să nu mai plângă când îi refuzăm ceva ce-și dorește. Autocontrolul vine în timp. La fel și empatia, respectul.

Le e greu și lor, chiar dacă pare că au o viață foarte simplă.

Sigur că ne e și nouă, dar asta nu e vina lor. Nu ei au ales să vină în viața noastră, ci invers: noi am decis, am sperat, i-am chemat. Ei au venit, sunt aici, ne aduc bucurie, împlinire. Uneori ne e greu și nouă, așa cum le e și lor.

Un alt motiv pentru care copiii fac crize de furie este că ei învață foarte mult, foarte repede. Creierul li se dezvoltă în mare viteză, acumulează informații, fac progrese motrice, emoționale, sociale, cognitive, care îi consumă. În plus, nu toate au succes din prima, majoritatea acestor progrese cer multe încercări eșuate înainte să se întâmple, iar aceste mici eșecuri vin cu frustrări mai mari sau mai mici, care se adună pe parcursul unei zile.

E foarte posibil ca la masa de seară, când copilul mai cere o măslină și tu-i spui NU, că sunt prea sărate și a mâncat destule, să se dezlănțuie furtuna, nu pentru că măslina aceea era esențială, ci pentru că a fost pentru copil picătura care a umplut paharul.

E foarte posibil ca cel mic să te provoace cu purtarea lui suficient cât să-i spui un NU răspicat, iar el să aibă în sfârșit motiv bun să se supere și să facă un tantrum ca să se descarce de tot ce a acumulat pe parcursul zilei.

Poate ai observat că atunci când iei copilul de la grădiniță sau de la școală, unde s-a purtat ireproșabil, cu tine se poartă mereu urât, de parcă vrea să te provoace. E irascibil și imposibil de mulțumit, iar când încerci să pui o limită, oricare (*Nu te las să mă lovești*, *Nu vreau să te răstești la mine*, *Nu putem merge azi în parc, plouă*), începe tornada. Nu e vina ta, la fel cum nu e vina lui. Toată ziua a respectat regulile, a fost cuminte și rezervat, iar emoțiile s-au acumulat precum gazele într-un balon. Când e cu tine, în siguranță, pentru că tu îl înțelegi și îl iubești orice-ar face, copilul lasă presiunea să iasă, pentru că el știe că alternativa nu e o opțiune.

El nu poate suna un prieten, nu are încă puterea de a respira pentru a se calma și nici să verbalizeze tot ce simte nu știe. Dar va învăța în timp, de la tine.

Crizele de furie sunt tot ce poate face un copil, al cărui creier este insuficient dezvoltat, pentru a gestiona emoțiile puternice.

Nu toți copiii le fac (unii sunt mai puțin sensibili, alții știu instinctiv să se descarce rapid de emoții pe măsură ce apar), dar aș zice că majoritatea trec printr-o perioadă în care ele apar mai des, apoi, încet-încet, dispar sau se transformă. Și copiii de 8 ani fac tantrumuri, dar nu se mai tăvălesc, ci spun chestii oribile și trântesc ușa. Adolescenții îți reproșează lucruri grele și pleacă de-acasă. Adulții se comportă ca părinții lor. Și tot așa.

Sofia a început să facă crize de furie abia după ce s-a născut fratele ei, după 2 ani și jumătate. Mă pregătisem intens pentru ele, am citit cărți, articole, studii, experimente, am observat și analizat de la distanță tantrumurile altor copii în parc, la mall, la noi acasă sau în vizite. Am experimentat eu însămi momente de furie maximă (neintenționat, desigur) și am fost foarte atentă la ce se întâmplă cu mine în timpul lor, la ce mă ajută și la ce mă ambalează și mai mult.

Unele crize de furie ale copiilor pot fi prevenite. Nu toate, din păcate. Numărul tantrumurilor nu spune nimic despre calitățile tale de părinte. Dacă un copil face multe nu înseamnă că nu știi să-ți educi copilul, la fel cum dacă un copil nu face niciunul nu înseamnă neapărat că părintele are vreun merit. Nici eu nu prea făceam în copilărie, dar asta pentru că mi-era teamă de reacția alor mei, se întâmpla des s-o iau pe coajă dacă ridicam vocea. De tăvălit pe jos nici nu se punea problema, nu mi se permiteau astfel de extravaganțe, aveam foarte puține haine și ele trebuiau să fie în stare bună ani la rând!

Îmi aduc aminte foarte bine că, atunci când mă loveam mai tare, problema principală nu era suferința mea, ci faptul că *petele de sânge ies foarte greu la spălat!*

De la un punct, ne cunoaștem copiii suficient cât să știm cam ce îi aduce în starea aceea de nervozitate maximă în care nimic din ce facem nu-i mai poate calma. Oboseala, aglomerația, gălăgia, excesul de dulciuri, anxietatea de separare, excesul de timp petrecut la ecrane, refuzul repetat de a le oferi ce vor, prea multe reguli, prea puține reguli, situații neprevăzute, lipsa de atenție sunt principalii factori agravanți, cei care duc cel mai adesea la acumularea de tensiune la cote pe care cel mic pur și simplu nu le mai poate gestiona, și atunci pierde controlul.

Le detaliez puțin pe fiecare, apoi o să scriu despre ce cred eu că ajută în astfel de situații, dar în prima fază putem încerca să ținem copilul departe de ce știm sigur că-l declanșează. Îmi aduc aminte o mulțime de situații în care copiii mei se apropiau vertiginos de o istericală, dar, cu răbdare și strategii anume, am reușit să întorc situația dinspre nervi înspre râs, care ajută la fel de mult la eliberarea tensiunii. Alteori nu, și asta a fost. Partea bună e că am dezvoltat rezistență auditivă, pot acum citi liniștită la un centimetru de o boxă din care urlă Judas Priest.

Un copil nedormit, epuizat fizic și psihic e o bombă cu ceas. Orice îl poate declanșa, pentru că oboseală egal irascibilitate, iar asta e valabil și pentru adulți. Mereu am fost foarte atentă la programul de somn al copiilor, poate să fie orice, nuntă, petrecere, ziua lor sau a mea, orele de somn sunt sfinte. La 9 cel târziu în pat (8, când erau mai mici), liniște, cald, somnurile de peste zi respectate toate, până când n-au mai vrut să doarmă la prânz (la 6 ani Sofia, la 4 Ivan).

Aglomerația și gălăgia sunt factori de stres pentru oricine, mai ales pentru cei mici, care încă nu știu să gestioneze suprastimularea. Îmi amintesc când, acum vreo șase ani, am mers cu Sofia la un curs demo. Era muzica dată atât de tare, că mă deranja și pe mine, și am fost la destule concerte rock și în destule cluburi la viața mea. Reacția Sofiei m-a speriat! Avea pupilele dilatate și era mereu încordată, gata să fugă sau să plângă. Mi-a și zis că se simte rău și că vrea să ieșim. Avea pulsul mărit și respirația rapidă, o reacție clară de stres din cauza suprastimulării. Evit complet astfel de locuri, iar copiii sunt de acord cu mine.

Nu iau copiii la cumpărături, de fapt, nu mai merg nici eu, de multă vreme. Comand aproape totul online, mai merg la piață, la brutăria sau la magazinul din cartier pentru fructe și legume proaspete, în timp ce ei stau afară sau rămân acasă cu tatăl lor.

Evit dulciurile din comerț, sucuri nu consumăm niciodată.

Ecranele sunt adesea sursă de isterie, și înțeleg asta perfect, pentru că și mie îmi vine să mușc când citesc ceva interesant pe Facebook și cineva încearcă să mă întrerupă!

Ecranele sunt foarte seducătoare, vrei să rămâi pentru totdeauna în lumea lor fascinantă și colorată, unde ai atât de mult control, iar când cineva, oricine, încearcă să te scoată de-acolo, te enervezi și protestezi! Cu cât petrec mai mult timp la ecrane, cu atât sunt mai irascibili copiii (de fapt, e valabil și pentru adulți)!

Altcori, cei mici se isterizează doar pentru că nu-i băgăm în seamă. Nevoile lor de atenție sunt mult mai urgente decât ale noastre, ei nu prea știu să aștepte, nu au răbdare, nu înțeleg că noi avem și altceva de făcut. Așa că ar fi grozav să le putem explica treptat, pe măsură ce cresc, că părinții au și alte treburi, ceea ce nu înseamnă că ei nu mai sunt importanți.

Prea multe reguli îl fac pe cel mic să se simtă îngrădit și complet lipsit de control, iar asta îl frustrează.

Prea mulți de NU au același efect. Dacă știi sigur că nu vrei să-i cumperi jucării, nu-l mai lua cu tine în magazinele unde e plin de ursuleți, mașinuțe, LEGO și prințese. Pentru ce să-i treci pe sub nas tava cu bunătăți, doar ca să-l refuzi și să-l scoți din minți?

Lipsa regulilor necesare îl dezorientează și-l obosește pe copil.

Schimbările în familie sunt greu de gestionat de cei mici, pentru că aduc nesiguranță și confuzie. E normal să facă mai multe crize de furie după ce se naște fratele mai mic, după ce începe grădinița, când e pandemie, când mami începe munca, când buni se întoarce la ea acasă și așa mai departe.

Mbon, dacă n-am reușit să prevenim micul dezastru și isteria tocmai se produce, tragem aer în piept și purcedem la măsurile de îmbunătățire (măcar parțială) a situației.

O avem în fața noastră pe cea mai iubită ființă din lume, copleșită de emoții și de nevoia uriașă de a scăpa de ele. E posibil să ne simțim speriați, să ne fie rușine că se uită toată lumea la noi, să ne înfuriem că iar trebuie să facă așa un circ, să ne fie milă, să ne dorim să ajutăm, să ne dorim să facem și noi un tantrum, să ne dorim să fugim de-acolo. Toate aceste emoții la tantrumul copilului sunt normale și sănătoase!

Asta nu înseamnă că e și recomandat să lăsăm copilul pe jos în mijlocul străzii și să fugim să ne aprindem o țigară sau să ne întindem lângă el să urlăm (recomand asta ca joc terapeutic, dar acasă, nu în public).

Atunci, ce facem să-i ajutăm pe ei și să ne ajutăm pe noi când ni se întâmplă o criză de isterie?

Întâi de toate, ne asigurăm că cel mic nu se poate răni și nu-i poate răni pe ceilalți. Îi luăm obiectele cu care se poate lovi, nu-l lăsăm să se dea cu capul de geam, nici să arunce cu cuțite. Îl ținem de mâini sau de cap, dacă e nevoie.

Imediat după asta încetăm să ne mai simțim prost față de restul lumii. Important e copilul, care are nevoie de atenție și de ajutor. Sigur, nu vrem să deranjăm pe nimeni, așa că, dacă suntem într-un restaurant, de exemplu, cred că bine-ar fi să scoatem spectacolul afară. Dar, câtă vreme nu deranjăm pe nimeni și nimeni nu e pus în pericol, nu e cazul să ne facem griji pentru public. Dacă nu le place, să nu se uite.

Eu m-am trezit, în timp ce Ivan avea o megacriză de isterie, că o doamnă din parc s-a apucat să ne filmeze. Am fost la un pas de a mă arunca pe ea să mă tăvălesc acolo, direct pe burta ei. Adevărul e că oamenii pot fi destul de insensibili când vine vorba de plânsul copiilor, mulți fac mutre acre, comentarii nepotrivite, sugestii despre cum să articulezi copilul ca să se oprească și așa mai departe. Eu, de obicei, ignor aceste persoane sau le răspund cu un zâmbet forțat că *ne descurcăm, mulțumesc mult*, chiar dacă e destul de evident că nimeni nu are nimic sub control, cel puțin momentan.

În funcție de lucrul care a declanșat tantrumul, intervin aplicat. Dacă sursa isteriei sunt oboseala și surescitarea, scot copilul din mediul cu pricina (mall, supermarket, circ, spațiu de joacă). Da, pe sus, sunt șanse minime să colaboreze. Dacă suferă de lipsă de atenție, i-o acord 100%. Dacă un refuz i-a stârnit furia, NU spun DA doar ca să tacă. Dacă ne răzgândim la fiecare protest, cel mic nu va mai înțelege nimic din ce are și ce nu are voie.

Nu e cazul să dau indicații sau explicații acum, copilul nu ascultă și nu înțelege!

Rămân acolo cât de calmă pot, zâmbesc, spun ceva, orice, să-mi audă vocea și să știe că e în siguranță și însoțit. Spune-i că-l iubești, că e normal ce i se întâmplă, că toți ne înfuriem și că plânsul ajută, că nu-l poți lăsa să se rănească, dar că poate plânge oricât dorește, că îl vei lua în brațe dacă vrea, iar dacă nu, vei sta acolo, alături, până va veni el la tine.

Niciodată, dar niciodată, nu părăsi un copil în mijlocul unei crize de furie. Numai abandon nu vrea să mai simtă micuțul, pe lângă furie, lipsă de control, senzația de cap care explodează. Rămâi acolo, lângă el, chiar dacă nu vrea contact fizic pe moment.

Când începe să se potolească, oferă-i apă și ceva de ronțăit. Căderea glicemică e firească după un moment de isterie. Englezii îi zic *meltdown*, și este un cuvânt foarte bun, pentru că după aceea simți topit, moleșit, și mulți copii dorm duși după un astfel de episod. Dacă e loc să doarmă, lasă-l să doarmă, dacă nu, un fruct o să-l ajute să-și revină.

Puteți vorbi mai târziu despre ce s-a întâmplat, să încerci să înțelegi ce puteai face altfel, ca tantrumul să fie evitat. Ajută să știi că nu e vina ta și nici a lui. Ajută să înveți să respiri și să ai răbdare. Și să iei niște Magne B6.

Furia noastră

Furia e și ea o altă emoție, ca iubirea, bucuria, invidia, vinovăția, frica, nerăbdarea, plictiseala, entuziasmul. Poate apărea și dispărea de mai multe ori pe parcursul unei zilei, uneori din motive clare, alteori izbucnind sub pretexte caraghioase, după ce a ars mocnit pe fundul sufletului vreme îndelungată. Spre deosebire de alte emoții, furia ne transformă în personaje negative de basm: vrăjitoare rele care aruncă blesteme, dragoni care scuipă foc, împărați negri care împart pedepse, căpcăuni care sfărâmă obiecte și mame vitrege care-și plesnesc copiii.

Din punctul meu de vedere, furia, alături de frică, este emoția care ne dă cel mai mult de furcă nouă, părinților, pentru că ne dă senzația că nu avem niciun control asupra comportamentului nostru, iar asta duce de cele mai multe ori la reacții nepotrivite. Cred din toată inima că, dacă viitorii părinți ar primi înainte de nașterea copilului cursuri de înțelegere și gestionare a furiei, relația lor cu copiii ar fi mult mai lină în primii ani. Pentru că furia poate fi transformată din demon care preia controlul în aliat care te ajută să crești.

Despre asta am scris mai jos, bazându-mă pe experiența mea acumulată la terapie și pe experiența altor părinți cu furia și consecințele ei asupra lor înșiși și a copiilor lor, pe lectura cărților *Nu există părinte perfect*, de Isabelle Filliozat, și *Copilul invizibil*, de Gáspár György.

Ca și alte emoții, furia nu poate fi băgată sub preșul rațiunii, nu există vreun truc magic care să o facă să dispară. Dar ce putem face este să învățăm să ne ascultăm corpul, pentru ca furia de gradul 10 să nu ne mai lovească direct în moalele capului. Să o vedem de departe venind.

Opaaa, ce simt oare? O ușoară enervare? Ce interesant, ia să mă uit eu la ea un minut.

Dacă o ignor, o să crească încet și peste o oră o să vreau să-mi bat copilul cu parul. Dacă îi dau atenție, o să se stingă de la sine.

Furia ne arată ce ne doare și ce ne lipsește. Dacă ne uităm la ea cât e doar un pui, iată o șansă grozavă să avem grijă de noi astfel încât furia să nu mai fie necesară. Dacă hrănim sufletul, furia nu mai apare.

De multe ori, furia vine dintr-un ghem vechi de istorii din copilărie. Relații disfuncționale cu părinții, nedreptăți, nevoi neîmplinite, luate în bătaie de joc și în cele din urmă îngropate bine, situații umilitoare, situații de frică paralizantă, toate acestea ne fac furioși. Dacă am crescut cu o autoritate parentală abuzivă, furia latentă din noi va scoate capul și va mușca din partea noastră rațională, făcându-ne să ne purtăm ca niște sălbatici, până vom merge cu ea la terapie ca să vedem ce încearcă să ne arate.

În cazul meu, de exemplu, furia venea din frustrarea veche de zeci de ani că în copilărie n-am primit afecțiunea de care am avut nevoie, că am fost lăsată la bunici și am suferit de dorul mamei ani la rând. Că nu l-am avut pe tata de la 11 ani încolo. Că bunica mea iubită a murit neașteptat, când eu eram încă mică și foarte atașată de ea. Și că nimeni nu mi-a zis că a murit, a trebuit s-o văd coborâtă în groapă ca să înțeleg că s-a dus. Invidia că ei, copiii mei, primesc toată afecțiunea de care au nevoie, iar eu, Ioana mică, n-am avut parte decât de o feliuță din ea și că eu nici să plâng n-am avut voie, iar ei le au pe toate și tot sunt nemulțumiți uneori. Când am înțeles asta, după un episod în care am urlat la ei de-am crezut că s-a și crăpat tencuiala, și m-am dus la terapie cu povestea asta, s-a făcut pace în sufletul meu.

Sunt și persoane cu o mare putere de introspecție, care pot gestiona acest proces singure, dar majoritatea dintre noi nu putem, pentru că ne e frică să ne uităm acolo unde clocotește furia, pentru că nu avem nici experiența acestui proces, nici obiectivitatea și detașarea de care avem nevoie pentru a naviga în siguranță prin apele tulburi ale trecutului și a trage concluziile potrivite cu mintea noastră de adult.

Nu voi înceta niciodată să încurajez oamenii să meargă la terapie. Nu cunosc nici măcar o persoană care să nu aibă nevoie de asta! Iar persoanele care sunt în proces terapeutic de ceva vreme sunt în altă categorie, le recunosc de departe. Au o claritate pe care doar cunoașterea propriei povești ți-o aduce.

Acum vreun an, mă învârteam prin bucătărie ca mixerul, strângând masa, punând vase la spălat, pregătind periuțele de dinți ale copiilor, răspunzând la telefon, grăbind copiii la poveste. Bărbatul ieșise la alergat, băiețelul era la duș. E o poveste clasică de furie neobservată care ajunge să urle și să te pună să faci tâmpenii.

— Sofia, te rog să vii să mă ajuți să strâng masa, e târziu și am nevoie de ajutor să fim în pat cât mai repede, ca să avem timp să citim mai mult!

Niciun răspuns, deși era la câțiva metri de mine.

— Sofi, am nevoie de ajutor, m-ai auzit?

Nimic. Cunosc foarte bine toate motivele pentru care copiii nu vin țopăind de entuziasm când îi chemi, dar în seara aceea am început să văd roșu. Am mai strigat-o de două ori, a mormăit ceva, dar n-a venit și nici nu mi-a explicat de ce nu vine.

Au venit peste mine toate filmele alea cu mama care slugărește după toți, cum se ridică ei de la masă ca la restaurant (măcar de m-ar plăti), cum pun eu masa pentru toți de două până la patru ori pe zi, apoi strâng după toți, cum le adun lucrurile aruncate prin casă, cum nimeni nu strânge după mine, sunt vai de capul meu, ia uite în ce hal mi-am educat copiii, mă ignoră, bărbatul ăsta ar putea pune și el mâna să mă ajute, ce naiba, avem aici puteri și responsabilități egale, de ce sunt toți așa de nerecunoscători, înțeleg să nu mă ajute pisica, fiindcă are minte cât o nucă și nu are nici mâini să ducă mâncarea la frigider, da' ce, m-ați câștigat la belciuge, să fiu sclava voastră, nici măcar mulțumesc nu spuneți, vă ridicați și vă duceți la treaba voastră, lasă, că strânge Marița, în schimb, când nu vă convine ceva, repede comentați și eu trebuie să mă ridic de la masă să vă fac vouă pe plac, dar când vă rog eu să îmi aduceți ceva ca să nu mă mai ridic unul nu se clintește, nu mă respectați, nu mă iubiți, gata, o să-mi fac bagajul și mă duc unde văd cu ochii...

N-am zis toate astea. Doar le-am gândit rapid, așa, în câteva secunde, în timp ce mă despleteam în capul meu. Am zis doar vreo câteva, strigând la Sofia, că poate așa nu mai are scuza că nu mă aude. Eram furioasă, rănită, obosită, depășită de câte aveam de făcut.

— Sofia, nu mă auzi? Nu mă vezi? Sunt invizibilă? Nu auzi că îți cer ajutorul? De ce mă ignori?

— De ce țipi, mami? m-a întrebat foarte calmă.

— Pentru că m-am înfuriat. E foarte nedrept ce faci. Te rog ceva și nu mă bagi în seamă. Știi cât de rău mă simt când faci asta?

A venit și a pus lucrurile în frigider, apoi s-a spălat pe dinți în tăcere. Când a intrat și soțul în peisaj, l-am luat și pe el la coafat. I-am reproșat răstit că nu mă ajută niciodată, el a protestat că mă ajută uneori.

Mai târziu, în timp ce le citeam povestea (am dezvoltat această superputere care mă ajută să pot citi ceva, cu intonație și pe voci, în timp ce mă gândesc la cu totul altceva), când furia trecuse, m-am uitat la discursul meu furios, cel din capul meu, plin de acuze. M-am gândit la ce s-a întâmplat, de fapt: eu am avut nevoie de ajutor să strâng masa, l-am cerut de patru ori la rând, Sofia nu mi-a răspuns, m-am simțit neapreciată, nevăzută, neiubită, neajutată și m-am înfuriat, mi s-a încălzit fața și am simțit cum mi se gâtuie glasul. Am ridicat vocea și am spus și câteva lucruri nedrepte și neadevărate.

Adevărul e că de multe ori mă ajută să strâng masa ori unul dintre copii, ori soțul, nu e adevărat că nu primesc ajutor și iubire, primesc, dar nu mereu, nimeni nu primește mereu, nu e adevărat că nu se ridică de la masă pentru mine, uneori protestează, dar nu mă lasă neajutată.

A doua zi de dimineață, am vrut să clarific și să-mi cer scuze.

— Îmi pare rău că am țipat aseară, Sofi.

— Și mie.

— Când te rog ceva și nu îmi răspunzi, mă simt foarte rău și asta mă înfurie. Pot să te întreb de ce uneori nu îmi răspunzi când îți cer ajutorul? Aseară, de exemplu, de ce nu mi-ai răspuns decât după ce am țipat?

— Pentru că eram atentă la altceva și nu am vrut să mă întrerup.

— Nici cât să îmi spui asta?

— Nu.

— Dar pentru mine era important să mă ajuți.

— N-am știut că e așa de important. Și... nu-mi place să strâng masa.

— Tu crezi că mie îmi place să strâng masa? Sau să vă șterg la fund? Sau să spăl chiuveta?

— Nu cred că-ți place.

— Dar fac toate astea zilnic, de mai multe ori, deși nu îmi place și deși de cele mai multe ori, când voi îmi cereți ajutorul, eu fac deja ceva ce îmi place foarte mult și nu aș vrea să mă întrerup. Știi de ce fac toate astea? De ce fac acest efort?

— Nu.

— Pentru că vă iubesc și pentru mine e mai important să vă ajut decât să fac ceva ce-mi place.

— Eu nu pot să fac asta. Înțeleg că trebuie, dar nu pot.

— Știu că nu poți. O să înveți în timp. E important să înveți să faci asta pentru oamenii pe care îi iubești. Ai idee cum poți învăța asta?

— Încercând? Ca la orice alt lucru?

— Exact. Faci un efort mai mare la început, apoi o să-ți fie tot mai ușor. M-aș bucura mult dacă ai încerca puțin mai mult. Am nevoie de ajutorul vostru, nu mă descurc singură prea bine. Obosesc și îmi e greu.

— Știu. O să încerc.

M-am simțit mult mai bine după ce am vorbit. Eu știu că ea nu poate încă să fie altruistă, are nevoie de timp și de practică, dar aveam nevoie să știu că vrea să încerce ca să mă asigur că a primit mesajul corect și că nu se simte ca o divă care are dreptul de a fi servită de oricine. În serile care au urmat a fost mai atentă la rugămințile mele (nu am exagerat cu ele, am cerut ajutor când chiar am avut nevoie de el). Nu o să trag concluzia că gata, am rezolvat-o. Abia peste niște ani o să pot spune, sper, asta.

Îmi pare rău că am țipat, dar mă bucur că asta mi-a adus prilejul de a înțelege ce nevoi neîmplinite am de mă aprind atât de tare când copilul nu bagă în frigider legumele și brânza și de a avea o discuție clară despre asta cu copilul și cu soțul, ca să le pot spune cum mă simt și ce nevoie am de la ei.

Nu sunt mândră că am ridicat tonul. Mă străduiesc să se întâmple cât mai rar. Și am observat că, dacă sunt atentă la ce îmi lipsește și cer ajutorul sau fac astfel încât să-mi împlinesc aceste nevoi mari, care nevăzute îmi fac rău, sunt în echilibru, mă enervez foarte rar, iar când totuși se întâmplă, reușesc să gestionez mult mai bine decât acum niște ani, când habar n-aveam ce butoane sunt apăsate acolo și eram mereu ca un vulcan în erupție.

Așa că dacă ești un om furios, dacă-ți lipsește răbdarea mai ales de când ești părinte e pentru că sufletul tău are nevoie de vindecare, iar furia e doar semnalul de alarmă. Mergi și cere ajutor, într-un an viața ta poate fi complet diferită!

Dincolo de procesul de vindecare, pe care te rog să nu-l mai amâni (nu faci decât să-ți ții viața pe loc, afectând pe termen lung și relațiile cu cei iubiți), sunt multe lucruri pe care le poți face de fiecare dată când simți furia că începe să crească. Sunt multe lucruri care te pot ajuta mult atunci când ești la o secundă de a lovi, de a striga sau de a spune lucruri care dor.

Povestesc despre ele mai jos și-ți recomand și capitolul în care descriu 11 strategii care mă ajută să fiu bine în viață; toate sunt practice și ușoare.

Dacă nu te ocupi de furie când e mică și la distanță, ca trenul care mai are un kilometru până ajunge în gară, locomotiva te va lovi cu 100 de kilometri la oră și te va proiecta în filmul în care-ți lovești sau umilești copilul sau pe tine.

Ce se întâmplă când furia e la cote maxime e că sistemul limbic, creierul nostru de animal, preia controlul. Cortexul prefrontal, partea rațională, intră în repaos, e treaba instinctului să intre în acțiune. Tot ce știi despre controlul emoțiilor și despre parenting dispare, rămân doar furia de necontrolat și nevoia de a acționa conform ei.

Vestea bună e că starea asta irațională durează puțin, specialiștii spun că perioada critică durează 90 de secunde. De atât este nevoie pentru ca partea rațională să preia din nou controlul. Așa că te poți folosi de cele 90 de secunde pentru a te ține la distanță. Pune copilul într-un loc sigur și ia o pauză. Fă orice în timpul ăsta ca să-l lași să treacă fără să acționezi agresiv. 90 de secunde. Trec foarte repede, te asigur.

Ce contează foarte mult în frecvența cu care apar episoadele de furie este starea ta. Eu, de exemplu, dacă sunt nedormită, dacă nu am reușit să termin ce îmi propusesem, dacă m-am certat cu soțul, dacă mă doare capul, dacă sufăr de PMS, dacă vecinul s-a uitat urât la mine, dacă mi-am găsit o pată pe rochie, iau foc mai repede. Toate astea mă destabilizează, îmi golesc paharul, lasă furia să vină mai des și mai ușor. Așa că fac tot posibilul să-mi țin paharul plin, să-mi rezolv problemele imediat ce apar. Nu stau cu pata pe rochie toată ziua, să mă enerveze de fiecare dată când mă uit la ea. O schimb și o pun la spălat, și gata. M-a supărat un client? Trag aer în piept, mă calmez și-l sun să rezolvăm înainte ca treaba asta să mă apese toată ziua și să mă facă să mă descarc pe oamenii pe care-i iubesc.

Cer ajutor prin casă.

Îl implic pe tatăl copiilor în toate cele.

Ies din când în când seara o oră cu prietena mea, când copiii dorm.

Fac lucruri pentru mine: citesc, îmi cumpăr câte-o rochie, scriu, mă uit la un film.

Mă iubesc și pe mine, că și eu merit.

Mă țin departe de ce-mi face rău: grupuri de Facebook unde mă simt judecată, persoane care mă enervează.

Stau mult afară, merg mult pe jos și cu trotineta.

Ascult muzică.

Mă distrez cu copiii.

Sunt atentă la semnalele corpului meu și, când simt că încolțește furia, mă ocup de ea. Las deoparte ce fac, consider o prioritate felul în care mă port cu copiii mei, așa că nu las lucrurile care ne strică interacțiunea să capete putere.

Iar dacă ajung la cota de avarie, fac următoarele, pe rând, foarte repede (la început e nevoie de un minut să le fac pe toate, poate două, în timp am devenit mult mai rapidă, au intrat în programul de pilot automat):

0. Pasul esențial: mă îndepărtez de copil. Chiar dacă furia mă ispitește să mă duc peste el, să-i arăt eu cine-i șeful

aici, să-l învăț minte, să nu mai facă, mama lui de copil, mă îndepărtez doi, trei pași. Nu în altă cameră dacă el e mic, nu ies din casă, doar pun ceva distanță, cât să nu-l mai pot ajunge.

Pasul 1. Scot din calcul automat varianta lovitului. Nu există. Pur și simplu, NU POT face asta. Așa cum nu pot lovi un om care mă supără în trafic, pe soț când mă face să vreau să-l pulverizez în neființă, NU POT LOVI copilul. Pentru că e imoral și ilegal. Pentru că o să-l doară și o să-l sperie, o să-l deruteze și o să-l facă să-și piardă încrederea în el și în mine. Nu am voie să fac asta. E nevoie să caut altceva.

Pasul 2. Îmi spun că e normal să mă înfurii, ca să nu mai adaug și vinovăție la tot scenariul, pentru că vinovăția e gaz pe foc. Toți se înfurie. Nu sunt un om rău pentru că simt furie. Dar...

Pasul 3. Îmi aduc aminte că sunt adult. Sunt responsabilă pentru ce fac. Nu furia mă are pe mine, nu ea mă conduce, deși, vreme de 90 de secunde maximum, partea irațională din creierul meu preia controlul. Eu sunt tot acolo. Eu am furie, nu furia mă are pe mine. Te văd, furie. Te văd și te las să te duci. Au trecut deja 20 de secunde. Încă un minut, poate mai puțin, și trece.

Pasul 4. Respir adânc, cu o mână pe abdomen, să mă asigur că respirația e profundă. Accept ce simt. Sunt foarte furioasă. Îmi vine să fac lucruri rele. N-o să le fac, nu am voie, eu am puterea și controlul. Mai trec 20 de secunde.

Pasul 5. Mă mişc, mă agit, dau din mâini şi din picioare. Mişcarea disipează toată tensiunea negativă, trec şi restul de secunde. Gata. Ai trecut cu bine şi peste furia asta.

Pasul 6 (mai târziu). Mă gândesc la ce s-a întâmplat. La ce m-a scos din sărite, de fapt. De cele mai multe ori, eram deja nervoasă dinainte, pe ceva ce nu avea legătură cu copilul. Fie o discuție neplăcută cu un partener, fie un comentariu idiot pe Facebook, fie un eşec de-al meu în ceva legat de job, fie oboseala, fie lipsa de pauză.

Pasul 7. Vorbesc cu copilul despre ce s-a întâmplat. Îmi cer scuze dacă am ridicat tonul sau m-am purtat ciudat. Explic ce am simțit. Copilul înțelege astfel că şi mama e om, că furia e firească, şi a mea, şi a lui, că există căi neagresive de a gestiona furia, că e în regulă să îți ceri scuze şi că e important să înțelegi ce s-a întâmplat, ca data viitoare să poți gestiona şi mai bine.

Pasul 8. Îmi dau un premiu (mental sau concret) pentru că am reuşit să rămân în control. Contează enorm pentru starea mea generală de bine să ştiu că nu am depăşit linia. Pentru că o singură palmă e doar prima dintr-un şir lung. Un tras de păr e doar primul. Nu vreau să încep să-mi sperii, să-mi rănesc şi să-mi îndepărtez copilul. E cel mai iubit om din lume pentru mine. Mă iubeşte ca pe Dumnezeu.

Nu vreau să le fac asta copiilor mei. Pot să îmi gestionez furia. Nu e uşor, e înfiorător de greu uneori. Merită însă.

Pasul 9. Vorbesc cu un adult despre asta. Poate fi o prietenă cu copii de vârstă apropiată de ai mei, soțul, mama, terapeutul. Vorbesc deschis despre cum m-am simțit, ca să pot primi acceptare și validare că nu sunt un om rău fiindcă m-am înfuriat. Avem nevoie să ne iertăm ca să mergem mai departe fără vinovăție, doar cu responsabilitate. Data viitoare voi face mai bine.

Un alt exercițiu care mă ajută mult e un pic mai simplu, dar mecanismul e același: îți dai un pic de timp și de spațiu ca să lași furia cea mare să se stingă.

Exercițiul curge simplu și firesc, de sus în jos. Începem cu ochii și terminăm cu degetele de la picioare. E ca și cum cineva îți toarnă în cap o găleată cu calm. Poți să-ți imaginezi că sunt eu aceea: o femeie de 1,58 m, îmbrăcată bizar și cu o coroană mică pe cap, se urcă pe o scară și-ți toarnă în cap găleata cu calm. Îți înec în calm întâi capul, apoi tot corpul și, în mai puțin de un minut, ești înapoi pe traseu.

Așadar, când treaba se încinge și simți că-ți ia foc centrul rațiunii:

Închide ochii. Ca să te rupi măcar vizual de ce te-a declanșat.

Trage adânc aer pe nas, până îți umpli burta cu aer. Ține-l acolo trei secunde, apoi scoate-l pe gură încet. Mai trage aer o dată. Și a treia oară! Bun, mergem mai jos. Poți deschide ochii acum.

Gâtul. Du o mână la gât și mișcă-ți capul stânga-dreapta. O să te ajute să te concentrezi pe senzațiile din corp mai mult decât pe ce te supără în jur. Se relaxează și mâna, și gâtul.

Coborâm spre trunchi. Inima. Poți să încerci s-o auzi cum bate? Du o mână aproape de ea. Probabil bate mai repede, mai puternic? Doar simplul fapt că îi dai atenție o s-o mai potolească, și pe tine la fel.

Picioarele. Mișcă-le. Oricum, doar nu înainte, spre sursa supărării. Le poți înfige în pământ, le poți scutura, poți face pași pe loc, poți dansa la stânga sau la dreapta, doar câteva secunde. Mișcă degetele de la picioare.

Respiră din nou adânc. Uită-te la copil. De ce face toate chestiile astea care te scot din sărite? Pentru că e copil, nu știe și nu poate mai bine. Dar o să poată și o să știe, că o să învețe de la tine.

Ești gata! Furia s-a scurs în pământ, în aer, nu contează, nu mai e în tine.

Ochi, respirație, gât, inimă, picioare, și gata.

Ai reușit să eviți ceva neplăcut, iar asta o să te facă să te simți bine cu tine, o să bifeze câteva dintre lucrurile de la început, dintre cele care-ți lipseau. Vei simți iubire, acceptare, apreciere, pe care ți le dai tu ție după fiecare astfel de moment dificil.

Nu uita! Prințesa are senzor și vine imediat cu scara să-ți toarne în cap găleata cu calm (e posibil ca imaginea asta să te facă să râzi și o să se ducă furia, că nu poți să fii furios și să râzi în același timp)!

După ce furia s-a dus, ca un val care se întoarce înapoi în mare, poți avea ce reacție vrei. Una responsabilă, asumată, clară, care repară, nu rănește.

Poți vorbi calm cu copilul, care e posibil ca fix de asta să fi țipat, pentru că avea nevoie de tine calmă. Poate și el se simte nevăzut și epuizat. Dar el are 2, 3, 5 ani, nu este încă responsabil, așa cum ești tu. El nu poate parcurge procesul de autocalmare de mai sus. Dar îl va învăța de la tine, în timp.

Acum îl poți lua în brațe chiar dacă țipă. Îi poți oferi instrumente să se liniștească. Din zona asta senină, ai acces la creierul tău, care e plin de soluții. Când ești cuprins de emoții atât de puternice, nu poți lua decizii prea bune. Dar dacă le vezi, discuți cu ele, le lași să se consume, la cârmă o să fii tu, nu niște convingeri vechi, greșite, care nu te lasă să fii și să faci ce știi sigur că e bine.

Beneficiul bonus al faptului că îți gestionezi elegant furia este modelul pe care i-l oferi copilului tău. Cum faci tu la furie, exact așa va face și el. Observ la copiii mei asta. Se mai înțeapă și se răstesc unul la altul, dar, când lucrurile se complică, îi văd cum strâng pumnii și trag aer în piept de câteva ori, iar dacă asta nu ajunge, se retrage fiecare în camera lui pentru câteva minute. Apoi revin și deschid (sau nu) conversații despre ce s-a întâmplat, în încercarea de a evita furia data viitoare. Deci funcționează!

Cum repar după ce am dat-o în bară?

Oricât mă străduiesc să am grijă de mine, să mă țin de terapie, să iau pauze ca să respir, să număr și să-mi recapăt controlul, uneori calc în străchini și mă trezesc urlând la copii.

Bineînțeles că asta mă face să mă simt ca ultimul om. Bineînțeles că n-ar trebui, pentru că știu bine că nu există părinți perfecți. Toți părinții își iubesc copiii și vor să le facă bine. Cu toate astea, toți părinții greșesc.

Greșim pentru că nu ȘTIM cum să facem cel mai bine, poate și pentru că cel mai bine nu există.

Greșim pentru că suntem obosiți, epuizați, pentru că suferim, pentru că ajungem la capătul puterilor.

Greșim pentru că poate nu am avut cele mai bune modele. Pentru că am crescut crezând că ce ne fac nouă părinții noștri e corect, deși poate n-a fost. Și le greșim copiilor noștri pentru că ni s-a greșit nouă.

Greșim pentru că ne străduim prea mult, în timp ce puțini se străduiesc să nu ne greșească nouă.

Nu există copil pe lumea asta care să nu aibă ceva de reproșat părinților săi, cred că nici nu trebuie să ne propunem să-i mulțumim în fiecare clipă. Orice-am face, ceva tot va ajunge la ei prost.

După ani de terapie, văd cât de mult contează pentru psihicul omului amănunte, priviri, cuvinte mărunte, cât de simplu e să sădești îndoiala sau neiubirea în sufletul unui copil. Însă, câtă vreme sunt rare, episoadele acestea sunt normale și fac parte din adaptarea la viață. Om crescut doar în emoții pozitive nu există.

Câtă vreme nu folosim frica, strigătele, pedepsele, trasul de păr sau palmele la fund drept metode conștiente de educație, nu e prea târziu.

Da, am voie să mă înfurii, sunt om. Da, uneori o să ridic vocea și poate chiar o să trântesc ușa de nervi, dar îmi promit în fiecare zi să caut metode de a gestiona furia, pentru a reduce episoadele acestea la minimum. Și chiar o fac, caut metode!

E omenește să-ți ieși din fire. Nimeni nu se poate controla mereu. E important, extrem de important să ne vedem, să ne observăm când scoatem flăcări pe nas și să vedem efectul acțiunilor noastre asupra copilului. Dacă îngheață de frică, n-am făcut bine. Un copil care se teme de părintele său e un copil care nu se dezvoltă așa cum ar putea. E un copil care va avea puțină încredere în sine și va căuta relații abuzive, pentru că așa știe el că arată iubirea.

Copiii ne iartă mereu, pentru că ne iubesc. Așa cum îi iertăm și noi pe ei, orice-ar face. Dar e important să ne cerem scuze și să ne asumăm responsabilitatea pentru faptele noastre, fără să dăm vina pe copil. Nu e vina lui că te-ai enervat, nu e vina lui că s-a născut și că ție îți e greu acum cu el: *Îmi pare rău că am țipat la tine, m-am înfuriat. Trebuia să trag aer în piept și să iau o mică pauză la fereastră. Te rog să mă ierți. Data viitoare o să încerc să mă abțin. Nu am vrut să te sperii. Îmi pare rău.*

Renunță la vină și înlocuiește-o cu responsabilitate. Vina aduce furie și ură de sine, așa că nu vei face decât să țipi și mai mult. Responsabilitatea te lasă să vezi unde ai greșit și să faci mai bine data viitoare. Nu te mai biciui, vindecă-te în loc!

Folosește greșeala ca pe un prilej de învățare, de progres. Încearcă să afli ce nu a mers, de ce ai reacționat într-un fel nepotrivit. Poate ai lăsat un străin să te supere și te-ai descărcat pe copil. Poate nu ai dormit destul. Poate ai nevoie de ajutor în casă. Poate ai nevoie de timp cu iubitul tău. Poate ai nevoie de o pauză. Dă-ți-o. Caută soluții practice care te ajută să respiri. Există, întotdeauna există!

Stai departe de ce te înfurie. Stai departe de grupurile de Facebook care rușinează oameni. Stai departe de familiile perfecte. De filmele perfecte. De femei cu cariere și unghii perfecte. Nimic din ce te frustrează nu are ce căuta în viața ta. Fă curat și o să te simți eliberată, o să respiri mai ușor.

Cum repari cu copilul? Fii cu el. Spune-i cum te simți. Vorbiți despre emoții. Despre nevoi care trebuie împlinite. Așa cum el are nevoie de tine, și tu ai nevoie de tine, de pauză, de liniște. Învață-l pe copil să-ți respecte spațiul și timpul, imediat ce el poate face asta (copiii mici au o nevoie prea mare de mamă ca să se poată desprinde de ea încă). Jucați-vă. Râdeți împreună.

Nu băga sub preș greșelile tale, primește-le și repară-le. Copilul va învăța să facă la fel. Vei căpăta din asta evoluție, acceptare, poate chiar și iubirea de sine pe care încă o cauți.

Curaj! Toți greșim! Toți vrem să facem mai bine! Cu toate astea, toți greșim iar! Important e să vedem asta și să ne folosim resursele pentru a înțelege ce ne ține în loc, ca să reușim azi să evităm măcar una dintre greșelile de ieri!

Ce faci? Cum te simți?
Aș vrea să mă opresc din scris ca să te îmbrățișez și să-ți spun cât de grozavă ești, spre deosebire de mine.
Într-o zi de iarnă din pandemia asta nenorocită, am strigat la fiul nostru cel mic și i-am spus ceva urât, nici nu mai știu ce, pesemne creierul meu a

ascuns sub pat acest episod, de frică să nu-i fac morală.

Nici nu mai contează câte făcusem în ziua cu pricina, câtă lume trăgea de mine cu tot felul de proiecte, cât de obosită eram după tot anul 2020, cu tot caruselul lui de emoții și schimbări, cât de des mă întrerupsesem deja de zeci de ori de la ce făceam ca să ajut un copil sau să învârt într-o oală. Contează doar că, atunci când băiețelul mi-a ignorat a cincea oară (sau poate era a opta?) rugămintea de a-și termina tema la engleză, a ieșit din mine acest strigăt oribil cu niște cuvinte sinistre agățate de el. Nu mi-am recunoscut vocea, băiețelul a încremenit. Era cu spatele la mine, nu știu cum arăta chipul lui, dar corpul îi era foarte rigid. S-a ridicat cu mare grijă și a fugit din camera în care eram amândoi.

Am murit de rușine și de vinovăție. Știam toate circumstanțele atenuante, dar tot nu mi-am găsit vreo justificare.

Am rămas pe canapea cu umerii lăsați, simțindu-mă ca o cârpă.

Peste câteva minute, băiețelul s-a întors și a venit spre mine. Mi s-a cuibărit în brațe și mi-a zis:

— Ce ai făcut bun de mâncare, mami?

I-am zâmbit printre lacrimi, i-am răspuns (nu mai știu ce) și am decis atunci și acolo să mă iert.

#IvanZice #3ani #tort

Imediat după ce s-a trezit din somnul de prânz, cu nasul încă în pernă, Ivan mă întreabă:

— Mami, tu mămânci dunciui?

„Ăhăhăhăăă, noooo, nu mănânc dulciuri deloc, cu excepția zilelor ălora multe în care mănânc dulciuri de trei ori pe zi, ascunsă în cămară, când voi credeți că bag sau scot rufe la/de la spălat."

— Destul de rar, îi zic (pentru că, dacă e să fim cinstiți, aș putea să mănânc mult mai des dulciuri).

— Așa, foante bine, pentu că dunciuile te fac agitat și nenvos, domni post și moi mai iepede.

— Da, așa e, nu e foarte bine să mănânci dulciuri des.

— Doan la ocazii spenciane.

— Exact, de exemplu, la ziua cuiva, când e tort, sau când mai facem noi clătite sau plăcintă...

— Dan, mami, am afat că mâine e ziua iu tati...

— Îhî...

— Deci o să fie tont... coiect?

— Corect.

— Deci o să mâmcâm din ien cât o să putem.

— Nu chiar, o să mâncăm câte o felie.

— Mami, eu m-am gândit. Nu viau să tăiesc pia munt. Piefen să mămunc mai munt tont decât să tăiesc mai munt. Tontul e mai bun ca viața!

Prieteni, vă jur că și eu am crezut la fel mulți ani. Acuma, pe măsură ce îmbătrânesc, parcă încep să am ceva îndoieli...

Joacă-te, mamă! 37 de jocuri care te vor ajuta să te conectezi

Jocul este un liant și un medicament supermegaeficient în relația noastră cu copiii! O să-ți povestesc pe scurt de ce și apoi o să-ți ofer 37 de idei de jocuri pentru diferite situații tensionate pe care le vei traversa cu copiii tăi. Nu trebuie să le aplici exact așa cum am făcut-o eu, acesta e farmecul jocului, e foarte flexibil! Important e să te simți inspirată și să știi că există și alte variante decât să ridici vocea, să ameninți sau să fugi de-acasă. Se poate să rezolvi problemele cu râs și voie bună, nu e cale mai lipsită de efecte secundare ca asta!

Într-o după-amiază, soțul meu a venit de la serviciu stors de puteri, ca în toate celelalte zile. Și-a pus sacoul pe umeraș și și-a lărgit cravata, s-a spălat pe mâini și a înaintat spre sufragerie, unde nevasta lui, în patru labe lângă televizor, tocmai ridicase un picior și părea că face pipi pe boxa lui. Copila cea mare ținea nevasta în lesă, în timp ce copilul cel mic o căuta de purici.

Îmi imaginez că n-a fost genul de imagine la care visa pe drumul de întoarcere, dar am râs atât de mult atunci și încă multă vreme după asta de istoria cu cățelul, încât penibilul situației a fost oficial anulat.

Acela a fost momentul în care mi-am dat seama că teama de penibil nu merită sacrificiul pe care mulți adulți îl fac când se angajează în rolul de persoană responsabilă: devii atât de preocupat și de important, încât ajungi să nu te mai distrezi deloc.

Nu, în niciun caz așa ceva nu e pentru mine!

Mi-am donat hainele de om mare și am revenit la ce știam atât de bine să fac mai demult: să mă joc, să râd, să cânt și să dansez, fără ca asta să însemne că nu-mi mai plătesc taxele la stat, că nu îmi mai fac bine jobul și că nu îmi educ copiii. Le fac bine-mersi pe toate, navighez cu umor prin lume, nu mă iau niciodată prea în serios, oamenii văd că sunt binedispusă și cu chef de glume, așa că relaționăm mai ușor, sunt mai destinsă și mai greu de scos din pepeni. Toate astea și pentru că am spus DA jocului și râsului, dar și ridicolului în viața mea.

Nu am nicio problemă să fiu un câine care se scarpină cu laba piciorului la ureche (chiar mi-am antrenat mobilitatea), fac pipi la colț, beau apă cu limba din bol, pot fi un bebeluș care tocmai a făcut caca și acum plânge să fie schimbat, pot fi un șarpe care se târăște pe covor în căutare de copii simpatici pe care să-i hipnotizeze, pot fi o găină care face un ou și cotcodăcește mândră nevoie mare de isprava ei.

Îmi aduc aminte o seară de vacanță la Brașov, eram într-o cameră elegantă dintr-o pensiune care ne costase suficient cât să nu vrem să mai ieșim din cameră vreodată. Ivan avea vreo doi ani, Sofia, patru. Bărbatul coborâse să ia ceva de mâncare, cel mic s-a apucat să facă treaba mirositoare în scutec. Mergea greu, așa că m-a rugat să-l ajut. S-a pus pe ciuci lângă masa de cafea. M-am așezat și eu la fel, de partea cealaltă a mesei. Purtam peste pijama halatul de baie alb și pufos al pensiunii. Când se scremea el, mă scremeam și eu. Încrucișam ochii, îmi țineam respirația câteva secunde și scoteam un sunet despre care-mi imaginez că seamănă cu strigătul de luptă al samurailor bătrâni. La un moment dat, m-am prefăcut că am reușit și m-am întors spre spatele meu, am ridicat poalele halatului și m-am declarat bucuroasă. Chipurile, reușisem! Făcusem caca pe covor! Copiii s-au repezit amândoi să se uite sub fundul meu, unde nu se afla, în mod evident, nimic. Am râs cu toții atât de tare, că ăla mic a făcut pe el (yesssss!).

E foarte posibil ca dorința mea de a mă juca să fie o consecință directă a faptului că nu m-am jucat destul cât am fost mică. Ba aveam de făcut lecții ore la rând, ba eram pedepsită și n-aveam voie nici afară, nici la jucării, ba trebuia să merg la țară la bunici să adun cartofi de pe tarla, ba stăteam la coadă la lapte cu orele. Abia așteptam să mă fac mare ca să mă joc cât vreau eu. Ce păcat că, imediat ce m-am făcut mare, n-am mai avut chef să mă joc, că, na, nu se face să stai cu fundul în baltă toată ziua la 30 de ani și nici să tunzi păpușile la birou. E sub demnitatea oamenilor mari să se joace. Unii o mai fac, dar numai când nu-i vede nimeni, și nu recunosc în ruptul capului că s-au dedat la așa ceva.

Noroc că la 32 de ani am devenit mamă. A fost momentul ideal să încep să mă joc. Am citit cartea psihologului Lawrence Cohen *Rețete de jocuri* și viața mea s-a schimbat! Mi-am descoperit principala superputere: puterea jocului! Îmi place să mă joc cu copiii! Mă joc și singură, nu-i bai! Râd la glume cu pârțuri, practic cât de des pot autoironia, nu am nicio problemă când oamenii râd de și cu mine.

De ce ne place jocul?

Se pare că ființa umană atinge apogeul chefului de joacă pe la 2-3 ani (se explică, fix atât am și eu).

Că e plastilină, război, mingi, dat de-a dura, jocul este pentru copii principala activitate, jobul lor preferat și, involuntar, cea mai bună cale de a se exprima, de a învăța, de a comunica. Jucându-se, copiii descoperă care le sunt talentele, abilitățile, limitele, persoanele apropiate. În plus, e amuzant!

Un alt rol foarte important al jocului este cel terapeutic. Prin joc, copilul își vindecă supărările, un schimb de rol îl ajută să recapete controlul (dacă, de exemplu, l-a supărat educatoarea la grădiniță).

Prin joacă poți afla ce e în neregulă cu copilul tău dacă, brusc, comportamentul lui se schimbă.

Tot prin joacă îl poți ajuta pe copil să depășească tot felul de frici (de întuneric, șerpi, monștri, vaccin, orice).

Prin joacă îl poți ajuta să gestioneze despărțirea de ceva sau de cineva.

Jocul conectează rapid, mai bine decât orice alt lucru. Când râzi alături de copilul tău, intrați amândoi într-o lume nouă, în care totul curge frumos, luminos, cu iubire și râs.

Și când te gândești cât de nerăbdători suntem noi, părinții, să ni se joace copiii singuri, să mai scăpăm puțin de ei, să respirăm și noi! E normal, suntem obosiți, disperați după o pauză. Doar că nu ne gândim ce instrument util pierdem când copiii nu vor mai vrea să se joace cu noi. Ce baghetă magică dispare dintre noi și cât o vom regreta!

Acum vreo patru ani, mă jucam în parc cu mai mulți copii, începusem cu ai mei, apoi se alăturaseră și alții, copiii sunt fascinați de adulți care au chef și energie să se joace, probabil pentru că îi întâlnesc atât de rar. În timp ce alergam după cei doisprezece copii care erau purcelușii speriați de lupul de mine, mi-a sărit în față un bunic, cât p-aici a fost să-l fac una cu pământul. M-a întrebat dacă împart pliante, el era sigur că sunt actriță la o companie de teatru pentru copii și că mă joc cu ei în parc ca să-mi fac reclamă. Am râs apoi împreună de ideea asta caraghioasă, apoi mi-am promis că o să încerc să conving cât mai mulți părinți să se joace!

Capitolul acesta e pentru mine un vis împlinit. Poate o să scriu și o carte despre jocuri cândva, deocamdată am condensat tot ce știu în câteva pagini care sigur, SIGUR o să vă fie de folos.

De ce le e greu adulților să se joace?

Pentru că, atunci când eram noi mici, părinții noștri nu prea s-au jucat cu noi.

Pentru că purtăm cu noi traume pe care jocul le-ar scoate la iveală și nu suntem pregătiți pentru asta.

Pentru că am uitat cum să ne jucăm, am fost adulți prea mult timp.

Jocurile celor mici ni se par plictisitoare, agresive, ne enervează.

Pentru că nu suntem dispuși să ne supunem regulilor din jocurile lor (care ni se par stupide).

Pentru că ne e teamă că o să arătăm ridicol.

Iar când familia se confruntă cu o schimbare majoră, numai chef de joacă nu avem.

Cu toate astea, e suficient să ne uităm la copii și să ne luăm după ei. Sunt puține lucruri pe care nu le poate rezolva jocul. De fapt, l-am întrebat chiar pe autorul cărții mele preferate despre jocuri, Larry Cohen, dacă există situații în care jocul nu e indicat. Mi-a spus așa: *Uneori, copiii (sau părinții) nu sunt pregătiți să se joace, deoarece sentimentele sunt prea intense. În acest caz, părinții trebuie să se conecteze folosind o abordare empatică: Înțeleg cum te simți, îți accept sentimentele, sunt alături de tine oricât ai nevoie. Când tu, părintele, ești cel care are sentimente intense, atunci e nevoie să te eliberezi de ele vorbind cu un prieten de încredere, nu țipând sau lovindu-ți copilul. De îndată ce sentimentele noastre au scăzut în intensitate, e timpul să înceapă joaca sau alte forme de reconectare, cum ar fi îmbrățișările sau discuțiile purtate cu calm.*

L-am mai întrebat și dacă ne putem redescoperi spontaneitatea și bucuria. Iată ce mi-a spus: *O prietenă mi-a povestit ceva amuzant. La ea la serviciu toată lumea a fost supusă unei evaluări psihologice, iar când li s-au dat rezultatele, ea a ridicat mâna și a spus: „Scrie aici că nu sunt spontană, dar în fiecare sâmbătă după-amiază fac câte ceva spontan!" Toată lumea a râs, iar ei i-a luat ceva timp să înțeleagă de ce râd toți. Chiar avusese o idee bună să-și planifice mici momente de spontaneitate, dat fiind faptul că ea nu era o persoană spontană. E nevoie de efort și antrenament. Totodată, aveți o sursă incredibilă de inspirație pentru joacă și joc, chiar acasă: copiii voștri. E suficient să vă așezați pe podea, la nivelul lor, să-i observați și să-i imitați. Sunt maeștri ai jocului și avem foarte multe de învățat de la ei. Mie îmi mai place să vorbesc pe voci caraghioase și să port o pălărie amuzantă — mă ajută să-mi găsesc o dispoziție jucăușă. Exagerați emoțiile în timpul jocului, dar aveți grijă să nu fie prea înspăimântătoare pentru copii. Exagerați și cu seriozitatea, va stârni râsul, garantat.*

Acum, că am terminat partea teoretică, ce zici de niște jocuri? La evenimentele live pe care le organizez cu și pentru părinți, am mereu și o parte practică, de jocuri. Ne ridicăm toți în picioare și ne hârjonim, ne luptăm, ne înroșim la față și râdem ca niște copii prinși sărind gardul școlii. Cartea nu e la fel de generoasă cu experiențele față în față, dar pot măcar să-ți povestesc despre câteva dintre jocurile care ne fac viața mai ușoară de aproape un deceniu încoace. O să te amuze să le citești și sigur o să-ți placă să le joci. Nu uita, fără frică! Nimănui nu-i pasă cum te joci tu în afară de copiii tăi, care vor lua fiecare secundă de joacă împreună drept un cadou mult așteptat și o amintire prețioasă!

Jocuri care le dau copiilor putere

Schimb de roluri: părintele devine bebeluș, copiii devin părinți

După mai multe episoade în care copiii mei au reușit să mă pună față în față cu propria mea furie și lipsă de răbdare, mi-am dat seama că e foarte important să înțeleg ce mi se întâmplă și să rezolv rapid, dacă vreau să le ofer ce-i mai bun din mine și din lume. Am văzut că, de fapt, furia era a Ioanei mici, a copilului din mine, care se cerea și el răbdat, înțeles, acceptat, așa cum vedea, de-acolo, din mine, că fac cu și pentru copiii mei.

Așa că am inventat un joc care să mă vindece și i-am invitat pe copii să-l joace cu mine. Prezența lor e foarte importantă, altfel nici nu cred că ar fi mers. Înainte de orice însă, le-am explicat:

— Puilor, uneori, când voi sunteți nervoși sau supărați și obosiți și aveți nevoie de iubirea și înțelegerea mea, mie îmi este greu, pentru că, atunci când eram mică, nu am prea primit multă acceptare și iubire. Mama și tatăl meu lucrau mult, eu stăteam la bunici și îmi era mereu dor de ei, iar acum Ioana mică vrea și ea iubire de la mama și de la tata. Vreți să facem un joc în care primește și mami mică niște iubire?

Răspunsul lor este, invariabil, un entuziasm nemaipomenit! Vor să se joace cu mine, vor să mă ajute să mă vindec, vor să îmi fie alături, și e terapeutic deja, deși nici n-am început să ne jucăm.

Îi invit apoi să își aleagă un rol: unul poate fi mama, altul tata, eu sunt bebe Ioana. Uneori Ivan vrea să fie mama și Sofi vrea să fie tatăl, alteori vor amândoi să fie mama, alteori vor amândoi să fie tata, jocul e flexibil, regulile sunt puține.

Începem cu momentul nașterii (dacă avem vreo mamă în joc). Eu sunt nou-născutul care plânge mult și dă haotic din picioare, iar ei se învârt ca titirezul în jurul meu, să mă ajute să mă liniștesc.

Mă prăpădesc de râs când îi văd cum stau față în față și se întreabă, cu moace îngrijorate:

— De ce plânge?

— Nu știu, poate îi e foame?

Eu fac în continuare FOARTE mare gălăgie. Apoi unul dintre ei, cel care e mama, vine să-mi dea să sug. Îmi ia capul de pe podea și și-l lipește de tricou. Eu sug acolo imaginar, apoi râgâi tare, ei râd cu poftă. Apoi iar plâng. Ei se adună iar deasupra mea, cu mâinile în șold:

— De ce plânge iar?

— Poate a făcut caca?

Dau din picioare în toate direcțiile și plâng, iar ei se reped să-mi schimbe, simbolic, scutecul.

Și tot așa. Plâng mult, cer în brațe, ei mă leagănă, apoi adorm, ei se liniștesc, apoi brusc iar încep să strig, le rod mâinile și părul, râd, zic *aguguguuuu*, iar ei râd în hohote. Rar se întâmplă să vadă un adult tăvălindu-se pe jos cu picioarele în sus, strigând că a făcut caca sau că îi e foame sau că *uaaaaa*, vrea să guste din pisică.

Părintele neîndemânatic

Jocul acesta e atât de amuzant, încât îl inițiez și când copiii n-au nicio problemă de digerat, ci doar vrem să ne distrăm. E așa: brusc, nu mai știi nimic. Nici să mergi prea bine, nici să vorbești. Te repezi să scrii cu tocul de la pantof, încerci să muști din coada pisicii, care ți se pare că arată ca un cârnăcior la grătar, vrei să te speli pe dinți cu pensula și acuarelele, te piepteni cu peria de ghete, vrei să te culci pe covorul de la intrare și să te învelești cu prosopul de bucătărie.

Copilul te va ajuta să înveți la ce folosesc toate obiectele, veți râde împreună, el se va simți puternic și generos.

Părintele – animal de casă

Nicio filosofie. Îi dai copilului un cordon sau o sforicică pe care s-o folosească drept lesă, te așezi în patru labe și îl rogi să te scoată la plimbare în sufragerie. Vei căuta de mâncare, vei alerga după vrăbii, vei face pipi la ghiveci, vei da din coadă și vei scoate limba. E posibil să fie un pic ciudat la început, dar, pe măsură ce intri în rol, o să-ți placă!

Acest joc te va vindeca de orice scorțoșenie, o să vă distrați, iar copilul va căpăta putere și control care-l vor ajuta în toate domeniile vieții sale.

Politețea excesivă

Tehnica aceasta merge de pe la 3 ani în sus până la nesfârșit, cred. Sofia se apropie de 9 ani și încă se topește când o iau cu:

— Domnișoara Macoveiciuc, ați dori oare să îmi acordați onoarea de a afla ce ați dori să mâncați la masa de seară, vă rog? Ar însemna enorm pentru mine!

Ivan, care zice NU mai des decât inspiră, rezistă greu acestei cereri politicoase:

— Domnule Ivan Macoveiciuc, ați dori poate să mă onorați cu distinsa voastră prezență la masa din bucătărie, unde tocmai începe extraordinara oră de matematică? Gratitudinea mea veșnică!

Râde și vine sau mă întreabă ce-am zis și vine. Tonul trebuie să fie cât de solemn se poate.

Salonul de răsfăț

Știu o grămadă de părinți care taie unghiile copiilor ca niște infractori: noaptea, în somn, pe șoptitelea, cu lanterna frontală pe cap, furișându-se și tresărind la orice semn că micuțul se poate trezi în timp ce forfecuța cu vârfuri rotunjite taie pe nimeritelea douăzeci de unghiuțe mici, moi și puțin prea lungi.

Cât erau mici-mici, aveam un cântecel special pentru tăiatul unghiilor, inventasem ceva caraghios pe un ritm foarte simplu (între timp l-am uitat, din păcate). Îi luam în brațe, îi iubeam, începeam cântecelul, le arătam forfecuța colorată și le spuneam, cântat: *Bebeluș drăguț, această forfecuță frumușică va tăia încet-încet toate unghiuțele.* Le dădeam puțin timp să înțeleagă ce urmează, apoi luam încetișor fiecare deget și tăiam unghia cântând cântecelul cu degetele: *Degetul mare pleacă la plimbare, arătătorul duce paltonul* și așa mai departe. Asta până pe la 1 an și jumătate al fiecăruia. După asta, a fost nevoie de ceva mai mult, așa că am inventat jocul de-a *Salonul de răsfăț*. Ne-a fost de ajutor multă vreme, acum Sofia își taie unghiile singură, dar Ivan încă merge săptămânal la *Salon*.

Jocul e așa: le spun încă de dimineață că la ora 6 seara, după gustare, au programare la salon. Apoi, în timp ce copiii se joacă ce vor ei, îi anunț că se apropie ora programării lor și că eu sunt clientul de dinaintea lor. Îmi tai unghiile, îmi dau apoi mâinile cu cremă și mormăi de plăcere la masajul mână pe mână. Apoi invit următorul client.

— Stimate domn Ivan Macoveiciuc, ați dori să vă așezați acum pe scaun la salon? Am pregătit pentru dumneavoastră un tratament special. Vom tăia unghiile, apoi vom mângâia degetele cu cremă parfumată, iar la final puteți achita serviciul cu pupici.

Scaunul este poala mea, iar crema este într-adevăr una parfumată, dintre ale mele. Fac exact ce-am spus, purtându-mă foarte reverențios.

— Totul bine, domnule? Stați comod? Aveți nevoie de ceva?

Niciodată nu a refuzat invitația, niciodată. Sofia vrea uneori să vină ea prima, urmează negocieri dure, s-a întâmplat să trebuiască să tai întâi cinci unghii de băiețel, apoi cinci de fetiță, apoi cinci de băiețel și tot așa, pentru că voiau amândoi la salon în același timp.

La final zic:

— Sunteți gata, domnule, să vă fie de bine, vă mulțumesc că ați ales *Salonul de tăiat unghii La mami*, vă mai aștept și data viitoare. Dar, înainte de asta, îmi datorați cinci pupi.

Încasez plata, fac curat pentru următorul client și gata.

Jocul acesta funcționează pentru că răstoarnă perspectiva. Copiilor nu le place să li se taie unghiile pentru că nu au control, pentru că sunt ținuți nemișcați, uneori împotriva voinței lor, pentru că se gâdilă sau se tem de foarfece și nu pot scăpa din prinsoare, pentru că simt tensiunea și stresul părintelui, și asta îi sperie suplimentar.

Dar în acest joc ei au controlul. Vin de bunăvoie, mami nu mai e mami, ci o doamnă care le stă la dispoziție pentru a le face un masaj, un răsfăț, nu pentru a-i ține cu forța și a le tăia părți din corp. Doamna e foarte amabilă, nu e deloc stresată sau transpirată, zâmbește, vorbește calm, are un scaun foarte comod și călduț, în care copilul este invitat, nu obligat să stea.

Mai mult, copilul este tratat ca un om mare, cu respect și notă de plată, e masat și bibilit, ceva ce mereu primesc cu bucurie toți copiii.

Asta e, simplu, amuzant și eficient.

Ah, și o remarcă pe lângă subiect, dar parcă aud întrebarea adițională: Și cu spălatul pe cap cum facem? La noi n-a mers pălăria aceea cu cozoroc, pentru că e foarte greu de pus și de scos de pe un cap ud și pentru că nu reține toată apa. Ce a mers la noi foarte bine de fiecare dată a fost un prosop mic, rulat și ținut de copil (sau de tati) pe frunte: apa curge direct în prosop, iar pe fruntea și în ochii copilului nu ajunge nimic, mami poată spăla părul fără strigăte și agitație.

Concursul de vocalize

Ivan e țipăcios. Mereu a fost, de când era bebeluș. Îi place să se audă, vorbește tare, iar când e supărat are un volum, ceva de speriat. Până pe la trei ani nu a făcut cine știe ce crize de isterie, dar apoi au început furtunile emoționale (odată cu grădinița), iar spre patru ani a devenit tot mai vocal. Se enerva ușor din orice, mai ales pe fond de oboseală, plângea și striga des, nu accepta cu ușurință NU-urile mele.

Așa că la un moment dat i-am propus un joc. Într-o seară eram la baie, el se juca și striga ceva amuzat. Am început să strig și eu, după ce un gel de duș a căzut și a făcut un POC mare. *Poooc!* am strigat eu, tare! El a început să râdă. Normal, cum să nu râzi când mami face ceva atât de neașteptat? Apoi a strigat și el *Poooc!* tare de tot. A sosit și Sofia la strigat. *Ce e acolo, vreau și eu să strig!*

E fain când le dai voie să facă ceva ce în mod normal nu au voie să facă, ba mai mult, faci și tu cu ei.

Eu le ziceam 1, 2, 3, iar la „și" strigam toți.

M-am asigurat înainte că vecinii nu sunt acasă, avem doar doi, era întuneric la ei, ora 7 PM, sigur nu dormeau. Deci puteam să ne jucăm fără să deranjăm.

Am răcnit așa în baie vreo cinci minute. Apoi le-am propus variații.

Să vedem cine strigă cel mai lung Poooooooooooooo-oooooooooooooooooc. Am câștigat eu.

Cel mai subțire Poc. A câștigat Sofi.

Cel mai gros Poc. A câștigat tati, care ni s-a alăturat de bunăvoie.

Cel mai scurt Poc. Am câștigat toți.

Pe cel mai tare Poc l-a câștigat Ivan, normal.

Pe cel mai șoptit l-a câștigat Sofi.

La final am mai strigat o dată toți cât am vrut de tare și ne-am dus epuizați la culcare.

A doua zi eu eram răgușită, ei n-aveau nimic. Și știți ce nu mai aveau? Chef să strige. Le-a ajuns. Următoarele două zile au fost ceva mai liniștite.

Jocuri care îi fac pe copii să râdă

Mami și tati se poartă ciudat

Dacă ați citit cărțile mele din seria cu același nume, atunci știți la ce mă refer. Copiii le iubesc și se prăpădesc de râs cu ele!

Dacă nu, iată: faci ce fac de obicei copiii. Te sfădești pasiv-agresiv cu soțul, te cerți de la jocuri, puteți să vă și împingeți, refuzi sonor să te speli pe dinți și pe corp, porți pijama toată ziua, eventual chiar și la birou, mănânci pastele cu mâinile goale, sorbi din ciorbă, dai mâncare pe jos, te speli pe cap cu șamponul câinelui și, când copilul observă, te prefaci că nu pricepi care-i problema.

Emisiunea cu cântece

Asta e ceva ce fac de când era primul copil mic, mic de tot și urlaaa de dimineața până seara și mai ales noaptea fără oprire, de realmente credeam că o să murim de epuizare fonică. Voiam să-i schimb scutecul, urla. O puneam jos, striga. O puneam la sân, răcnea. Și atunci, ca să mai variez soundtrackul, am început să cânt. Melodii ușurele, pe care le știam bine, pe care puneam versuri care să mă amuze. Adică, de exemplu, pe ritmul Macarena puneam versuri caraghioase despre cum plânge fetița mea și mie îmi crapă timpanele.

Apoi, când Sofia făcea o mică isterie, eu îi cântam încetișor, pe un ritm domol:

Sofica Purcica e foarte supărată
Și plânge și-și udă rochia toată!
Ea zice că vrea să meargă-n parc desculțăăă,

Iar mami n-o lasă să iasă pe ușăăă!

De cele mai multe ori, careva izbucnește în râs, pentru că nu sunt nici poetă, nici cântăreață și mereu iese ceva caraghios. Și unde e râs nu e loc și de plâns!

Poreclele caraghioase

Când situația e tensionată, încearcă să creezi o diversiune amuzantă inventându-le porecle. Eu și acum le spun alor mei deseori că-*s purcei, bursuci, viermișori, păstârnaci,* e greu să ai chef de scandal când conversația începe în spirit de glumă.

Reacțiile exagerate

Nu mai știu unde am citit asta și mi-a plăcut: dacă nu poți birui dușmanul, surprinde-l! La noi merge de minune!

De exemplu, Sofia îmi spune că ar vrea să poarte la grădi o rochie de-a mea. Bănuiește că așa ceva nu se poate și e gata să bage o mică istericală. Doar că eu îi spun:

— O, ce idee bună, și-ți pui și cizmele mele cu toc? Știiiiu, iei și geanta mea cea mare și pui în ea pachetele alea de dus la poștă! Auzi, dar dacă tot o să arăți fix ca mine, nu mai bine te duci tu la poștă? Îți las bani și formularele...

Imediat renunță singură la ideea cu rochia.

Sau îi grăbesc să pornim la teatru și ei, ca de obicei, stau goi în mijlocul bucătăriei și trag pisica de coadă (la propriu).

— Bine, le zic, gata, nu mai mergem la niciun teatru, stăm aici pe podea până diseară și trimit pisica la teatru. Pisicuțo grăsuțo, te duci tu la piesa asta faină, bine? Uite, ia biletele astea, le ții în dinți așa, te duci la Teatrul Elisabeta, la etajul doi, da? Și acolo o să fie muuulți copii, să dansezi și să cânți cu ei, daaa? Bine, paaa!

Și, pac, doi copii se înghesuie în hol să se îmbrace.

Jocuri de conectare

Hârjoneala

Partea faină la hârjoneală e că putem s-o facem oriunde. În parc. Pe plajă. Acasă. În vârf de munte. În câmp, într-o pauză de mers cu mașina. Ne dezmorțim, plămânii ni se umplu cu aer, sângele circulă mai abitir, ne umplem de endorfine, descărcăm energiile negative, ne conectăm, ne iubim, râdem din tot sufletul! Cu siguranță, vă jucați și voi așa, n-are cum să nu vă placă genul ăsta de joc!

Mai jos sunt câteva dintre felurile noastre preferate de joacă fizică, favoritele mele și ale copiilor.

Racul

Stăm față în față, copilul își pune picioarele peste ale mele, se prinde cu mâinile de brațele mele, iar eu merg înapoi ca racul, mișcând și picioarele copilului. Sau merg înainte, iar copilul este astfel deplasat înapoi. După ce întâlnesc primul obstacol, pornesc invers. Ne mai dezechilibrăm, ne clătinăm periculos, mai cădem, e foarte amuzant!

Sacul greu de la moară

Copilul e sacul greu, pe care mi-l prind de gât (cu mâinile copilului). Apoi mă aplec și pornesc cu copilul atârnat pe spinare. Merg cocoșat, comentez că ce greu e, mă prefac că-l mai scap, în cele din urmă ajung de la moară acasă și-l arunc pe pat. Moment în care celălalt sac mă strigă să-l iau de la moară.

Pachetul de bebeluș

Împăturesc copilul într-o formă cât mai compactă: mâinile și picioarele la piept, capul aplecat, ca și cum ar trebui să încapă într-o cutie mică. Apoi îl iau în brațe și chem curierul imaginar, care vine (tot eu), îl ridică să-l cântărească și îl ia să-l pună în mașină. Daca cel mic se despăturește, repede intervin să-l împachetez la loc, prilej de gâdilat și chicotit. Apoi, în mașină (adică la mine în brațe), pachetul se mișcă, mai sunt gropi, curbe, se răstoarnă și așa mai departe.

Avionul, două variante

Una e cu părintele întins pe spate, iar copilul stă pe tibiile părintelui, care mișcă picioarele și copilul zboară, ținut de mâini de părinte. A doua variantă (când părintele poartă fustă sau nu se poate întinde pe canapea sau pe pat) este când părintele ia pe un antebraț pieptul copilului, pe celălalt șoldurile și îl ia la zburat de colo colo.

Lupul și purcelușii

Eu sunt lupul, ei sunt purceii, îi fugăresc, când îi prind mă fac că-i mușc, le dau drumul, iar îi prind, fac zgomote de lup pofticios, mă mai împiedic, mai mușc din greșeală un animal de pluș, ei se prăpădesc de râs.

Râmele sub plapumă

Se bagă amândoi copiii sub o pătură opacă și eu mă prefac că-i caut, nu-i găsesc, mă așez peste ei din greșeală, mai bag o mână pe sub pătură să-i gâdil, mă culc pe ei cu fundul unuia drept pernă și așa mai departe.

Cățăratul în copac

Eu sunt copacul, stau cu genunchii flexați și îi ajut cu mâinile în timp ce ei se cațără pe mine ca într-un copac.

Tumba

Copilul vine cu capul între picioarele mele, aplecat de la mijloc, eu îi cuprind mâinile printre picioarele lui și-l dau peste cap.

Covorul plimbător

Pun copilul sau chiar pe amândoi la capătul unei pături rezistente, apoi îi trag de celălalt capăt prin toată casa, în timp ce ei îmi dau comenzi. Ajută să nu ai covoare sau mochetă pe traseu!

Jocul de-a bebelușul în burtă

Iei pe tine un ditamai puloverul sau bluza de trening a soțului, te întinzi pe canapea în semiîntuneric și inviți copilul „în burtă". Îi povestești cu voce blândă cum îți era când îl purtai în tine (poate să aibă și 10 ani, tot se va bucura de acest joc), îl mângâi prin bluză, îi spui că ți s-a așezat pe vezică și că dacă dă din coate sigur o să uzi canapeaua, apoi îi povestești despre naștere, despre prima îmbrățișare în lumea din afară, despre primele nopți împreună.

Va fi atât de vindecător pentru amândoi!

Jocul privitului în ochi

Ușor ca bună-ziua. Vă priviți în ochi, tu și copilul, cine mută privirea primul pierde și trebuie să joace rolul unui câine plin de purici (ce, numai eu să trec prin asta?).

Chiar așa, de când n-ai mai stat ochi în ochi cu copilul tău?

Jocul „Ce vrea oare acest copil drăgălaș“?

E nevoie de un copil mic și supărat și de unul sau doi adulți curioși care să pună tot soiul de întrebări caraghioase. E posibil ca, la început, copilul supărat să nu deschidă gura, dar în cele din urmă va fi prea interesant ca să stea deoparte. Începem *soft*:

— Fetița vrea să bea apă.

— Nu, abia șoptește fetița supărată.

— Vrea să facă pipi.

— Nu.

Apoi o ducem la nivelul următor:

— Fetița vrea să facă plajă.

Se gândește puțin.

— Nu.

Și apoi dăm lovitura de grație:

— Fetița vrea să se bată cu paste bolognese cu un pirat știrb.

— Sunt bune pastele alea sponogleze?

— Fetița vrea să sape un tunel în brânză!

— Mami, avem lopățici?

Bingo!

Nu merge când copilul e nervos, dar poate merge când copilul e plictisit, supărat din motive (ne)identificate, mofturos, poate chiar și bolnav și greu de distras. Imaginați-vă cele mai caraghioase dorințe, luați și animalele de pluș la joacă, poate ieși ceva haios.

Jocul ghicitului amuzant

Am să vă spun în continuare un mic secret de-al nostru. Un joc pe care l-am inventat ca să aflu ce Doamne iartă-mă face copilul meu la grădi/școală de e așa secret că nu vrea, dom'le, să zică, oricât de duios i-aș pune întrebarea-cheie. Citiți și încercați. Chiar dacă n-o să meargă și la voi, tot o să vă distrați împreună.

Ideea e asta: în loc să-l întrebi pe copil ce a făcut la școală și să afli că *Nimic*, mai bine devii creativ. Așa:

— Și ia zi, Sofi, ce ai mâncat azi bun la grădi? Supă cremă de nisip prăjit la soare?

— Hahaha, nuuu, mami, supa a fost de roșii.

— Aaa, și sigur nu te-ai atins de ea, că avea gust de ciorapi purtați.

Se prăpădește de râs. Apoi respiră și zice:

— Ba a fost foarte bună și am mâncat două porții.

— Mă bucur să aflu! Și de dormit, ai dormit în picioare sub trambulină, așa-i?

— Hihihiii, mami, cum să dorm în picioare, am dormit în pat, sub păturică. Am dormit chiar mult.

Partea bună e că o fac să râdă și, dacă râde, gata, ne-am conectat, nu mai e supărată că am stat despărțite toată ziua, îi trece dorul, vrea să-mi spună, să mă contrazică, să aibă ea dreptate, ea să știe și eu nu, eu sunt părintele prostuț pe care ea îl învață adevărul.

Jocuri care potolesc frica

Tot de la Larry Cohen am aflat că 10-15% dintre copii sunt anxioși din fire (din motive genetice, în urma unor traume trăite de mamă în timpul sarcinii etc.). Am și eu unul acasă. Pentru ei, pericolele sunt peste tot. De multe ori, pentru a dezamorsa frica irațională unui copil, doar să-i spui că totul e OK nu e suficient, pentru că n-o să facă diferența, teama copilului e de cele mai multe ori irațională.

Copilul spune că e un dinozaur în cameră, iar tu insiști că nu e? Poate dacă te așezi în pat cu el o să vezi că veioza face pe perete o umbră de forma unui dinozaur. Tot ce trebuie să faci e să muți veioza, și gata.

Empatia e foarte importantă în rezolvarea îngrijorărilor celor mici. Vrem ca ei să se simtă înțeleși, acceptați. Dacă tot ce facem e să le spunem că obiectul fricii lor nu e real, vor crede că nu avem încredere în ei, că sentimentele lor nu sunt importante. Nu-i spune: *Eei, e ridicol, cum să te temi de monștri cu ochi roșii?* Nu-ți va mai spune că se teme, dar asta nu pentru că nu-i mai e teamă, ci pentru că nu vrea să fie ridiculizat. Doar ascultă-l, noi, adulții, dăm o grămadă de bani la psiholog și psihoterapeut ca să fim ascultați. Terapia pentru adulți asta face: rezolvă trauma prin spunerea poveștii, din nou și din nou.

Dacă doar eviți expunerea la obiectul panicii, panica nu va trece, copilul nu va învăța niciodată că obiectul e, de fapt, sigur, că nu prezintă un pericol.

O soluție este să înfruntați problema, să îl lași pe copil să simtă frica, dar să nu ajungă la panică. Pentru asta există tehnica „împingerii delicate“ (*Te expun încet la ce te sperie, iar când devine prea greu, spui STOP și mă opresc*). Merge foarte bine când e vorba despre animale, nisip, mare, copaci, insecte, avioane, uscătoare de mâini. Nu-ți seta așteptări, poate dura o săptămână sau două luni. Nu-l grăbi, nu fi dezamăgită.

O altă variantă grozavă de a lupta cu fricile este jocul. Pentru copilul care suferă de anxietate de separare, funcționează foarte bine jocul cu dragostea caraghioasă. Mama aleargă după copil să-l îmbrățișeze, se împiedică, cade cu zgomot, îi cântă serenade amuzante, îl strigă pe nume siropoase, suferă când nu primește reciprocitate (ideea aceasta am citit-o în cartea *Rețete de jocuri*, de L. Cohen).

Am pus mai jos câteva idei de joc pentru copii care se tem să facă nr. 2 la toaletă, copii care se tem de monștri, copii care refuză să meargă la grădi sau copii care se desprind greu de mami sau de tati.

Jocul de-a caca care se teme de toaletă

Ideea jocului e supersimplă: părintele e un caca într-o burtică. Se ține bine de burtică pe interior, părintele folosește o pernă drept peretele intestinului, de care stă lipit. Vine momentul să iasă, dar caca, adică tu, nici vorbă, te ții de perna aia și zici:

— Aoleu, nuuuu, nu vreau afară din burtă, cine știe ce e acolo, dacă sunt lei care vor să mă mănânceee.

— Nu sunt lei, nicio grijă, nimeni nu va vrea să te mănânce afară, va zice copilul. (Dacă nu zice, zici tot tu, pe altă voce.)

— Poate e cald rău acolo și mă prăjeeesc!

— E mai rece ca acolo unde ești tu.

— Dacă miroase urât afară?

— Nooo, sigur nu miroase mai urât ca acolo unde ești tu... De fapt, în toaletă e o piscină cu apă curată, apoi un tobogan luuung cu apă și apoi un bazin mare unde sunt mulți de caca care dau o megapetrecere...

— A, da? Petrecere, tobogan, zici? Oare m-ar primi și pe mine?

— Sigur că da, toți caca sunt invitați.

Caca zvârle perna cât colo și se aruncă pe pat ca în piscină, uraaaaa!

Jocul de-a monstrul-iepuraș

Acest monstru periculos (jucat de mami) este foarte simpatic, dar și foarte-foarte fricos. Se sperie de propriu-i strănut, de exemplu, dar și de propriile lui pârțuri. Se teme de haine, de mobilă, iar apa îi provoacă adevărate crize de plâns. Monstrul-iepuraș are nevoie de un prieten curajos (copilul), care să-i explice la ce folosesc toate aceste lucruri inofensive.

Acest joc ajută copilul să se simtă puternic și valoros, capabil să gestioneze situații care pentru alții sunt înfricoșătoare.

Jocul de-a lupta cu monștrii

Când copilul spune că sunt monștri la el în cameră, nu-i spune că nu-i adevărat, tot ce va auzi el e că nu consideri adevărate emoțiile lui. Cel mai bine este să porniți împreună un război împotriva acestor monștri. Îți pui sita de paste pe cap, te înarmezi cu un polonic, tati poate să ia mopul, amenințați cu voce puternică și pulverizați peste tot cu praf antimonștri (poate fi o sticluță cu apă parfumată cu ceva ulei esențial), care poate rămâne în dormitorul copilului, să-l mai folosească peste noapte dacă e cazul.

Joaca de-a grădinița ciudată

Când copilul nu vrea să meargă la grădiniță, puteți inventa acasă o grădiniță pe dos. Una cu părinți, de exemplu, la care educator e fix copilul.

La prânz primesc doar migdale și miere și, în loc de somnul de la amiază, trebuie să sară o oră pe pat.

La această grădiniță se organizează concurs despre cine cântă cel mai urât și cine nu știe nicio poezie.

Și așa mai departe. Iei o situație normală și o întorci cu susul în jos, apoi exagerați totul, fără să vă gândiți la reguli sau la ce ar zice cine v-ar vedea. Nu vă vede nimeni. Nimănui nu-i pasă cum vă jucați voi! Important e să vă distrați pe o temă altfel serioasă și îngrijorătoare. Parteneriatul tău cu copilul în acest joc îl va ajuta enorm în adaptare!

Joaca de-a părintele care nu vrea să plece la serviciu

Să spunem că te pregătești să pleci la serviciu, iar copilul e temător și plângăcios. Se desprinde greu, nu vrea să rămână cu tati, bona sau bunica, se agață de tine și e irascibil. Într-o zi când ai zece minute în plus înainte de plecare, joacă-te acest joc. Spune-i copilului:

— Bine, gata, nu mai plec, oricum nu mai pot de somn.

Iei o pernă mare și te așezi peste copil să dormi. Copilul o să se dea la o parte. Te muți după el.

— Ce pat confortabil pare acesta! zici și continui să-l înghesui cu perna.

Zâmbești, dar te prefaci somnoroasă. Îl alergi pe copil prin casă să te așezi pe el până când el fie zice *Gata, du-te la serviciul ăla al tău*, fie nu mai puteți de râs.

Când râzi de ceva ce te sperie, acel ceva își pierde puterea. Despărțirea va fi mai ușoară!

Jocuri de explorare/adaptare la o situație nouă

Plușurile care spun povești despre familiile lor

Începi jocul singură, cu ce plușuri ai la îndemână. Plușurile vorbesc, mai timid la început, apoi tot mai îndrăzneț, despre lucruri care se petrec la ele acasă. Încearcă să folosești voci diferite pentru fiecare.

Poți lăsa un pluș la îndemână, probabil copilul se va alătura să pună întrebări sau să-i ofere o voce personajului său.

Ursulețul poate să povestească despre cum tatăl, de exemplu, stă mult pe toaletă, în timp ce mama lui sforăie. Bursucul poate să spună că tatăl lui nu prea vine pe-acasă și că-i e dor de el, iar mami mereu face de mâncare și el nu are cu cine să se joace. Poți strecura în poveste detalii despre situația nouă care apare în familia voastră (divorț, mutare, frate nou). Apoi lasă-l pe copil să preia discuția și sunt șanse mari să afli lucruri sau să primești întrebări interesante.

Jocul întrebărilor

Uneori mi se pare că, deși știu multe detalii despre copiii mei, îmi scapă totuși lucruri esențiale.

Știți fazele alea din filme când se întâmplă ceva dramatic și părinții spun: *Pfff, dar habar n-am avut că fetița noastră e așa... Noi credeam că e invers...*

Așa că uneori îi invit la jocuri fantasmagorice. Atât de multe indicii oferă ei în joc!

Azi ești Zeul Macaroană, cel mai puternic din lume! Cum schimbi lumea acum că poți?

Salut, eu sunt peștișorul de Lego făcut din aur, ce dorințe ai vrea să-ți împlinesc? Am zece pentru tine!

Plus acest joc al întrebărilor de seară. După poveste, când am câteva minute de exclusivitate cu fiecare, în liniște, doar noi doi, înainte să stingem lumina, când stăm îmbrățișați, pun una sau două întrebări de genul celor de mai jos. Un alt avantaj al acestui joc este fix acesta: îl învață pe copil cum să-și formuleze întrebările despre altcineva în moduri delicate, non-invazive, însă care aduc multă conectare și prilej de recunoștință.

Am pus mai jos câteva dintre întrebările noastre preferate. De multe ori discuțiile se reiau și de dimineață, dacă ei mai au lucruri de spus sau de aflat.

— Înainte să adormi, la ce te gândești?

— Care sunt amintirile tale preferate?

— Ce-ți place cel mai puțin să faci?

— Care crezi că sunt cele mai prețioase lucruri la tine?

— Dacă ai putea să călătorești în timp, ce ai schimba din trecut?

— Cum crezi că vei schimba lumea?

— E vreo întrebare pe care ai vrea să nu ți-o pun niciodată?

— Vrei să mă întrebi tu ceva?

— Să spunem că mâine dai peste un duh magic care-ți poate împlini patru dorințe. Care-ar fi ele?

— Dacă ai putea să ștergi din lume un singur lucru, care ar fi acela?

— Care e primul lucru la care te-ai gândit azi dimineață?

— Pentru ce vrei să mulțumești din ziua de azi?

— E ceva ce ai fi putut să faci mai bine azi?

Jocul „Ce-mi place la tine cel mai mult“

Nevoile de apreciere, conectare și iubire există și sunt puternice în fiecare dintre noi, mici sau mari. De aceea copiii noștri ne spun mereu: *Mami, uită-te la mine, uite ce am făcut, te uiți, mă vezi?* De aceea frații sunt în conflict mereu, vor să știe dacă sunt la fel de iubiți ca înainte și în niciun caz mai puțin iubiți decât fratele sau sora lor. Neîmplinirea acestor două nevoi esențiale duce la frustrare, furie, tristețe, dezamăgire, sentimente de singurătate și așa mai departe. De foarte multe ori, când paharul nevoii de iubire și apreciere se umple, starea neplăcută dispare, iritarea dispare, conflictele se potolesc, cel puțin pentru o vreme.

Din greșeală am descoperit acest joc supersimplu, care ne-a umplut paharele tuturor și pe care sigur o să-l mai folosim, că tare bine e când dai pe-afară de iubire.

Am ajuns acasă frânți, într-o seară, eu și copiii. Eram destul de pleoștiți după o primă zi de școală grea după vacanță (ei), o filmare interminabilă (eu). Ei erau irascibili ca niște bombe, eu nu mai aveam niciun chef să merg pe vârfuri printre ei și nici să mediez din fașă zecile de chestii pe care și le aruncau pasiv-agresiv.

Așa mi-a venit un gând. Am întrebat, în timp ce scoteam din frigider pe masă chestiuni pentru cină.

— Sofi, ce-ți place la mine cel mai mult?

— Îmi place de tine că ești mereu drăguță cu mine. Că te joci mult și că prietenele mele te plac. Și că ești tânără și frumoasă și miroși perfect.

Vă spun, aș fi putut să plec pe lună cu energia pe care am primit-o. Dar ea a mai zis:

— Dar ție ce-ți place la mine cel mai mult?

— Stai să mă gândesc, am zis.

— După asta zici și despre mine? a răsărit în peisaj și Ivan, care până atunci zăcuse pe covor, sfârșit.

— Sigur că zic, am tolba plină de lucruri care-mi plac la voi. Deci, Sofi, îmi place de tine că îți plac aventurile în natură, că ești aproape mereu veselă, că îți faci ușor prieteni, că te joci singură atât de frumos, că ai o imaginație bogată...

— Oho, mami, dar îți place de mine chiar mult...

— Păi, da, cred că ești un om fain și îmi place de tine.

— Acuma e rândul meu? intervine iar Ivan.

— Dap, Ivan, ia zi, ce-ți place cel mai mult la mine?

— Că ai părul lung și frumos, a zis repede. Că mă faci să râd. Și că mă ții în brațe când sunt supărat. Că mă simt bine cu tine. Că ești drăguță și râzi mult și dansezi cu noi și nu te superi când mai facem prostii. Acuma zici tu? Despre mine?

Au plecat sărind de parcă ziua abia începea. Unul dintre ei fredona ceva, nu știu care, nu știu ce. Când m-am dus în baie să mă demachiez, m-am trezit cu Sofia lipită de coastele mele.

— Mami, te iubesc foarte mult!

— Și eu, iubito, dar ce-ți veni?

— Nu știu, a venit așa peste mine ca un val la mare.

Joaca de-a limba inventată

Acum ceva vreme, Sofia se lupta să se adapteze la școală, una cu copii noi, profesori noi și predare într-o limbă pe care nu o înțelegea. Din întâmplare, am descoperit un joc care a ajutat-o mult și din care te poți inspira când copilul trece printr-o situație dificilă de adaptare, indiferent la ce.

Într-o seară, cât ne pregăteam cu toții la baie și Sofia mă întreba iar când o să știe și ea engleză, mi-a venit un gând ghiduș. În timp ce-l spălam pe Ivan, am început să vorbesc într-o limbă inventată, caraghioasă. Un amestec de japoneză, franceză și portugheză care suna ridicol și complet neinteligibil. Ivan a intrat imediat în joc și vorbeam amândoi aiurea, cu intonație, și ne distram nevoie mare. La un moment dat, apare și Sofia în ușa băii. Ne ascultă nemișcată câteva secunde, apoi o văd cum devine derutată.

Ce spun ăștia aici? Nu e destul că nu pricep nimic la școală, acum am început să nu mai pricep nimic nici acasă? În ce univers paralel am nimerit?

— Mami, ce limbă vorbiți acolo?

— E limba ciudateză. Ce, n-o știi?

— Nu.

— Nici eu, zice Ivan.

— Nici eu, zic și eu.

Am văzut-o cum s-a luminat la față. S-a prins că ne jucăm.

— Mai zi ceva, mi-a cerut.

— Amonu toghiri spanchif!

Râdem toți.

— Țuguchi mani pux? zic și privesc întrebător.

— Mumu lango, zice și ea.

Râdem.

Și am ținut-o așa vreo douăzeci de minute, ne-am spălat, ne-am uscat și am și mâncat folosind doar limba asta inventată. N-a mai adus vorba despre engleză în seara aia, cred că joaca noastră a ajutat-o să nu mai fie singura care nu pricepe ceva (că nici noi nu pricepeam nimic), că am putut râde despre asta și că a văzut că tot ne înțelegem prin mimică și gesturi, că nu are motive serioase să își facă griji și că suntem alături de ea în toată povestea asta.

Mă gândesc că jocul nostru îți poate fi de folos. De exemplu, când cel mic trece printr-o situație nouă, află ce îl supără: că e singurul nou într-un colectiv deja format. Bun. Faceți acest joc de rol: mami e nouă în casă. Abia a aterizat. E foarte nepricepută. Vrea să se spele pe cap cu periuța de dinți. Vrea să bea apă din toaletă. Se tot împiedică de pereți. Cere ajutorul copilului. Ce e ăsta, un aparat de uscat părul? zice mami trăgând de aspirator. Astfel râdeți împreună și îi dați putere copilului.

Merge cu orice subiect. Matematică, sport, un coleg care se poartă urât. Inventați. Râdeți. Trece.

Jocuri utile când părintele e obosit și copilul are chef de joacă

Ghici ce am pus în ciorap

Un joc extrem de simplu, cu efort minim. Copilul stă cu spatele și tu strecori într-un ciorap de-al tău cât mai multe lucruri din ce ai în jur. Apoi îl legi la gură cu un elastic de păr (ciorapul, nu copilul) și, cât tu stai întinsă să te odihnești, copilul încearcă să ghicească ce ai ascuns acolo doar pipăind prin ciorap obiectele ascunse. Poți pune creme mici, cercei, accesorii de păr, lego, baterii, sticluțe cu picături de nas.

Jocul de-a bebe sau de-a regina și slujitorii

Într-o seară, eram cu toții epuizați după multe zile de boală, tocmai mă luase și pe mine răul, cu dureri prin toate părțile, omul era la serviciu, eu, cu copiii acasă. Ei se văicăreau din te miri ce motive, voiau plimbați în brațe, fiecare singur, dar în același timp, voiau mângâiați, alinați, fiecare separat, dar în același timp.

Eu încercam să nu scot din mine dragonul, deși eram nedormită, bolnavă, frustrată că nu reușisem să termin nimic din ce-mi propusesem, cu amândoi copiii acasă de o săptămână întreagă, telefoane care sunau încontinuu, două cărți care se pregătesc de tipar, două evenimente în weekend, ambele la sute de kilometri de casă, plus articole de scris, contracte de modificat.

La un moment dat, pe la 7 seara, după ce epuizasem jocurile cu pioni și ei se pregăteau să mă roage să-i alerg în jurul canapelei, iar eu aș fi preferat să stau să croșetez în ploaie, le-am propus să mergem să ne jucăm în patul meu mare. Aveam planul secret să zac acolo măcar zece minute, în timp ce ei îmi devastează sertarul cu ciorapi sau cutiile cu mărgele. Doar că lucrurile au decurs altfel și, din întâmplare, s-a născut un joc care ne-a salvat seara. Vi-l povestesc, cu o extensie cu tot, poate o salvează și pe vreuna dintre ale voastre, când voi nu mai aveți puteri, dar cei mici au și nu știu ce să mai facă cu ele.

Cum am ajuns în pat, m-am băgat sub pilota pufoasă. N-aveam de gând să mă joc, speram doar să pot sta acolo câteva minute să mă refac. Imediat s-au strecurat lângă mine și Sofia și Iv, unul la subrațul stâng, altul la subrațul drept.

M-au pus să fac pe bebelușul, în timp ce ei doi erau Mama și Tata, de la care eu ceream tot felul de lucruri. Ba apă (chiar îmi era sete), ba masaj la tălpi, ba un scutec curat, plângeam întruna după ei să le tot cer chestii, ei alergau din sufragerie înspre mine și înapoi, iar eu stăteam la orizontală. A fost perfect!

Altă variantă de joc e cea în care mami e regina (chiar ar merita să fie, după mine), iar copiii sunt slujitorii. Trebuie să-ți aducă ce-ți dorești, să te facă să râzi, poți să plângi dacă ai o cută pe cearșaf, dorești să fii pieptănată, să ți se schimbe ciorapii cu unii mai eleganți și tot așa.

În aceeași seară, Sofia a vrut să fie doctor, iar eu eram pacientul mic. Mi-a pus perfuzii, cleşte de puls la picior, m-a ținut la regim și nu m-a lăsat să mă dau jos din pat, iar eu m-am prefăcut că-s tare supărată (de fapt, nu mai puteam de fericire c-am prins norocul de-un picior și stau atâta vreme întinsă în pat).

După vreo oră de alergat în jurul meu, ei au obosit și eu m-am odihnit.

I-am mai strâns în brațe puțin, le-am smotocit fălcile rotunde și m-am ridicat să-mi fac treaba de mamă. Parcă s-au văicărit mai puțin după joaca noastră, eu sigur am primit energie, cu toții am primit perspective și informații noi, pe lângă că ne-am amuzat împreună.

Am repetat acest joc cu diversele lui variante de multe ori de-a lungul anilor.

Ghici la ce carte mă gândesc

Un alt joc perfect când vrei să stai în pat, dar copilul are nevoie de atenție, poate fi *Ghici la ce carte mă gândesc.* Îți pui în minte o carte, apoi copilul pune întrebări la care tu răspunzi cu DA sau NU.

— Are personaje oameni?
— Animale?
— Un urs?
— Iepure?
— Girafă?
— Un personaj principal?
— Două?
— Ema și Eric?
— E cu ceartă?
— Cu iubire?
— Apar și nuci?

După ce ghicește, puteți să continuați jocul cu altă carte, cu animale sau cu obiecte din casă. Puteți face cu rândul, o dată se gândește el la un cuvânt și tu întrebi, tura următoare faceți schimb de roluri.

Jocul acesta e foarte bun și la volan, în tren sau în avion.

Distracție plăcută!

Frații

Cam pe când reușești să te obișnuiești cu viața de mamă, cu toate schimbările imprevizibile, cu haosul și iubirea nemăsurată, devii prea încrezătoare în capacitățile tale, ceasul biologic sună alarma încă o dată, soțul abia așteaptă să primească liber la sex neprotejat cu nevasta și zbang, mai faci un copil.

De obicei, primul e momeala. Doarme bine, mănâncă tot, râde mult, plânge deloc, respectă regulile și e, în general, cam perfect, așa. Te gândești că e pentru că ești un părinte atât de superb, așa că te apuci să lucrezi la al doilea urmaș, care vine la chemare și hop, îți arată că la primul doar ai avut noroc. Mai mult, după ce că al doilea copil nu doarme, nu mănâncă, nu râde, în schimb plânge întruna, se strică și primul copil, care din cel mai cooperant omuleț din lume se transformă în Godzilla, varianta mini.

Începi să te întrebi tot mai des ce ți-o fi trebuit de nu te-ai oprit când viața era ușoară și cum o să supraviețuiești anilor ce vin, cu doi mici atârnați de sânii și de brațele tale, cu inima atât de plină de iubire și mintea atât de plină de ceață.

Privesc în urmă cu duioșie la anii aceia în care amândoi copiii noștri erau mici, iar eu mă simțeam foarte des cel mai norocos om din lume și, mult mai des, cel mai prost părinte din lume.

Felul în care lumea s-a schimbat pentru fetița noastră după ce s-a născut băiețelul mi-a frânt inima.

Și acum mă mai întreabă:

— Mami, de ce ai mai făcut un copil?

Eu știu că ce vrea ea să spună este:

— Ești sigură că mă iubești tot cel mai tare?

Sunt sigură că o iubesc tot cel mai tare, ca și pe fratele ei, la fel cum sunt sigură și că ea va regreta întotdeauna starea de grație pe care a trăit-o alături de părinții ei când era singurul nostru copil, stare pe care nu și-o amintește conștient, dar pe care sigur o simte ca pe un Paradis din care a căzut.

Cu toate astea, nu regret nicio clipă decizia de a mai avea un copil. Simt că patru e formula noastră magică, iar clipele în care ei se joacă împreună, iar noi doi citim pe canapea sunt definiția mea pentru echilibru și împlinire.

Primul an cu amândoi mici a fost foarte greu, dar și pentru că am ținut musai să fiu mama eroină, dedicată și atașată și am refuzat deseori ajutorul soțului. Acum aș face lucrurile diferit și sigur mi-ar fi mai ușor. Din păcate, n-o să mai pot verifica dacă e adevărat, căci alt copil nu mai facem în viața asta.

Dar pot încuraja alte mame să fie mai istețe ca mine.

Nu am de gând să scriu mult despre relația dintre copiii noștri, sunt cărți foarte bune care te pot ajuta să înțelegi rivalitatea dintre frați și ce strategii poți aplica pentru a-i ajuta să și-o gestioneze cât mai elegant, dar și ca să nu-ți faci bagajele în fiecare săptămână, convinsă că, dacă mai rămâi în casa asta în care rulează non-stop postul de radio Conflict între frați FM, o să facă scurt și ultimii patru neuroni pe care te mai poți baza după nașterea copiilor.

De exemplu, zilele trecute am făcut pizza. A cincizecea oară în pandemia asta, toți împreună, frumos, timp de calitate în familie.

Fiecare copil avea bucata lui de aluat, noi, adulții, una comună, că, na, noi nu avem nimic de împărțit și nici de demonstrat.

— Bucata de aluat a lui Ivan e mai mare!

— Sunt egale, Sofia, le-am cântărit.

— Nu-i adevărat, a lui e mai mare! (*Pe el îl iubești mai mult.*)

— Ba nu e mai mare, eu doar am întins-o mai mult cu rulătorul, se apără Ivan. (*Eu aș vrea să mă iubească mai mult, dar nu cred că merge*, rulătorul e făcălețul pe care-l folosim și ca sucitor.)

— Mami, vreau să îmi mai dai un pic de aluat, nu se lasă Sofia. (*Vreau să îmi arăți că pe mine mă iubești mai mult.*)

— Iubito, n-ar fi corect față de Ivan! (*Vă iubesc la fel.*)

— Dar eu vreau mai mult! (Aici nu e nevoie de traducere.)

— Sunt gata, mami, pui tava la cuptor? întreabă Ivan peste câteva minute.

— A mea deasupra, zice Sofia!

— De ce nu a mea?

— Tragem la sorți care să fie deasupra! Și apoi le inversăm! Oricum se fac cam la fel, căldura din cuptor e aceeași indiferent de etaj. (*Vă iubesc la fel, fir-ar să fie!*)

În 15 minute sunt gata pizzele lor, le scot la aer să se răcorească.

— Mi-e foame, când e gata?

— Mie mi-e și mai foame!

— De unde știi?

— Știu pentru că sunt mai mare.

— Nici nu mă interesează!

— Nici pe mine!

— Pa!

— Pa!

Rămân amândoi la masă să-și mănânce pizza, cot la cot. După zece minute, farfuriile sunt goale:

— Ne jucăm cu Lego, Sofi?

— Bine.

Se joacă un minut.

— M-ai atins!

— Ba nu.

— Zi scuze.

— Nu te-am lovit.

— M-ai atins. Dacă nu zici scuze, nici eu n-o să...

— SCUZEEEE!

— Te iert.

— Nu mai vreau să mă joc cu tine.

— Nici eu.

Se duce fiecare în camera lui, se trântesc uși. Eu îmi cânt în cap un cântecel vesel.

Și tot așa, și tot așa, până adorm, a doua zi mă trezesc și ei deja se ceartă în sufragerie. Ei nu par să aibă o problemă reală cu asta, încerc să n-am nici eu, dar uneori, doar uneori... hrrrrr...

Pun mai jos doar câteva aspecte care mi se par esențiale după acești șase ani și ceva de când sunt mamă de doi, lucruri despre binele fraților și al părinților lor pe care le-am dezbătut şi validat cu specialişti şi mulţi alţi părinţi mai experimentaţi decât mine.

Eu nu am fraţi, habar nu am cum se simte dragostea de frate. Nici ura, nici gelozia, nici dorul. Mi-aş fi dorit, am fost un copil singuratic, îi priveam cu jind pe colegii de la şcoală care aveau familii numeroase, care se jucau tot felul de jocuri între ei, în timp ce eu mă jucam cu propriile mele mâini pe post de personaje și le făceam voci diferite, ca să pară că jocul e mai animat.

Poate că și de asta mi-am dorit mereu mai mult de un copil. Să am casa plină, copiii mei să se aibă mereu unul pe altul, să ne înghesuim la masă și la film, să avem drumuri și vacanțe gălăgioase și discuții interminabile despre orice.

E drept că cei doi copii ai mei își petrec majoritatea timpului certându-se, dar, după cum mi-au mărturisit chiar ei în repetate rânduri, pe ei nu-i deranjează, așa că fac eforturi să nu mă mai deranjeze nici pe mine.

Îmi aduc aminte un episod de-acum mulți ani, Ivan avea sub doi ani, Sofia avea patru. Se jucau amândoi pe covor, față în față, eu moșmondeam ceva pe la bucătărie, la câțiva metri de ei. Dintr-odată îi aud că ridică vocea, Iv primul:

— Peacă de-aici, Fofia!

— Nu! Tu pleacă! Eu sunt mai mare!

— Ba nu! Fofia peacă, Oian mai mic, Oian mumune.

— Nu, Sofia rămâne, Ivan pleacă, eu am zis prima!

— Nu, Oian mumune, Oian zis pimu peacă Fofia.

— Maaaami, Ivan nu vrea să plece! Spune-i să plece!

— Maaami, Fofia peacă, mami, pune Fofia peacă!

— De ce vă certați acolo?

Ivan:

— Nu șii.

— Bun, deci nu știi, Sofia, tu știi de ce vă certați?

— Nu, am uitat.

— Eu zic să mergeți amândoi la culcare, hai, că e foarte târziu.

— Bine, plecăm. Dar Ivan pleacă primul!

— Nu, Fofia peacă pima!

Încep amândoi să plângă în același timp. Nu se mișcă niciunul. Stau acolo și plâng față în față, cu genunchii lipiți în oglindă, cu lacrimi și muci șiroindu-le pe față, pe bărbie, pe gât la vale. Apăi, dacă nici asta nu e dragoste frățească, nu știu ce e. Eu n-am avut frați, deși tare mi i-am dorit. Să mă cert așa cu cineva, degeaba, cu atâta pasiune... Tare bine mi-ar fi prins.

Ce mi-aș dori să-ți transmit, dragă mamă, despre copiii tăi sunt următoarele câteva lucruri:

Sunt amândoi copii, unul sigur foarte mic acum, celălalt mai mare, dar probabil tot mic. Treaba lor este să aibă nevoie de tine, să plângă, să ceară, să împingă limitele. Nu uita că nu ei s-au cerut născuți. Tu și omul tău ați decis că sunteți pregătiți pentru asta, așa că suflecați-vă mânecile și hai la treaba cea mai complicată și mai bine plătită (în fericire) din lume!

Bine-ar fi să nu ai cine știe ce așteptări de la primul copil. Chiar dacă poate a zis că ar vrea un frate sau o surioară, habar nu avea în ce se bagă. Niciun prim-născut nu are idee cum urmează să se schimbe viața lui din momentul în care apare al doilea. Poate dacă diferența de vârstă e suficient de mare, de la 7, 8 ani în sus, când cel mare deja e destul de independent, are gașca lui de prieteni și nu se mai raportează la mamă ca la punctul central al Universului, atunci, da, e posibil ca impactul asupra vieții lui să fie minor. Altfel însă, de la *Daaa, vreau și eu un frățior* până la *Nu-mi place frățiorul ăsta, du-l înapoi!* nu-i nevoie, adesea, de mai mult de câteva zile.

De asta le spun mereu părinților să nu se mai amăgească cu ideea că au făcut al doilea copil pentru primul. Adică sper că nu acesta a fost motivul pentru care ați decis să mai faceți un copil, că așa își dorește copilul de doi ani, să aibă un frate. Copiii își doresc și ponei adevărați și să zboare cu papucii de casă, dar nu văd niciun părinte căutând ponei adevărați pe eMAG sau montând motorașe de avioane sub tălpi pufoase.

Când spun că vor frați, copiii își imaginează probabil ceva gen *animal de casă mic și drăguț*, de care are grijă altcineva când el, copilul, n-are nevoie de atenția, grija și iubirea părintelui. În niciun caz nu se gândește primul născut la concurența serioasă pentru iubire, brațe, timp și atenție pe care i-o va face următorul născut. Nici nu-i trece prin cap că va trebui să se lupte de azi înainte pe vecie cu unul mai mic și (eventual și mai) adorabil pentru tot ce are el mai scump! Nicio ființă umană nu renunță de bunăvoie la această exclusivitate. Iar când o pierde, orice ființă umană suferă.

Există, desigur, copii pregătiți să aibă frați. Copii cu o disponibilitate mai mare de a împărți orice, chiar și pe mama și tata. Dar și ei suferă.

Iar asta nu e ceva rău.

Ceea ce mă duce la punctul următor.

Lucrurile pe care le poți face ca să le ușurezi adaptarea unul la altul și a celui mic la lume și lucrurile pe care să nu le faci, ca să nu le sporești rivalitatea.

Povestește-i din timp celui mare despre cum va fi când va veni cel mic. Încearcă să prezinți lucrurile cât mai realist cu putință, ca să nu creezi așteptări exagerate. Povestește-i despre cum a fost sarcina cu el, despre ce speranțe ai avut, despre cum s-au împlinit ele, despre cum se vor schimba lucrurile, dar tot vei avea timp și iubire și pentru el. Nu-i spune că va fi bine ca acum, pentru că nu e adevărat, lucrurile se vor schimba destul de mult și tu știi asta! Iar dacă nu știi, îți spun eu: pentru tine și pentru primul tău născut, situația se schimbă enorm de mult după sosirea celui de-al doilea.

Poți încerca să încurajezi relația copilului cu tatăl sau cu bunicii încă de când știi că ai rămas însărcinată, pentru ca, atunci când naști, el deja să vadă în ceilalți adulți ai familiei figuri solide de atașament.

Poți să aduci odată cu bebelușul, de la maternitate, un cadoul de la cel mic pentru cel mare. Asta nu va rezolva mare lucru, e ca și cum ai pune un plasture mic pe o rană uriașă. E de oarecare folos câteva minute și te ajută să crezi că ai făcut ceva, dar adevărul e că nu o să schimbe semnificativ situația.

Cel mare poate fi, la început, entuziasmat de ființa cea nouă. Îl va pupa și-l va alinta. Apoi, încet-încet, va înțelege ce se întâmplă. Atunci, va începe să se poarte urât cu bebelușul, va încerca să-l lovească. Sau, dimpotrivă, se va purta ireproșabil cu bebelușul, dar se va purta urât cu mama. Sau, brusc, se va atașa de tată. *Dacă mama are un nou copil pe care-l adoră, pot și eu să-mi găsesc alt părinte preferat.*

Poate să se opună, să regreseze la scutec și la biberon, să facă toate nefăcutele și să plângă mult mai mult ca înainte.

Nu e un copil rău. E doar rănit, dezorientat, speriat. E normal. Viața așa cum o știa el nu mai există. Tu cum te-ai simți dacă ți s-ar întâmpla asta?

Ce poți face să-l ajuți?

Ascultă-i furia și durerea. Iubește-l așa cum e, furios, răzbunător, trist.

Acceptă că nu-și poate iubi fratele din prima, are nevoie de timp să-l cunoască.

Ajută-l să se obișnuiască încet cu noua rutină, cu noua viață.

Oferă-i timp doar cu el, ca pe vremuri.

Lasă-l să te ajute cu cel mic, dacă vrea.

Povestește-i lucruri de când era el bebeluș. Și pe el l-ai ținut numai în brațe la început, ca pe noul-născut.

Joacă-te cu el jocuri multe în care el e nou-născut. Îngrijește-l ca pe un nou-născut.

Lasă-i să interacționeze și singuri, ai încredere în el, lasă-l să-și construiască relația cu fratele său.

Nu-l pedepsi pentru că suferă. Nu te răsti la el. Nu-l îndepărta și mai mult.

Nu-l pune să aibă grijă de cel mic, e și el tot copil. Responsabilizarea prematură e toxică și are efecte pe termen lung.

Nu-l lăsa singur.

Nu-i interzice lucruri pentru că el e mai mare. Și el e tot mic și are nevoie să facă greșeli de copil mic.

Nu-i lua mereu apărarea celui mic, chiar dacă el pare să aibă mai multă nevoie de ea.

Nu-l lăsa la bunici. Nu-l duce imediat la grădiniță. Nu-l înțărca brusc. Toate astea pun sare pe rană. Comportamentul primului copil se va schimba, și nu în bine. Vei avea doi copii mici (indiferent de vârsta primului) care îți vor apăsa butoanele pe rând și în același timp.

Rivalitatea dintre frați e normală și sănătoasă și, deși este despre tine, despre timpul și atenția ta, parte din rezolvare trebuie să vină de la ei. Nu e treaba ta să le gestionezi toate conflictele, care vor fi mai multe în 24 de ore decât suspinele unei pisici bătrâne într-o zi ploioasă, dar trebuie să te asiguri că sunt amândoi în siguranță.

Cât era cel mic foarte mic, stăteam cu ochii pe ei ca un uliu. Cum o vedeam pe cea mare că ridică mâna sau vocea, mă repezeam să-l apăr pe ăsta mic, deși de multe ori ea voia doar să-i cânte ceva sau să-și aranjeze părul după ureche. În timp, am observat că intervențiile mele nu fac decât să-i diminueze și mai mult puterea celui mic, în timp ce cea mare se enervează și mai tare că mereu o cert că nu se poartă suficient de bine cu cel mic (ei sigur i se părea că se poartă bine, căci, deși probabil ar fi vrut să-i tragă câte una la fiecare trei minute, nu l-a lovit niciodată). După ce m-am sfătuit cu terapeutul meu și am citit *Rivalitatea dintre frați*, de Adele Faber și Elaine Mazlish, și *Părinți liniștiți, frați fericiți*, de Laura Markham, am decis să nu mai consider conflictele lor ca fiind responsabilitatea mea. Nu sunt nici judecător, nici rege, să decid cine are dreptate. E treaba lor. Eu pot să le fiu un model bun de gestionare a conflictelor, pot să-i ajut să găsească un compromis atunci când mă roagă, pot să mă asigur că nu se lovesc și nu se înjură. În rest, e relația lor, treaba lor cum și-o mediază. Și-o vor construi așa cum li se potrivește, iar eu mă voi asigura că asimilează treptat valorile și principiile familiei noastre.

A mers mai bine de când am învățat să nu-i mai împac pentru că am EU nevoie de armonie în familie. Oricum nu funcționa prea bine... Se împăcau de gura mea și, cum întorceam spatele, se săgetau cu privirea de mă mir că încă nu a căzut vreunul lat pe podea.

Încă-mi vine să mă reped între ei și să fac dreptate, să alin și să pup, dar parcă devine tot mai ușor să stau deoparte și să privesc ca la spectacol cum își negociază singuri câștigurile și, în cele din urmă, statutul și relația.

În timp, cel mic se descurcă tot mai bine să obțină ce-și dorește, doar a învățat de la sora lui!

Dacă intervin, îl privez de lecții importante și-i arăt că nu-l cred în stare să se descurce, că simt că sora lui e mai puternică. Deși el poate fi la fel de puternic, dacă e lăsat.

Ce m-a scuturat bine de tot a fost replica lui Ivan într-o seară. Avea aproape patru ani, Sofia, șase.

Încercase să intre în camera surorii lui, care-l refuzase deloc elegant. În general nu lasă lume să intre la ea în cameră, cu excepția mea și a lui taică-său. E dreptul ei și nu am obligat-o niciodată să renunțe la el. Toți avem fixuri legate de lucrurile noastre, avem nevoie de ele ca să mai alinăm anxietăți.

Așa, revenind la episodul cu pricina, să vedeți cum a fost.

După ce el a întrebat dacă poate să intre și ea a zis că nu, el s-a așezat în fund pe hol în fața ușii ei. A stat câteva minute acolo, jucându-se cu nu mai știu ce.

L-am spionat o vreme, apoi m-am dus la el să-l invit să ne jucăm noi doi de-a ceva superinteresant. M-a refuzat politicos.

M-am retras, am încercat să-mi văd de ale mele, dar mi-a fost foarte greu să uit că băiețelul meu stă pe jos în hol la ușa primei născute.

Peste alte câteva minute, m-am dus iar la el, cu gând să-i propun să stau și eu cu el acolo și să citim o carte. Atunci el mi-a spus:

— Mami, pe mine nu mă deianjează să stau aici să aștept.

L-am lăsat să stea așa cum își dorește și-am încercat să nu mai simt părere de rău pentru un om care alege singur un lucru care pe el îl bucură. De ce să fiu eu tristă dacă el era bucuros să fie acolo?

Peste un minut, Sofi a deschis ușa fără nicio vorbă, el s-a apropiat de ea și i-a propus un joc, au început să râdă și eu am rămas să-mi șterg mucii în capătul holului, destul de confuză. Strategia lui a funcționat.

Iar când nimic nu funcționează, poți oricând să-i amenințî cu al treilea (sau al patrulea, după caz) copil. La noi funcționează de fiecare dată.

Nu mai lua personal rivalitatea dintre copiii tăi.

Te enervează când copiii tăi se ceartă pentru că o iei personal. Crezi că e vina ta că n-au ei o relație bună, că fratele mai mare e răutăcios și rebel sau cel mic e țâfnos. Comportamentul lor te invalidează și asta te înfurie, pentru că tu ești o persoană empatică și bună și ai încercat să-i insufli același comportament și copilului tău, care, iată, nu e empatic și nici bun cu fratele lui. Suferi pentru al doilea născut, care este victimă, te simți și mai vinovată, te înfurii, ridici vocea la cel mare, care se simte și mai vinovat, frustrat, neputincios, distanța dintre frați crește, iar tu vrei să-ți cumperi bilet doar dus către Lună.

Primul pas pe care l-am făcut după ce am orbecăit ani întregi printr-un labirint descris perfect de paragraful de mai sus a fost să înțeleg cu adevărat că cei doi copii ai mei sunt ființe independente de mine, care nu sunt cum sunt doar prin contribuția mea. Au venit pe lume cu niște date naturale pe care eu nu le pot anula. Eu îi pot ghida, le pot arăta lumea, le pot explica lucruri, le pot pune limite, dar nu le pot schimba esența, structura. Multe dintre comportamentele lor sunt doar ale lor. Lucrurile pe care le fac ei sunt ale lor, nu sunt ale mele (deși în multe cazuri am, desigur, o influență și o responsabilitate).

Asta mi-a permis să mă detașez și să le accept conflictele ca fiind naturale, sănătoase și ale lor, nu ale mele.

Organizează timp 1 la 1 cu fiecare dintre ei, cât de des se poate.

M-am încăpățânat să ignor acest sfat o vreme, pentru că îmi era greu să mă organizez astfel încât să am timp separat cu fiecare dintre ei. Mare parte din timp eram doar eu cu ei, nu aveam cu cine să las pe unul ca să stau cu celălalt, așa că mi-am și le-am zis: *Asta e, suntem de-acum patru, tati merge la serviciu, deci adesea vom fi noi trei și trebuie să facem tot ce se poate să ne fie bine așa.*

Eu am făcut ce-am putut, copiii au făcut și ei ce-au putut (mai nimic, ce să facă la 1 an și la 3 ani?) și uite-așa am ajuns despletită și teribil de frustrată că ambii mei copii au nevoie de mine mereu în același timp.

Atunci am încercat să le ofer pe rând timp numai cu mine, doar așa, ca să-mi demonstrez că nu merge. Am început prin a petrece timp mai mult doar cu prima născută, băiețelul oricum nu părea interesat decât să stea toată ziua pe ființă vie, nu-l interesa dacă e mamă, tată sau domnul care îngrijește grădina blocului (bănuiesc, nu am încercat).

Am lăsat bebelușul acasă cu tatăl lui sâmbăta două ore, cât am dus fetița la teatru.

Seara, după ce el adormea, eu îi citeam ei câte cărți dorea. Îi spuneam cât de mult o iubesc și cât de dor îmi e să fim doar noi două.

Culmea, a mers! După ce se încărca de iubire exclusivă, era mai puțin dornică să-i arate mormolocului de frate-său că ea e prima iubită.

Când a mai crescut el, i-am oferit și lui același lucru, deși el nu a tânjit niciodată la fel de mult după timp exclusiv, pentru că nu știe cum e să fii singurul copil al părinților tăi.

Conflictele și certurile dure au fost mereu mai rare după timp unu la unu cu ei. Așadar, da, e ceva de făcut!

Trebuie să ai grijă de tine și să ceri ajutor.

E foarte greu spre imposibil să umpli paharele a doi, trei copii mici când nimeni nu ți-l umple pe al tău. Nu poți avea răbdare, iubire, lapte, energie, chef pentru alte ființe mici când nimeni nu are răbdare, iubire, acceptare și grijă pentru tine! Pur și simplu nu se poate, nu că eu sau tu n-am fi în stare!

Așa că începe prin a avea tu grijă de tine!

Fă-ți pe hârtie o listă cu tot ce ai nevoie, de la ceai pentru alăptare la masaj și mesaje de apreciere, trei pauze pe zi, dintre care una lungă de măcar o oră, timp să alergi seara, timp să ieși în weekend cu prietena ta, timp să scrii, ajutor cu copiii, ajutor cu vasele și cu mâncarea și așa mai departe.

Nu ești o femeie rea, o nevastă vai de capul ei, care nu se descurcă, ești un om care nu-și bate joc de el și care a observat că, atunci când e epuizat emoțional, strigă la copii și împarte palme și amenințări. Iar pentru că nu vrea să mai facă asta, se ocupă de igiena sa emoțională și face tot ce este necesar pentru a avea o stare bună, de calm și răbdare, cu sine și cu cei din jur.

E simplu pe hârtie, nu?

Să știi că e simplu și în practică, imediat ce începi să te ocupi de asta. Curaj! Dă vina pe mine și hai, ai grijă și de tine!

Din când în când, preferă-l pe el, pe fratele mai mare.

Copilul mai mare suferă de când apare fratele mai mic. Inima lui e plină de nesiguranță și de suferință. Îl doare că mami e mereu atentă la cel mic și tot mai puțin la el. Că mami sare imediat să-l ajute pe bebe, iar pe el îl amână. *Imediat*, zice mami, dar mami nu vine imediat.

Tu ești mai mare, poți să aștepți. Tu ești mai mare, înțelegi.

Doar că, dragă mamă, nu e mare, e și el mic. E un omuleț rănit, care are nevoie de iubire, de iertare, de acceptare.

Dacă vrei să-l ajuți, și sigur vrei, dacă vrei ca primul tău copil să redevină minunea care a fost înainte de fratele său (și care n-a încetat să existe, doar că e mai greu de văzut acum, în spatele supărării uriașe), alege-l și pe el, măcar din când în când. Lasă-l pe cel mic cu tati sau cu bunica și observă-l și pe cel mare.

Puiul meu iubit, minunea mea, ce dor îmi e să stăm puțin doar noi doi, ca înainte! Ce-ai vrea să facem împreună? Poți alege orice. Te iubesc. Mereu o să avem timp doar pentru noi, promit. Contează foarte mult pentru el să vadă că nu a devenit invizibil (așa cum uneori se simte a fi), că sentimentele mamei și ale tatălui pentru el nu s-au schimbat (lui i se pare că da). Chiar dacă se comportă urât, relația lui cu părinții e indestructibilă (pentru că așa ar trebui să fie).

Știu, bebelușii au nevoi mai mari și mai *urgente*, plus că sunt mult mai drăgălași decât un copil care se tăvălește pe jos urlând, dar să știi că de multe ori cel mic poate să stea o clipă în leagăn sau în pătuț cât încerci tu să umpli paharul gol al primului tău născut, care e prins fără vina și alegerea lui într-un carusel foarte frustrant pentru el. Nu știe nici ce se întâmplă, nici de ce, știe doar că lucrurile s-au schimbat foarte mult și asta îl face să sufere. Se simte și rău, și vinovat.

Iar tu poți să-l ajuți enorm. De atât are nevoie: de iubire. Ca și tine. Ca noi toți.

El te alege întotdeauna pe tine. Tu ești casa și Dumnezeul lui. Alege-l și tu pe el, măcar din când în când, ca la început. Și va fi tot mai bine. Privește-l și iubește-l pe primul ca atunci când era singurul.

Nu te lua prea în serios sau în tragic, încearcă să vezi partea amuzantă din toate și să-i înveți și pe ei că umorul e mereu o idee bună.

Știu că e greu, dar, hei, dacă stai să te uiți așa, mai din avion, sunt doi copii (sau trei, sau patru, în funcție de cât de curajoasă ești) care se luptă pe iubirea mamei. Nu că e adorabil?

Va veni o vreme când ne vom uita la toate astea și ni se vor părea foarte drăguțe.

De ce să nu fie vremea aceea chiar acum?

Va fi bine!

Va fi mult mai bine în timp. Vei fi martora unor clipe de magie curată, vei observa interacțiuni nesperate, te vei simți când oribil de vinovată că i-ai stricat Universul celui mare, când binecuvântată să ai doi, trei pui sănătoși. Când în pragul nebuniei, când scăldată în fericirea supremă.

Când epuizată, când plină de resurse. E normal, toți părinții simt asta, indiferent câți copii au.

Va fi mai bine în timp, dacă ai răbdare, brațe și iubire. Dacă le oferi asta, dacă rămâi acolo oricare-ar fi emoțiile lor și felul lor imatur de a și le exprima, vor face pași înainte, iar relația lor va fi tot mai închegată, mai frumoasă și mai magică pentru amândoi.

Când cel mic va deveni coleg de joacă, aliat și partener, prieten necondiționat și sursă de bucurie, momentele de tristețe și revoltă ale celui mare se vor rări. Îți va veni inima la loc.

Știu, pentru că simt asta în fiecare zi, privindu-mi copiii cum se joacă și învață unul de la altul, după ce ani la rând mi-a tremurat sufletul de teamă că n-am făcut bine neoprindu-mă la un copil.

Știu pentru că am citit tot ce-am prins despre subiect, pentru că am vorbit cu sute de părinți în situații asemănătoare, pentru că am discutat la terapie despre asta de zeci de ori.

Esența e asta: copilul cel mare suferă și e normal să sufere, nu există truc magic cu care să repari situația, dar, cu răbdare și iubire, suferința lui se va transforma cel mai probabil în acceptare și prietenie, iar tu vei ști că ai făcut bine. O să înceapă alte griji, dar, hei, cu asta te-ai obișnuit deja.

Acum niște ani, după ce am parcat mașina, Sofia s-a dat jos din scaunul ei și și-a pus centura pe scaunul din mijloc.

— Așa, mami. Uite, eu sunt sora mai mare, am șapte ani, stau la mijloc, în centură. Ivan are cinci ani, stă la locul lui, în scaun cu spatele. Și sora mijlocie stă în fostul meu scaun, cu fața. Ea are șase ani. O cheamă Maria.

— Ăăă, da?

N-am putut să scot nimic mai inteligent.

— Da, vreau să văd cum ar fi.

— Dar știi, nu pot face un copil de șase ani. Pot face cel mult un nou-născut, și ar mai dura o vreme, trebuie să crească în burtă, astea...

— Știu, mă joc de-a trei frați doar pentru că știu că e imposibil.

#SofiaZice #7ani #politețe

Parcasem regulamentar pe strada noastră și tocmai deschideam portiera să cobor, când văd în spatele mașinii un domn care se uită insistent la mine.
— Pot să vă ajut cu ceva? întreb curioasă.
— Stau și mă uit să văd cum îmi pocnești tu mașina.
— Poftim?
— Mereu îmi pocniți mașina, ia uite ce plină de pocnituri e.
Mă uit la mașina lui, ceva Renault vechiuț, murdar, dar deloc pocnit, pe care nu-l mai văzusem niciodată până atunci și pe care sigur nu-l mai pocnisem vreodată în viața asta. Răspund calm, pentru că sunt obișnuită să primesc mârlănii în trafic de la bărbați, mi se întâmplă aproape zilnic și nu mă mai afectează (aproape deloc).
— Stați liniștit, nu pocnesc nimic, țin la mașina mea.
— Stau liniștit pe dracu', toate sunteți la fel!
— De ce sunteți atât de nepoliticos? V-ar plăcea să-i vorbească cineva așa soției, mamei sau fiicei dumneavoastră?
— Ești o nesimțită! Vaco!
La care Sofia, din spate, prin geamul deschis (mereu ține geamul deschis, chiar și când ninge, cum era cazul și acum, de altfel), zice tare:

— Mami, domnul ăsta cred că are trei ani. Exact așa fac și copiii de grădiniță.
Am zâmbit laaarg. Domnul de trei ani a dispărut repejor, boscorodind în legea lui. Așa e când ești mic...

Doi (când amorul se pierde printre scutece)

Recunosc, mi-e greu să scriu acest capitol. Pe de o parte, nu pot ignora pur și simplu relația de cuplu din care se nasc și cresc copiii. Trebuie să scriu și despre asta. Vreau să spun multe, aș vrea să spun totul, dar iubitul meu e un om discret, căruia îi place ca lucrurile despre sine să rămână în propriile lui buzunare.

În același timp, el m-a ales de pe internetul ăsta în toamna lui 2008. Mi-a găsit blogul și mi-a lăsat un comentariu. Dacă eu aș fi fost la fel de discretă ca el, sigur nu ne-am fi găsit niciodată. Dar iată-mă pe mine la 28 de ani, scriind în neant despre peripețiile mele în metrou, și pe el, tratându-și singurătatea cu bloguri.

Ne-am cunoscut, ne-am scris și ne-am crescut rapid rădăcini unul în altul, iar faptul că eu sunt atât de generoasă cu detaliile despre mine, iar el atât de rezervat a fost parte din magie.

Așa că am decis să scriu nu mult, ci puțin despre acest subiect, dar onest și concentrat, cu puține detalii, dar cu multă deschidere și speranță că povestea noastră adevărată, de oameni adevărați (foarte diferiți de eroii obișnuiți de film și de carte) o să vă fie, cumva, de folos.

Dacă tu ești mamă, asta înseamnă că undeva, mai aproape sau mai departe, e și un tată. Dacă nu ești mamă singură, dacă implicarea lui în viața voastră s-a bazat pe mai mult de o donare de celule cu codiță, dacă sunteți în viață și prezenți în voi înșivă înseamnă că, cel puțin teoretic, sunteți împreună părinții copiilor voștri.

Împreună acesta, care e atât de frumos la început, când îl vedem pe celălalt ca toate visele noastre împlinite la un loc, când ignorăm ce nu e perfect ca să putem visa mai departe, când ne arătăm cele mai frumoase dedesubturi ca să ne asigurăm că acest bărbat superb va rămâne cu norocoasele de noi, ca să ne iubim nebunește, să călătorim, să râdem și să explorăm totul și orice!

Sex de trei ori pe noapte și încă o dată dimineața, ÎNAINTE să ne spălăm pe dinți, dormim goi, ne promitem lucruri pe vecie, ne pișcăm ștrengărește de fund când trecem unul pe lângă altul, ne luăm haine sexy, ne aranjăm, ne parfumăm, ne sorbim, ne topim.

Până-ntr-un punct, într-o după-amiază ploioasă, când unul dintre noi, cel mai adesea, femeia prima, vrea mai mult. Simțim brusc că nu mai avem ce devora în celălalt, așa că decidem să ne punem celulele împreună și din ele să iasă un pui care să ne ducă iubirea pe noi culmi.

Celulele își fac datoria biologică, puiul se formează, crește, se naște, continuă să crească afară din burtă, ca ființă independentă și separată.

Plânge mult, doarme puțin, mozolește sânii femeii, îi face libidoul franjuri, corpul ei e oricum deja tăiat, producția de hormoni e mai mare ca oricând (și nu-s din cei buni), iubirea a atins o nouă culme, asta-i clar, dar e o culme într-o vale destul de adâncă.

În acest moment, pare că viața voastră romantică va mai putea fi resuscitată doar în alt Univers, unul în care să fiți doar voi doi, înconjurați însă de o echipă competentă formată din bonă de zi, bonă de noapte, guvernantă pe probleme educaționale, guvernantă pe probleme practice, bucătar, șofer și antrenor de sport al copilului plus trei-patru bunici, toți în viața copilului vostru, dar în același timp separat, ca voi să puteți rămâne părinți implicați, care au în același timp suficient timp pentru ei doi.

Pe scurt, niciodată.

Apoi însă, cam pe când copilul învață să stea în fund, ceva-ceva se mișcă iar între voi, începeți să vă regăsiți, să dormiți, să vă atingeți și să vă iubiți, poate prindeți o vacanță frumoasă împreună și veniți acasă cu unul (în burtă) în plus. Ce e greu să fii romantic cu un copil mic, dar să vezi cu doi!

Chestia e că... de putut, se poate. Se poate să rămâi îndrăgostită de iubitul tău la fel de pasional și după copii.

Nu știu cum e, mie nu mi s-a întâmplat, dar aud că se poate.

Noi doi am făcut bine, dar am făcut și rău.

Azi aș face totul altfel, dar acum e prea târziu. Din fericire, ne-am dat seama la timp că e nevoie să facem mai mult decât să stăm în relație și să fim părinți cât mai buni.

Eu am fost atât de uimită de iubirea cea nouă pentru copiii mei, că m-am lăsat absorbită total. Multe luni, iubitul meu era doar omul care mă solicita în plus seara, când eu eram atât de obosită după o zi de stat cu copiii! Deși el, săracul, nu voia decât să nu-și piardă iubita.

Oferta lui de a petrece timp împreună seara, de a povesti, de a râde împreună, de a ne iubi devenise pentru mine o cerere, o pretenție, o povară, pentru că mă îmbarcasem benevol în acest rol de mamă dedicată care nu mai are energie pentru nimic altceva.

Cât au fost copiii mici, nu l-am lăsat să facă prea multe, pentru că mi se părea că lor, copiilor, le e mai bine cu mine, că eu le fac pe toate perfect, iar el nu. Nu am avut răbdare să-l las să încerce, să greșească, să încerce iar, chiar dacă și eu făceam la fel. Insistam să le fac pe toate, iar el rămânea de multe ori nevăzut, cu brațele întinse.

— Lasă-mi-o mie, mergi să te plimbi.

— Nu, eu mă descurc mai bine.

— Lasă-l cu mine, fă o baie.

— Nu, că plânge.

— Îi adorm eu, stai la un film.

— Cu tine durează mai mult.

Curând, eu eram epuizată și frustrată că nu primesc mai mult ajutor, iar el era singur, privind de departe cum copiii lui și iubita lui par să nu aibă deloc nevoie de el, să nu-l creadă în stare.

El era singur, eu eram sufocată.

Ne certam și nu ne ascultam. Copiii ne erau de multe ori martori. Nu ridicam vocea, nu ne-am jignit niciodată de față cu ei, dar tensiunea era acolo. Mă alinam cu gândul că e bine ca fetița și băiatul nostru să ne vadă și așa, în lipsa armoniei, în conflict, să vadă că poți să-ți aperi dreptatea și fără agresivitate, că e normal să existe diferențe de gândire, că emoțiile pot fi exprimate și elegant. Dar nu întotdeauna cearta noastră era un exemplu bun.

Amândoi adunam în noi multă furie. Aveam o mulțime de nevoi neîmplinite, dar, în loc să vorbim despre asta, aruncam de la unul la altul reproșuri vechi, goale de conținut.

Ne-ar fi prins bine niște timp împreună, doar noi, *să începem* măcar să ne redescoperim. Nu s-a putut, nu am avut cu cine lăsa copiii, mereu am fost noi patru. Într-un an, a venit mama la noi câteva zile și am convins copiii să adoarmă cu ea, în timp ce noi doi plănuiam să mergem la cină, să bem un pahar de vin și apoi să rămânem în oraș să dansăm sau să ne plimbăm.

După o oră în care am încercat amândoi să facem conversație, dar celălalt părea mai atras de telefon decât de iubirea vieții lui, ne-am terminat băuturile și ne-am întors acasă cu un Uber. Ne-am spus noapte bună cu un zâmbet de plastic și ne-am culcat în camere separate. Am plâns în seara aceea până am adormit și am avut coșmaruri cu moarte până dimineață.

Ne gândeam inclusiv la divorț, pentru că părea că nu mai putem trăi împreună. Părea că ajunseserăm să nu ne mai iubim, să ne disprețuim, să visăm la lipsa celuilalt ca să ne putem liniști.

Ce credeam că e doar o pauză în relația noastră, care se va termina când copiii vor crește, devenise relația noastră adevărată. Dezlânată, neîngrijită, părăginită. Fisura dintre noi devenea tot mai mare, iar timpul care trecea nu făcea decât să o adâncească.

Totuși, n-am renunțat. Amândoi am vrut să încercăm până nu mai rămâne nimic de încercat.

Am căutat răspunsuri în terapie, fiecare în treaba lui.

Eu am făcut pace cu un gând care înainte mă speria teribil: acela al despărțirii. Am crescut fără tata și mi-a fost greu. Mereu m-am simțit de parcă am primit doar o aripă, pe cea de la mama. Cea pe care ar fi trebuit să mi-o crească tata lipsește. Am zburat și zbor în continuare, dar depun mai mult efort și mă bucur mai puțin de zborul meu decât dacă ar fi fost și el lângă mine.

Copiii mei merită două aripi!

În același timp, am și eu dreptul la viață și la fericire, așa cum îl are și el. Dacă lucrurile nu mai merg între noi, ne putem construi binele separat, iar copiii pot avea doi părinți în două case diferite.

Gândul acesta, că putem fi bine toți patru și în versiunea cu noi doi despărțiți, mi-a adus multă liniște. Și fix în acel moment – cel în care am înțeles că nu sunt constrânsă, că nu stau pentru că trebuie, că dacă vreau pot alege să plec și tot ne va fi bine, când am știut sigur că mă voi descurca bine cu copiii, cu casa, cu meseria mea, cu tot ce am și sunt, chiar dacă plec – am ales că vreau să rămân.

Am decis că o să rămân și o să fac tot ce pot să ne fie din nou bine și o să plec doar când tot ce am putut face am făcut și nimic n-a contat.

Am renunțat la așteptări de la el, m-am ocupat de mine, de ce pot eu schimba, de ce pot eu oferi.

M-am întors la noi cei de acum 12 ani, când ne-am cunoscut. La sutele de rânduri pe care ni le-am scris înainte să ne întâlnim. La mesajele pe care ni le-am trimis. La primele noastre poze împreună. La tot ce am simțit când am știut, la câteva zile după ce ne-am văzut, că asta e, că în sfârșit ne-am găsit și nu mai avem nevoie de nimic altceva pe lume.

I-am povestit deschis ce-am simțit, cum sunt și de ce am nevoie de la el și de la noi.

Am avut răbdare să-mi spună sau să-mi arate și el aceleași lucruri despre sine.

I-am lăsat spațiu și timp cu copiii. Mi-am cerut iertare că am fost egoistă.

Am început să am încredere în deciziile lui legate de copii.

Am creat timp și spațiu pentru noi doi. La început mai șchiop, apoi tot mai entuziast.

Ne-am regăsit glumele, tachinările, atingerile, jocul.

Sigur că nu mai suntem căprioara de 28 de ani, respectiv cavalerul de 30, de la prima noastră întâlnire. El e grizonant pe la tâmple, eu am slăbit și m-am umplut de riduri pe frunte, suntem mai tociți pe la cusăturile sufletului și mult mai obosiți, dar ne ținem în continuare de mână.

Nu știu ce va urma pentru noi, știu că deocamdată alegem în fiecare zi să ne fim cei mai buni prieteni, să ne dorim, să ne atingem și să ne alintăm, să ne așteptăm, să ne auzim și să ne vedem, să ne însoțim copiii împreună, dar fiecare în felul lui, să ne dăm pauze unul altuia și să ne fim adăpost și baterie de rezervă când e nevoie. Vedem prezența celuilalt ca pe un dar, ca pe o ofertă, nu ca pe o obligație. Ne dăm timp separat, dar ținem cu dinții și de timpul nostru împreună.

Mi-e dor de noi tineri și naivi, dar mi-e mai drag de noi acum, parcă ne semănăm mai mult. Iubirea noastră s-a așezat în matca ei și, oriunde ne va duce viața, vom rămâne noi, părinții copiilor noștri, doi oameni care se iubesc și care odată au visat să apuce de-un picior relația perfectă. Acum râd amuzați de ideea asta prostească, dar râd împreună.

Unsprezece strategii care mă ajută când îmi e greu în viață

De-a lungul anilor am descoperit în cărți, la diverse cursuri, la terapie sau în joc cu copiii mei câteva strategii care mă ajută să mă opresc din iureș, să nu mă mai victimizez, să mă recentrez și să preiau frâiele vieții mele.

Poziția asta de victimă e foarte periculoasă, pentru că e una care nu cere cine știe ce efort. Cere mult sacrificiu, desigur, căci îți irosești practic viața așteptând ca altcineva sau Dumnezeu ori Universul să schimbe ceva pentru tine, deși singura persoană care poate lupta cu adevărat dedicat și eficace pentru binele tău ești doar tu.

Dar ca să schimbi rolul și să devii, din victimă, actor principal e nevoie de curaj și efort și de multă muncă și risc, iar de prea multe ori în viața noastră, mai ales după ce avem copii, suntem atât de obosite, încât nici să închidem televizorul nu mai avem putere, d-apoi să ne luăm viața în mâini.

E absolut în regulă ca în unele zile și în unele nopți să ne spunem: Asta e, atâta pot, poate merit mai mult, dar am obosit să mă lupt pentru tot ce am, așa că *fuck it all* și noapte bună. Apoi te mai biciuiești o vreme înainte să adormi, că trebuia să mai faci aia și aia pentru copil și ai uitat să bagi mâncarea în frigider, după care adormi și visezi că-ți pierzi copiii și te trezești plină de vină, deși n-ai făcut nimic altceva decât să fii om și să-ți privești fricile cele mai mari jucate-n vise, că trebuie și ele să se consume cumva.

În alte zile însă, trebuie să ne oprim din a sta pasive și trebuie să NE vedem. Iar pentru asta avem terapia și micile trucuri care ne ajută în cele 167 de ore ale săptămânii în care terapeutul nu este la trei metri de noi și nici conectat cu noi pe apel video în WhatsApp.

Împărtășesc cu drag tot arsenalul meu de trucuri, pentru că sunt sigură că, așa cum mă ajută pe mine, vor fi de folos și pentru multe dintre voi, pentru că avem atât de multe lucruri în comun, încât uneori mă simt aceeași cu fiecare om care-mi scrie sau mă citește.

Privește și iubește copilul din tine

De la psihoterapeutul Gáspár György am învățat această tehnică, ea îmi e de folos în toate relațiile mele, dar mai ales în cea cu mine. Când nu mai știu ce caut aici, cum am ajuns șef al vieții mele și mai ales de ce sunt un șef atât de groaznic, mă uit la Ioana mică, cea care e aici, în pieptul meu și-n amintirile mele. Dar mă uit la ea cu ochii mei de adult, care între timp a mai înțeles una, alta despre oameni, despre copii și despre relații.

Am în comoda din dormitor, în sertarul în care-mi țin cremele și gentuțele goale de cosmetice pe care le folosesc în vacanțe, o pungă din plastic atât de veche, încât s-a făcut opacă. Țin în ea caietul de rețete al bunicii Sofia, unde sunt ascunse multe comori, și câteva poze alb-negru cu marginile zimțate. O văd în ele pe mama în casa bunicii, îmbrăcată într-un capot înflorat, zâmbind la aparat și arătându-și burta cu mine-n ea. Poza e făcută de tata și parcă le și aud vocile. Aveau amândoi 22 de ani.

Îi mai văd în pozele acelea pe bunicii mei de la țară, alături de care am crescut, care aveau părul grizonant și când eram eu mică, cu mine în brațe în curtea școlii.

Mai e și poza în care eu și o păpușă brunetă mai înaltă decât mine stăm amândouă în fund, ea mai stabil decât mine, eu cu o mână ridicată artistic, ea cu figura standard, eu destul de confuză, cu ciorapi groși cu găurele (ce invenție bizară) și o rochiță despre care nimeni nu mai știe ce culoare avea.

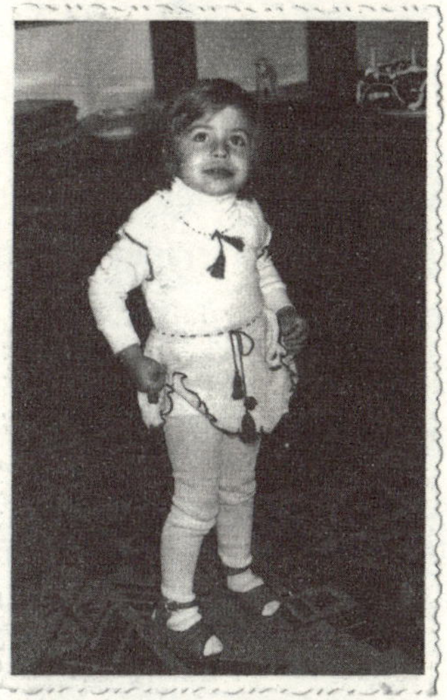

Și mai e o poză de când am împlinit patru ani, făcută în primul nostru apartament. Port o rochiță croșetată albă cu margini roșii (parcă roșii erau), papuci de lac roșii care-mi strâng picioarele grăsuțe, ciorapi albi groși lăsați pe glezne și adunați corespunzător. Am privirea mea ghidușă, curioasă, simpatică. Mă recunosc în poza asta și mi-e drag de mine.

Când mă rătăcesc printre frici, nervi sau sentimente de vinovăție, mă întorc la Ioana asta mică. Nici nu e nevoie să mă duc să scot poza din punga opacă în care se odihnește de 20 de ani, când am luat-o cu mine la facultate. O știu pe de rost.

Ioana aceasta e încă aici, la fel de curioasă, de drăguță și demnă de iubire și, deseori, la fel de surprinsă de viață ca fetița de patru ani cu ciorapii adunați.

Ea este reperul meu și insula mea, la ea mă întorc când uit de ce sunt aici și ce mă face cine sunt.

Cu toții avem astfel de repere, trebuie doar să le localizăm și să avem îndrăzneala să aflăm lucruri despre ele. Cum eram eu atunci? Ce făceam? Ce speram? Ce-mi lipsea și ce-mi prisosea? Un demers terapeutic te poate ajuta să-ți amintești lucruri, la fel cum poate face și o conversație cu cei care-ți erau aproape atunci. Poți face rost de poze? Care sunt legendele care se spun în familia ta despre tine?

Știu că te temi de ce-ai putea descoperi. Dacă o să afli că nu te-au iubit, că nu te-au vrut? Că ai fost o pramatie care făcea doar prostii? Dacă acest copil din tine a fost o pacoste? Cu toții ne temem de asta, pentru că stima de sine, respectul și iubirea față de noi înșine depind de prețuirea celor care ne-au îngrijit în primii ani de viață; dacă aflăm că ea nu valorează nici cât o ceapă degerată?

Vei afla însă că, deși poate tu nu ai amintiri grozave din copilărie, oamenii aceia care te-au crescut, mama, tata, bunicii, mătușile sau verii mai mari, au făcut ce-au putut mai bine și te-au iubit așa cum i-a lăsat sufletul apăsat de multe alte griji. Vei primi acest pansament peste o rană foarte veche: *Ai fost un copil simpatic (toți am fost și uneori încă mai suntem), iar noi, ai tăi, te-am iubit și am știut de atunci că ai ceva special!*

E atât de important să ne cunoaștem povestea vieții, să o analizăm și să luăm din ea ce ne face bine! E ca un fir roșu care te ghidează, de care te prinzi când obosești sau te rătăcești.

Caută în viitor imaginea aceea care-ți aduce pace

Când fetița noastră avea câteva luni și plângea întruna, iar eu nu știam ce fac greșit de îi e atât de greu pe lume și ce să fac să-i fie mai bine,

Când mă dureau toate de oboseală,

Când nu mai știam la ce etaj locuim, după zeci de nopți nedormite,

Când mi se brânzea pe umăr laptele pe care-l regurgita zi și noapte,

Când țipetele ei la cinci minute după ce reușeam să o adorm mă înțepau în stomac,

Când eram și eu, și tatăl ei atât de încercănați, de disperați și de sfârșiți, că nu ne mai recunoșteam unul pe altul în hol,

Când plângeam de oboseală și frustrare după viața mea liniștită de dinainte,

Când medicii ridicau din umeri, iar ea plângea și plângea în fiecare noapte până răsărea soarele,

Când eram sigură că nu sunt potrivită să-i fiu mamă, că, uite, fetiței îi e rău și greu și eu nu sunt în stare s-o alin,

Când adormeam pe scaun cu ea în brațe și uneori mă gândeam prin vis c-am murit,

În zilele acelea grele mă agățam de o imagine pe care mi-o desenam în cap și mi-o șopteam și i-o spuneam și ei, chiar dacă nu mă auzea, pentru că plângea prea tare.

A fost imaginea care m-a ajutat să n-o iau razna.

O vedeam pe fetița mea, atunci mică, mai mare. Avea doi ani sau poate cinci ori șapte și alerga în capul meu printr-o poieniță cu flori, venind spre mine cu brațele fluturând, râzând în lumina apusului, nici urmă de plâns, disperare, furie, doar pace, miros de iarbă și flori de câmp, fluturi, floricele de toate culorile, razele soarelui pe chipul ei bălai, fericită să ne vadă, pe mine și pe tatăl ei, iar noi o privim și o primim în brațele noastre, de unde ea se desprinde râzând și fuge mai departe, apoi vine iar s-o iubim și tot așa.

Mi-am construit în cap imaginea asta de zeci de ori. Mi-a devenit icoană. Mă refugiam în ea nopțile și diminețile în care-mi dădeam seama că nu dormisem nici măcar un minut.

Încet, lunile au trecut și fetița a crescut, refluxul s-a vindecat, iar zilele și nopțile noastre au devenit mai blânde.

La vreo șapte ani după ce mintea mea a desenat această icoană, am și trăit scena asta de-adevăratelea. Eram pe niște dealuri pe lângă Buzău, pline de flori de toate culorile (și de căpușe, dar asta e altă poveste), ne plimbam pe sub cerul jos, făceam poze, cântam, povesteam, când ea a zbughit-o mult în față, doar ca să aibă de unde alerga spre noi cu brațele larg deschise, râzând și strigând *Maaami, taaaati*, iar eu am rămas o clipă încremenită: *Nu se poate, îmi imaginez lucruri, nu are cum să se întâmple fix asta, e și soarele, sunt și florile, e și fericirea ei, și liniștea noastră, nu se poate...*

Dar apoi i-am simțit trupul cald în brațele mele, inima care-i bătea repede, aproape de a mea, avea scaieți în păr și pe rochie și mirosea toată a iarbă crudă.

Iubita mea, am reușit împreună, i-am spus în gând. *Chiar ai alergat prin poienița asta, eu te-am privit, te-am pozat și te-am îmbrățișat, mi-ai zâmbit, ți-am dat după ureche o șuviță de păr transpirat și ai zbughit-o înapoi.*

Am avut dreptate, ce mă bucur că am avut dreptate să sper, să mă agăț de un viitor lin și frumos! Primele noastre luni de suferință împreună au fost compensate cu vârf și îndesat! Am primit înapoi pentru ele mult bine și frumos, râsul ei se aude acum mult mai departe decât se auzeau plânsele ei de când era bebeluș. Atunci, demult, când poza asta era doar în sufletul meu, am descoperit lucruri una despre alta. Am învățat să-mi dau timp și să am încredere în mine și în ea.

Așa că, proaspătă mamă, nu o lua la fugă! Va fi mai bine, va fi mai ușor. Și tu, și puiul cel mic aveți nevoie de ceva timp să vă cunoașteți. Nu toate întâlnirile mamă-bebe sunt ca-n filme. Uneori hormonii ne încurcă, alăptarea e prea grea, nașterea nu iese cum am visat, rudele pot să încurce, copilul se adaptează mai greu… e normal. Nu faci nimic greșit.

Încearcă acest exercițiu. Desenează-ți în cap o imagine frumoasă a ta cu puiul tău. La mare, la munte, în casă, în piscină, într-un loc fericit pentru tine. Descrie-ți totul: ce e pe jos, ce e pe sus, cum miroase, ce se aude, cât de mare e copilul tău, ce face, ce spune. Șoptește-i și lui la ureche ce frumos o să fie, câtă iubire și pace va trăi acolo, câtă vreme aveți să vă iubiți și să vă cunoașteți.

Te va ajuta să te agăți de un viitor roz și pufos cât prezentul e nesigur și neprietenos. N-o să-ți spun să te bucuri de ce ai, pentru că știu că, atunci când îți e greu, nu ți se pare că ai nimic de care să te bucuri și asta te face să te simți și mai vinovată. Construiește ceva care e câțiva metri, luni sau ani mai încolo. Cât ai clipi vei ajunge în decorul imaginat de tine și, da, atunci te vei bucura de tot ce ai și ai avut.

Fii detectivul detaliilor, emoțiilor, nevoilor și soluțiilor

Am învățat această metodă de gestionare a emoțiilor puternice dintr-un atelier de comunicare nonviolentă și am folosit-o de nenumărate ori în mai toate relațiile mele:

— Când m-au enervat copiii pentru că nu m-au auzit sau nu m-au ascultat

— Când un partener nu a ținut seama de nevoia mea de timp liber și m-a forțat să lucrez în weekend

— În repetate rânduri când cineva mă bârfește sau mă batjocorește pe internet

— Cu soțul meu, când m-am simțit nevăzută și neapreciată

— Cu mama mea, când mi-a încălcat nevoia de autonomie

La început poate dura 2, 3 minute să aplici cei patru pași, dar, după ce exersezi de câteva ori, etapele curg firesc și vei ajunge să te cunoști atât de bine, încât nu vei avea nevoie de mai mult de 30 de secunde să ajungi de la *Văd roșu în fața ochilor* la *Bun, deci problema e asta, iar soluțiile sunt astea, hai, la treabă toată lumea!*

Cei patru pași, așa cum i-am interiorizat și îi folosesc eu, sunt aceștia:

Ce s-a întâmplat de fapt? Relatezi situația ca un reporter obiectiv.

Cum mă simt acum, că s-a întâmplat asta? Senzații corporale, emoții.

Ce nevoi neîmplinite îmi arată aceste emoții?

Cine și cum mi le poate împlini începând de azi, de acum?

Haideți să luăm un exemplu concret, unul cu care ne întâlnim majoritatea.

Toată ziua ai muncit de acasă, ai făcut de mâncare, ai strâns, te-ai jucat cu copiii, ai răspuns tuturor chemărilor lor, ai și lucrat cum s-a putut, soțul vine de la serviciu, mâncați toți, strângeți împreună (dar mai mult tu, ca de fiecare dată), abia mai tragi de tine, fix atunci copiii se ciocnesc unul de altul și cineva, cumva, scapă din mână cana cu lapte, care se sparge de podea și toată bucătăria se umple de lapte cu scorțișoară. E lapte și sub frigider, și-n ciorapii tăi. Soțul începe să strige la copii, care încep să urle, iar tu încremenești de frică să nu faci dezastrul și mai mare.

Simți cum te apucă disperarea. Îți vine să urli, să te tăvălești, să-ți smulgi părul din cap, *La dracu', serios, după ce-am salahorit toată ziua, acuma trebuie să-mi storc ciorapii de lapte și să spăl pisica, podeaua, mobilele, să adun cioburi, să aspir, Universul e împotriva mea, copiii ăștia vor să mă omoare.*

Se poate spune că trăiești un moment intens!

Primul pas, să-i zicem zero, este să închizi gura și ochii, ca să nu spui vreo tâmpenie și să te poți deconecta un pic de tot contextul. Rămâi pe loc.

Apoi treci la investigat.

Ce s-a întâmplat, DE FAPT?

În drum spre și dinspre frigider, fata și băiatul s-au ciocnit, iar cana din mâna fetei a căzut pe podea. Cana s-a spart, iar laptele s-a împrăștiat pe gresie, sub frigider, pe mobila de bucătărie, 10% pe coada pisicii și 15% pe ciorapii mamei copiilor. Tatăl a ridicat vocea (80 de decibeli maximum), spunând:

— Băi, dar voi chiar nu sunteți în stare să nu distrugeți ceva?

Mama stă în mijlocul bălții de lapte, cu ochii închiși.

Aceasta este o relatare obiectivă. Fără adjective, fără adverbe, doar faptele. Acum, dacă citești această relatare, mai pare totul un complot al Universului să te omoare, sau putem cădea de acord cu toții că e doar un accident casnic?

Ce simți despre ce s-a întâmplat?

Ce simte corpul? Sânge mult în zona capului. Respirație accelerată. Mâini reci și transpirate. Urechi fierbinți. Voce care se ascute.

Ce simte sufletul? Furie. Neputință. Oboseală. Tristețe.

Ce nevoi neîmplinite crezi că arată aceste emoții?

Nevoia de odihnă, poate? Cea de ajutor? De relaxare. De apreciere. De iubire.

Toate sunt nevoi importante, care strigă atunci când nu sunt împlinite multă vreme.

Cine ce poate face pentru împlinirea acestor nevoi importante ale tale?

Ce poți face tu pentru asta?

Poți vorbi despre nevoile acestea cu cei din jur, cu soțul, cu copiii, cu socrii, cu părinții, cu vecinii.

Le poți cere concret lucruri cu care să te ajute sau îi poți ruga să propună ei. Faci o listă mentală cu ce poate face fiecare.

Acum poți deschide ochii și gura. În tot timpul cât te-ai jucat de-a detectivul, furia s-a scurs din tine. A rămas omul care a mai aflat ceva despre sine și e dispus să facă pașii necesari ca să aibă grijă de sine și, implicit, de cei care depind de el și îl iubesc.

Trage adânc aer în piept și spune calm ceea ce tocmai ai aflat despre tine:

— Copii, iubitule, m-am simțit foarte obosită, furioasă, neapreciată și neajutată mai devreme. Simt că fac foarte multe pentru voi, ceilalți, toată ziua robotesc pe aici, mai și lucrez, mă străduiesc să fiu veselă și disponibilă pentru toți, dar adevărul este că îmi e greu și am nevoie de ajutorul vostru cu toate câte sunt de făcut. Uite, copii, voi mă puteți ajuta cu vasele după fiecare masă, ce ziceți? Tu, iubitule, te poți ocupa de cină cât fac eu un duș? Ce alte idei mai aveți? Vă mulțumesc, vă iubesc și sunt bucuroasă că am reușit să depășesc acest moment fără să țip sau să spun lucruri urâte. Hai acum să strângem împreună laptele ăsta...

Sigur că poți folosi ce cuvinte vrei, ideea e să rezumi ce-ai aflat și să te asiguri că află și ceilalți implicați tot ce e nevoie pentru ca data viitoare când se varsă ceva să nu-ți vină să dărâmi Universul.

Prietena căreia poți să-i spui orice și nu sună la Protecția Copilului

Eu am trișat aici: am avut mai multe prietene bune, în diverse perioade ale vieții mele. Am avut-o pe cea mai bună prietenă a mea (încă o am), care avea un puști de patru ani când am născut-o eu pe Sofi. Prietena mea cea mai bună e mega-relaxată, râdem ca proastele. Ea m-a scos la film când mă simțeam legată cu lanțuri de bebelușă (ce să vezi, NU eram!). Ea mi-a adus rom imediat ce am înțărcat și am băut amândouă până la 5 dimineața, când eu am vrut să plec la ea acasă și ea s-a îndreptat spre dormitorul meu, convinsă că e al ei.

Am avut-o alături și pe prietena cu doi copii mult mai mari ca ai mei, care m-a inspirat să nu mai fiu sclavul copiilor, ci organizatorul ieșirilor noastre alese în principal să-mi placă mie (lor le place oricum orice dacă suntem împreună).

Am avut-o pe prietena miștocară, care mă ia mereu peste picior ca să nu mă umplu de aere.

Prietena de suflet, care e sora soțului meu și care mereu a fost acolo să primească orice am avut de dat și pentru care am încercat mereu să fac același lucru.

Și pe mama, care a rămas aici, la 357 de kilometri fix, dar la un apel distanță, să ne sfătuim legat de orice.

E bine să ai tribul tău, dar e de ajuns și dacă ai alături măcar un om bun. Poate fi soțul tău sau sora ta. Important e să știe să te asculte.

Nu doar să audă ce spui, ci să te asculte în cel mai altruist fel din lume: fără să spună nimic, fără să-ți dea exemple din propria-i viață, să primească și să pună alături, ca să nu se încarce, tot greul tău. Să-l ia de pe umerii tăi și atât.

Nu e loc de sfaturi, de judecăți, de rațiune în ascultarea empatică. Doar asculți și atât. Ești prezent și-l asculți cu atenție pe omul care ți se destăinuie, nu-ți permiți să ratezi un moment atât de prețios. Când a încheiat, poți să-i oferi invitația unei îmbrățișări sau nu. Poți să ceri reciprocitate, rugându-l pe celălalt să te asculte. Sau nu. Uneori e momentul unuia dintre voi, al celui care are mai mare nevoie.

Nu se ține scor, nu se adună datorii.

Se împlinește nevoia unui om încărcat de a scăpa de balastul din suflet.

Vrem să ne povestim gândurile iraționale, fricile, lucrurile pe care nu le putem spune cu voce tare copiilor sau soțului, pentru că ar face mult rău. Iar dacă le ținem în noi, ne otrăvesc visele și reacțiile. Cel mai sigur loc e urechea unui prieten bun care știe să asculte sau e dispus să învețe.

Revino la lucrurile care-ți plac

Toate ființele umane au nevoie de pauze, de relaxare, de râs, de atingeri, de iubire, doar că unii dintre noi resimt această nevoie mai puternic. Cert e că toți ne încărcăm de bine atunci când facem ce ne place.

De prea multe ori, mamele uită de sine și se aruncă cu tot ce au în viața și nevoile copiilor, pentru ca apoi să se regăsească sfârșite, acrite, sătule de a avea mereu grijă de altul, când nimeni nu are grijă de ele.

Trage de tine să faci în fiecare zi 5 minute ceva ce-ți place. Nu să piepteni copilul. Nu, ceva doar al tău.

Poți să-ți faci unghiile după ce adorm copiii. Sau să-ți prepari un ceai complicat. Un pahar de vin și un castron cu migdale. O conversație cu iubitul tău la masa din bucătărie.

De fapt, hai să începem cu o listă, ce zici?

Lucruri și activități care-mi aduc bucurie.

Încep eu.

Cititul de cărți tipărite.

Muzica.

Dansul.

Să-mi fac bucle fără un motiv anume.

Să-mi fac unghiile cu roșu și apoi să-mi masez mâinile cu cremă.

Să mă pup cu iubitul meu la un film.

Popcornul cu caramel.

Nutella.

Să cos ciorapii găuriți.

Să scriu.

Să cânt.

Să conduc.

Să stau la umbră pe plajă.

Să mă plimb prin pădure după ploaie. Sau oricând.

Să râd cu prietena mea.

Să le trimit mesaje drăguțe oamenilor care-mi plac și cu care nu am mai vorbit de mult.

Un pahar de rosé pe terasă, cu ochii la stele.

Orgasmul.

Netflix și HBO.

Fă-ți lista ta. Primele trei sunt mai greu de scris, apoi o să curgă de n-o să te mai poți opri.

Alege câte unul în fiecare zi și lucrează cu soțul, cu socrii, cu părinții tăi, cu vecinii ca să poți avea acest timp pentru tine, cinci minute azi, zece mâine. O să-ți placă atât de mult libertatea aceasta, încât o să înveți s-o obții mult mai ușor, pentru că o să observi cât de mult te schimbi când ești cu bateriile încărcate, cum ai mult mai multă răbdare să spui de 30 de ori același lucru, cum nu-ți mai sare țandăra, nu mai strigi, în schimb zâmbești, ai resurse multe, ești creativă și ai chef de joc. Viața e mult mai ușoară când îți hrănești nevoia de fericire! Și e atât de simplu să ajungi acolo!

Practică bârfa pozitivă

Acesta e un exercițiu pe care l-am făcut prima oară la un atelier de comunicare nonviolentă și pe care l-am replicat apoi în câteva întâlniri cu femei faine pe care le știu mai mult sau mai puțin. De fiecare dată ne aduce atât de multă bucurie și apreciere! Niciodată nu te plictisești să auzi cât ești de faină, mai ales că se întâmplă atât de rar!

Jocul original e așa: se împart participanții în grupuri mici, de câte 3, maximum 4 persoane, apoi fiecare le povestește celorlalți în 2-3 minute lucruri despre sine: care sunt valorile principale, ce i-ar plăcea să facă dacă ar avea o zi 100% liberă de orice obligații, cu acces la orice activitate sau obiect din lume, care este sensul lui în viață și care sunt cele mai importante nevoi pe care le resimte. În felul acesta, fiecare se prezintă grupului succint și cu ce consideră el relevant despre sine.

În partea a doua a exercițiului, pe rând, fiecare membru al grupului se întoarce cu spatele la ceilalți, care, folosind informațiile primite mai devreme, încep să-l „vorbească pe la spate“ pe om, spunând doar lucruri bune, pe tiparul: *Îmi place de X pentru că familia e importantă pentru el. X pare un om loial și creativ, mi-am dat seama de asta când a spus... Apreciez mult la X că simte că... Mi-ar plăcea să ne cunoaștem mai bine, pare un om foarte fain!*

În familie nu e nevoie de partea întâi, teoretic vă cunoașteți, dar practic, e interesant să îl auzi pe fiecare cum se prezintă. E un exercițiu foarte util și pentru copii, care pot învăța astfel la ce să se uite când se povestesc altora, să fie onești, asumați și deschiși față de cei apropiați.

În plus, pentru generația noastră și a părinților noștri, crescuți cu convingerea că a vorbi despre tine e dovadă de egoism și trufie, poate fi o lecție interesantă despre cum o astfel de deschidere îți poate aduce recunoaștere și apreciere, nu judecată sau acuze.

Vă puteți strânge la o masă de familie și puteți face acest joc în grupuri de câte trei. Mai întâi fiecare povestește despre sine (cu cronometrul pus, maximum trei minute), apoi se lasă bârfit pozitiv pe la spate.

Ce sentiment minunat e să auzi oameni care te apreciază fără vreun interes, care știu să-ți vadă părțile bune, care sunt atât de darnici și care par să te cunoască mai bine decât te cunoști tu!

Și ce bine e să-i apreciezi și tu pe alții, oameni pe care îi iei de buni atât de des și pe care te-ai obișnuit, ca noi toți, să-i observi doar când greșesc!

Un alt lucru pe care l-am învățat din acest exercițiu este să fiu generoasă cu aprecierile la adresa cât mai multor persoane. Când văd un articol care-mi place, pac, las un comentariu de recunoștință pentru autor. Când văd o poză faină cu o femeie care mă inspiră, nu-i dau doar o inimioară, trimit și un mesaj! Ce bine-mi face când primesc reply cu mulțumiri și știu că am făcut o faptă bună!

Și cât de bine primesc acum aprecierile altora, care, ca și mine, nu vor altceva decât să-mi facă o bucurie și să spună mulțumesc! E un dans atât de ușor de învățat și de binefăcător!

Strunește-ți vocea care te pune mereu la punct

De când mă știu, am în cap o voce. Una afurisită rău. Mă enervează de mor vocea asta.

Când îmi pierd cheile, o aud: *Normal, iar ți-ai pierdut cheile, ești varză, mereu pierzi câte ceva.*

Când vreau să încerc ceva nou, cioc-cioc, cin' să fie? Păi, e vocea: *Dar cine te crezi, drăguță? Ia stai tu în banca ta, lasă caii verzi pe pereți!*

Când uit ceva acasă, hop și ea: *Ai numai terci în capul ăla, de nimic nu ești în stare.*

Când mă urc pe o scenă în fața a trei, patru, cinci sute de oameni, îmi susură-n ureche: *O să rămâi fără rochie, o să vomiți, o să te bâlbâi, o să te vadă toată lumea asta cât ești de amărâtă, de săracă, de inadecvată.*

Când ridic vocea la copii, apare imediat: *Ești o terminată, ai ajuns să țipi la copii, vai de capul ăla al tău...*

Când mă simt nedreptățită și vreau să-mi rostesc protestul, ce să vezi, vocea: *Ce să-ți spun, ia uite unde era rebela și protestatara, ciocu' mic, coniță, că te faci de râs.*

O știți. O aveți și voi. E aia care se întreabă acum, nevinovată, în capul vostru: *Care voce? N-am nicio voce.*

Mironosița!

E vocea care ne limitează. Ne ține din viață. Ne rușinează, ne constrânge, ne sădește frică și îndoială. E vocea minții. Minții nu-i plac provocările. Minții îi plac căile cunoscute, confortul, văicăreala, pe ele le cunoaște, ele nu necesită efort, soluții noi.

Dar noi nu suntem mintea noastră. Vocea asta nu e cine suntem. E parte din noi, dar nu e noi.

Vocea asta va vorbi mereu. N-o putem reduce la tăcere.

Dar putem să încetăm s-o mai facem șefa vieții noastre. S-o lăsăm să vorbească și să ne vedem de ale noastre.

Eu îi vorbesc vocii mele afurisite cu cealaltă voce, vocea ființei mele, vocea bună, blândă. Pentru că avem, cu toții, și vocea asta.

Vocea care ne spune: Ești de ajuns. Te iubesc. Meriți. Ești o ființă valoroasă. Faci tot ce poți. Meriți respect.

Ei, cu vocea asta (care e claaaar mult mai deșteaptă și mai bună), îi spun vocii celelalte:

— Da, drăguţo, te-am auzit, sunt nasoală, bla, blaaa, acuma ia du-te tu să cânţi la altă masă, că aici nu ai public. Haide, repejor, *fuck off*, până nu zic urât de tot.

Şi revin la conversaţia cu vocea mea cea drăguţă, care e înţelegătoare: *Normal că nu mai găsesc cheile, că am trei mii de lucruri în geanta asta, lucruri pentru copila mare, pentru copilul mic, pentru mine, pentru soţ, pentru prietena mea, pentru pisică, normal că am uitat să iau şi aia, la câte fac în fiecare zi, normal că stau să citesc, pentru că e o carte bună şi cititul mă face fericită, da, e normal să am emoţii pe scenă, e o emoţie naturală, sănătoasă, pe care o s-o trăiesc cu bucurie că pot face ce-mi place şi ce ajută atât de mulţi oameni.*

Nu-mi mai las vocea minţii să mă limiteze. Ani de zile am crezut că vocea asta sunt eu şi că ce spune ea despre mine e adevărat. Dar în toţi anii ăştia nu mi-am trăit viaţa, ci doar am aşteptat să se trăiască singură, în timp ce eu eram atât de tristă şi absentă, că la un moment dat am căutat scara de urgenţă pe care să evadez din ce-mi spune vocea, cu intonaţia adulţilor din copilăria mea, care încercau să-şi protejeze copilul mic de pericole. Copilul mic e femeie adultă acum şi se descurcă foarte bine imediat ce începe să încerce.

De când îi dau replica vocii şi nu o mai consider egala mea, pot face lucruri, mă pot bucura de mine, de tot ce primesc, mă accept, îmi dau putere.

Băi voce tristă, dacă mă luam după tine, nu aveam prieteni buni în viaţa mea, nu învăţam ce preţios e adevărul, nu publicam 30 de cărţi care s-au vândut în jumătate de milion de exemplare, nu făceam sute de evenimente în ţară, nu vor-

beam pe scenă la TEDx, nu aveam 5000 de articole publicate pe blog și citite de vreo 12 milioane de oameni, nu aș fi avut șansa să cunosc și să ajut atât de mulți oameni cu informații, lucruri, bani, sprijin emoțional, contacte de care au avut nevoie, promovare și toate câte or mai fi.

Nu aș fi scris cartea asta, care mă ajută să-mi împlinesc sensul pe lume și să mă vindec.

Așa că, voce, habar n-ai ce vorbești. Oi fi eu inadecvată, dar sunt o fată drăguță, curajoasă și decisă să facă o diferență. Dispari. Mulțumesc foarte mult.

De fiecare dată când vocea pune strâmbe, trimiteți-o la plimbare, cu cât e mai puțin băgată în seamă, cu atât își pierde din putere. Nu va dispărea, dar va deveni din strigăt șoaptă, iar asta o să vă dea multă libertate!

Ai încredere

Connie Larkin, o bună prietenă alături de care am făcut mai multe cursuri și seminarii de educație ontologică, mi-a spus asta într-o conversație despre frică:

— Dar cine te crezi tu, drăguțo, de ai impresia că lumea se învârte în jurul tău și că toate relele îți sunt dedicate doar ție? Stai liniștită, nu ești atât de specială. Nimeni nu e. Viața nu e vreo conspirație și nici nu are vreo logică sau vreun sens. Este ceea ce este, iar frica ta nu va schimba nimic altceva în afară de faptul că-ți înnegrește zilele. Frica și grija ta nu vor opri Universul din a-și vedea de treaba lui. Ai încredere. Păsările cântă în fiecare dimineață și seară. Florile înfloresc. Ploaia tot cade, chiar dacă ție îți e sau nu frică. Vezi-ți de tot ce poți controla, iar pe restul lasă-le să se întâmple, ca să le poți descurca după aceea.

Când mă sperii tare, îmi aduc aminte de vorbele lui Connie și zâmbesc. Are dreptate, nu sunt deloc atât de specială. Mă uit pe geam la păsări și la plante și-mi dau seama că ele doar sunt și le priește grozav asta. Mă încurajează să fiu și eu la fel, măcar până la următoarea criză existențială.

Doar stai și respiră

Cred că îi putem zice și meditație, dar mă tem să nu intru într-o zonă prea hippie, așa că îi zic pur și simplu pauza de respirație. Când mă cuprind regretele, frica, furia, neputința, mă retrag câteva minute undeva unde e liniște și mă pot întinde. Merge și pe un scaun sau în picioare, important e să te poți desprinde un pic de elementul sau persoana care te-a adus în locul acela.

Pune o mână pe burtă și respiră adânc, abdominal, până simți că se umple burta de aer, în timp ce numeri până la trei. Ține aerul acolo trei secunde, apoi expiră pe gură, încet, în trei secunde. Nu te gândi la nimic, doar respiră și numără.

Când gândurile o iau la vale, priponește-le pe loc și revino la respirație.

În câteva minute, te vei simți ca o carte goală, cu pagini goale, nicio emoție, niciun cuvânt scris acolo pentru ca nimeni să nu citească.

E normal să te simți copleșit, doar cei care trăiesc pe pilot automat, absenți de la propriile lor emoții și nevoi, nu se simt uneori depășiți de tot ce trăiesc. Mai ales de când ești părinte și cele mai iubite ființe din lume, copiii tăi, depind de tine cu viața lor întreagă. Mai ales acum, cu pandemie, restricții, teama de boală și toată nebunia despre care nimeni nu știe cum și când se va încheia.

Îmi doresc mult ca cei care vor citi cartea aceasta la mulți ani după ce am scris-o să zâmbească atunci când vor ajunge la rândurile astea, căci nebunia va fi trecut și lucrurile își vor fi găsit un făgaș nou și bun pentru noi toți.

Lista cu bine

Suntem obișnuite să reținem tot ce greșim, să analizăm tot ce-am spus aiurea, tot ce-am uitat și tot ce-am ratat. Și nu e corect față de noi înșine. Putem să ne împlinim singuri mare parte din nevoia de apreciere. Și e chiar simplu să facem asta!

Îți poți face un obicei din a recapitula, în timp ce te speli pe dinți, tot ce ai făcut bine în ziua care tocmai se încheie. Zâmbește-ți în timp ce-ți umpli dinții de clăbuci și dă-ți niște iubire.

De exemplu, lista mea cu bine despre mine într-o zi arată cam așa:

— M-am ridicat din pat imediat ce copiii au dat draperiile deoparte (nu e ceva ușor de făcut, așa că bravo mie!)

— Am pregătit micul dejun sănătos și gustos pentru familie, apoi am strâns după toți fără să mă enervez

— Am reușit să asist ambii copii la școala online fără să urlu la niciunul

— Am pus la cuptor un pui cu sos delicios

— Mi-am pieptănat sprâncenele (ceva care-mi iese extrem de rar)

— Le-am trimis mesaje drăguțe unor oameni simpatici

— Am scris jumătate din cât mi-am propus (se putea și mai rău, clar)

— Am reușit să ajung la brutărie, deși îmi era teribil de lene

— Nu am golit borcanul de Nutella (cinci linguri cu vârf sunt absolut necesare oricărei mame, e tratament, practic)

— Am jucat cu copiii rummy și i-am bătut (yesss!), dar nu am făcut mare caz din asta (sunt o doamnă)

— Am stat de vorbă la telefon o jumătate de oră cu prietena mea și nu am făcut mișto de ultima ei ispravă (merita un munte de miștouri)

— Mă spăl pe dinți!

În aceeași idee, seara, înainte să închizi ochii, în completarea sau în locul listei de bine despre tine, fă o listă mentală cu toate lucrurile pentru care te simți recunoscătoare. Ideal ar fi s-o și scrii, dar seara nu mai avem putere întotdeauna și pentru asta, știu prea bine.

Lista mea obișnuită arată așa:

— Sunt recunoscătoare că suntem împreună și sănătoși

— Că ne place unii de alții

— Că e cald în casă și avem bani să mâncăm sănătos și gustos

— Sunt recunoscătoare că am avut inspirație să scriu și azi

— Sunt recunoscătoare pentru cartea pe care o citesc și pentru filmul la care mă uit

— Că mama și bunica Veronica sunt sănătoase

— Că tata, copilul și bunicii mei care sunt vii în alte lumi sunt încă în gândurile mele

Așa alunec în somn cu un zâmbet pe figură, iar somnul îmi e liniștit și liber de insomnii. Binele aduce liniște, iar principala calitate a oamenilor fericiți este că știu să fie recunoscători (Brené Brown m-a învățat asta, vă recomand toate cărțile și discursurile ei).

#SofiaZice

Cu copiii la film. Știți cum e, cinci milioane de trailere și reclame înainte. Noi de obicei le dăm skip și intrăm fix când începe treaba pentru care am plătit bilet. De data asta am calculat greșit și haț, am mai prins un trailer. Slavă cerului că l-am prins. La *Dr. Doolittle*.

Girafe, papagali, Robert Downey Jr., astea...

— Ia uite, mami, la domnul ăsta doctor!

— Mă uit, n-ai tu grijă...

— Ce drăguț e!

— Așa e, fata mea, bravo, domnul Robert este teribil de sexy...

— Cu animalele, e drăguț cu ele.

— A, da, mă rog, și cu ele...

— Mami? E măritat?

— Să-mi sară ochii dacă știu... (să bălești e permis chiar și după persoane căsătorite, *as far as I know*).

— Dar ce te interesează pe tine, Sofico, dacă e măritat?

— Mă întrebam așa. Pentru Bu Lili.

Bunică-sa. Se gândea să-l pețească pe Robert Downey Jr. pentru bunică-sa. Să-i combine, cum ar veni. Mi-am înghițit pe loc toate balele. Apoi m-am gândit: eheee, cum ar fi să mă duc acasă la Piatra Neamț și să-mi deschidă ușa el, să mă aștepte cu o ciorbiță, să jucăm o canastă...

O lume plină de iubire pentru copiii tăi și pentru tine (despre critică și laudă, despre bunici și prieteni)

Pentru copil, prima lume, întregul Univers, sunt brațele mamei și ale tatălui său. Apoi, când se dă jos din ele, casa familiei devine lumea lui, iar părinții sunt toată omenirea.

Ce învață copilul tău despre lume și despre omenire în primele luni din viață?

Cum e lumea aceasta pentru el?

E una frumoasă, sigură? El simte că e important, văzut, prețios aici, în această lume? Îi sunt împlinite nevoile?

Sau se teme? Ce află el despre oameni, că sunt buni, calzi, atenți la el, sau răi, reci, înfricoșători, nervoși?

Pe măsură ce crește, lumea lui devine cartierul vostru, bunicii, grupul de prieteni, grădinița, școala.

Cum e lumea lui acum? A rămas una sigură și plăcută? Este copilul încurajat să se exprime, să fie el însuși, să ceară ajutor, dar în același timp știe el să le permită celorlalți să fie ei înșiși? Ajută când i se cere ajutorul? Îi vede el pe ceilalți ca oameni de încredere? Este el un om de încredere pentru ceilalți? Poate să ia decizii, sau este copleșit de ceilalți, de lume?

În familia noastră, ca probabil în multe familii acum trei, patru decenii, laudele erau ceva distructiv și rușinos, iar critica era metodă educativă.

Te critic pentru că te iubesc și vreau să fii mereu mai bun!

Te critic pentru că am așteptări mari de la tine, poți mai mult!

Când n-o să te mai critic, atunci să fii trist, înseamnă că nu-mi mai pasă!

M-am supărat pe tine pentru că te iubesc.

Toate prietenele tale sunt mai deștepte decât tine. Toate scriu mai frumos.

Dar chiar nici să-ți pui lapte în cană fără să dai pe lângă nu ești în stare?!

Of, măcar prietena ta e frumoasă, îmi zicea tata cu dezamăgire când venea să-mi spună noapte bună. Era sincer îngrijorat pentru viitorul meu, căci era clar încă de atunci că nu strălucesc la nimic (aveam vreo șapte ani) și nici măcar frumoasă nu eram, iar eu mă simțeam atât de vinovată că-l dezamăgesc și-mi petreceam ore la rând încercând să găsesc metode de a mă face măcar un pic mai frumoasă, ca tata să fie mulțumit și fericit.

Asta-s eu la șapte ani.

Bineînțeles că părinții mei făceau toate astea fie cu iubire, convinși că așa mă motivează să fiu un om mai bun, mai competent, care va avea succes în viață, fie, uneori, la nervi, când spuneau ce auziseră și ei la rândul lor de la părinți.

Dar efectul acestor replici în mine a fost semnificativ, ca să nu zic dezastruos (știu că va citi și mama pe-aici, dar stai liniștită, mamă, sunt bine acum, terapia a reușit să facă lumină): am crescut convinsă că cine nu te critică nu te iubește, iar cei care te apreciază sunt doar niște lingușitori care vor să profite de pe urma ta.

Așa se face că am stat ani de zile în relații toxice, cu băieți care mă tratau ca pe o infractoare, mă umileau, unii mă și loveau din când în când.

Păi, nu asta e iubirea? Să-ți pese atât de mult, încât îți pierzi mințile? Ce tare trebuie că m-a iubit băiatul din Constanța, dacă m-a trântit cu capul de frigider... Și când m-a târât de păr prin toată casa, da, atunci sigur era mort după mine. Noroc că m-au salvat niște prieteni, la cât de mult mă adora băiatul, nu m-ar fi mirat să mă strângă de gât într-un acces de afecțiune.

Iar când îmi ieșea în cale vreun om care-mi spunea: *Mulțumesc pentru textele tale, m-au ajutat mult să-mi fie mai ușor în primele luni cu copilul*, plecam ochii spre vârful tenișilor și spuneam: *Oh, lăsați, nu am făcut mare lucru*, în timp ce mă gândeam: *Ce bizar, ce-o vrea de la mine?*

Am avut nevoie de mulți ani de terapie și de multă sinceritate cu mine alături de soțul și de copiii mei ca să înțeleg că sunt un om bun și valoros, chiar dacă prietenele mele sunt, poate, mai frumoase, mai deștepte și mai bogate. Acum știu că există apreciere sinceră, pentru că o primesc și le-o ofer celor pe care-i iubesc, iar critica nu ajută aproape niciodată.

Asta nu înseamnă, desigur, că trebuie să aplaudăm tot ce fac copiii noștri, inclusiv când fac ceva nepotrivit. Și nici că e bine să le lăudăm fiecare pas și gângurit.

Dar ne putem propune să le corectăm comportamentele nedorite fără a le critica ființa, fără a le anula stima de sine, valoarea pe care ei trebuie să știe că o au pe lume.

Tot ce le spunem copiilor noștri cu convingere devine parte din ei.

Mă străduiesc să nu le spun copiilor mei că sunt cei mai talentați, mai frumoși și mai deștepți din lume, pentru că: 1. nu prea cred că e adevărat, 2. nu vreau să devină niște aroganți care cred că totul li se cuvine, 3. nu cred că dacă ești frumos, talentat și deștept e musai să ai o viață bună, adică, uitați-vă la Freddie Mercury, de exemplu, sau la Marilyn Monroe.

Pentru mine, important este ca fiica și fiul meu să se simtă iubiți, să se prețuiască, să aibă compasiune față de ceilalți, să aibă gândire critică și să poată lua decizii bune pentru sine, să aibă principii și valori sănătoase, și atunci vor fi iubiți și-și vor găsi drumul și fericirea.

Iar ca toate astea să se întâmple, lumea în care cresc copiii în primii ani, adică brațele părinților și casa lor, e bine să fie cât mai prietenoasă, mai caldă, mai calmă, mai plină de iubire și de răbdare. Pentru că atunci când lumea copiilor crește, se extinde la întregul oraș, la grupul de prieteni și la familia extinsă, la colegii și la profesorii lor. Multe dintre aceste interacțiuni nu vor fi lipsite de conflict și dificultate pentru copii, dar ei vor avea baza lor de siguranță, încredere și putere, vor ști să se descurce și să ia de la fiecare ce este bun pentru ei.

Mă opresc un pic aici ca să te văd și să te apreciez. Poate că, la fel ca mine, nu ai avut un cuib plin de acceptare și iubire primită în primii ani de viață. Deși sunt sigură că părinții noștri ne-au iubit, nu întotdeauna iubirea lor a ajuns la noi așa cum era ea, pură, necondiționată. Dar tu ești un om extraordinar de prețios, cu sufletul plin de comori care vor să fie văzute. Poate că ai crescut cu costumul de modestie pe tine și niciodată nu ți-ai etalat calitățile, de teamă să nu te faci de rușine. Dar costumul acesta rămâne mic în timp și ne strânge la gât și la piept, ne sufocă visele despre o viață în care să facem în sfârșit ce ne place.
Așa că eu te invit, ba nu, te rog să te uiți la tine. Care sunt comorile tale, acelea pe care poate nimeni nu le-a văzut la timp și care așteaptă să strălucească? La ce ești bună? Ce-ți place să faci? Închide ochii câteva secunde. Dacă ai putea fi și face orice în lumea asta pentru o zi, ce ai alege să faci? Cine ai fi? Rămâi cu asta în gând, așa cum rămâne gustul de cafea bună pe cerul gurii. Apoi lasă-ți gândurile să zburde pe-acolo o vreme. Poate e ceva ce poți face în viața ta care să-ți permită să-ți scoți comorile la vedere. Eu am descoperit scrisul și, din ziua aceea, mi s-a

schimbat viața cu totul. Sunt absolut convinsă că toți avem ceva, unul sau poate mai multe ceva-uri care ne dau sens și ne umplu de bucurie. Nimeni nu-l poate găsi în afară de noi. E posibil să fie îngropat sub multe straturi de trebuie (Trebuie să ai un serviciu sigur, care-ți aduce mulți bani, Trebuie să ai grijă de casă și de bărbat, Nu trebuie să visezi la cai verzi pe pereți), dar e acolo, sigur e, așteaptă în tăcere, uneori te mai trage de mânecă în timp ce dormi sau vezi vreo poză și undeva în mintea ta, într-un colț îndepărtat, o voce de copil spune: Viața asta nu e ce mi-am dorit!
Dă la o parte ce știi despre tine de la părinții tăi. Nu ești tu aceea. Dă la o parte lucrurile care te limitează și pe care părinții tăi le-au pus acolo ca să te țină în siguranță pe vremea când erai copil. Acum nu mai ai nevoie de ele. De multe ori, nici nu e nevoie de altceva decât să le conștientizezi, ca să-și piardă din putere.

Bunici și restul familiei

Copiii au nevoie și de alți adulți în viețile lor pe măsură ce cresc. Diversitatea umană e atât de frumoasă și de plină de învățăminte!

Chiar dacă bunicii au alte principii când vine vorba despre educație, chiar dacă le mai strecoară câte-un Kinder, deși tu nu le dai niciodată, chiar dacă îi lasă cam mult la desene și îi piaptănă ca în anii '70, lasă-le plăcerea asta. Și nepoților, și bunicilor.

După ce au dezvoltat un atașament sigur, bazat pe iubire și respect, cu noi, cu părinții lor, copiii sunt pregătiți să aibă tot felul de alte relații cu alți adulți din familie.

Mă opresc o clipă aici pentru a clarifica ceva important: dacă ai fost martorul sau victima unor episoade de abuz sexual, emoțional sau fizic cu vreunul dintre acești adulți, nu lăsa copilul în preajma persoanelor cu pricina înainte de a fi clarificat lucrurile. Cel mai adesea, dacă părinții tăi îți mai trăgeau una la fund din când în când, sunt șanse mari ca între timp să fi înțeles că nu e ideal să le facă același lucru nepoților. Dar dacă vorbim despre abuz sexual sau despre lovituri repetate în copilărie, eventual pe fondul consumului de alcool, e posibil ca pericolul să existe încă, iar copiii noștri trebuie protejați mereu, 100%.

Bunicii mei au fost, toți patru, oameni atât de diferiți și de extraordinari! Cât de rău îmi pare acum că atunci când aveam 8, 10, 12 ani abia așteptam să scap de mersul la ei ca să stau cu prietenii! Puștii cu care-mi pierdeam vremea erau la fel de dezorientați și preocupați de prostii ca mine, dar, deh, bănuiesc că e specific vârstei să fii superficial și că fiecare generație trebuie să-și rateze un pic prezentul ca să se pregătească pentru viitor.

Aș da acum orice să mai am timp cu bunicii mei. Să le ascult poveștile de viață. Să le miros mâinile până-mi intră mirosul lor în sânge pentru totdeauna. Să fac lucruri pentru ei. Să-i iubesc cu adevărat pentru tot ce sunt datorită lor.

Bunica Sofica, atât de blândă și de pricepută la toate, atât de caldă mereu, atât de devreme chemată în altă lume. Cât de puține amintiri mai am cu ea și cât de mult îmi lipsește, în ciuda faptului că am stat atât de puțin conștient cu ea!

Sofica a plecat când aveam 8 ani.

Bunica Veronica, zâna mea bună care se ține de viață, pentru că știe că noi nu putem încă să trăim fără ea. Vocea ei un pic răgușită, mâinile ei ca aluatul de pâine de casă, covoarele țesute de ea, sutele de copii cărora le-a fost învățătoare, grădina ei de verdețuri, lacrimile ei când își aduce aminte de mama ei bună, care a murit înainte ca bunica să facă un an. Cei zece frați, foamea, bătăile, dorința de a avea o viață mai bună.

Azi, când scriu aceste rânduri, pe 11 ianuarie, Veronica împlinește 89 de ani. Să o țină Dumnezeu vie!

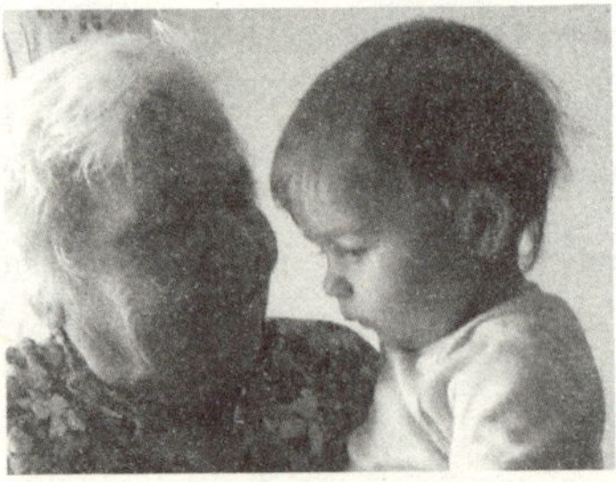

Bunicul Jean, atât de mucalit și de tăcut și de dur pe dinafară, dar atât de cuminte și de ușor de înmuiat pe dinăuntru. Cu fumatul lui în veceul din curte, când eu vedeam fumul ieșind printre scânduri și strigam *FOOOC*, doar ca să-l văd cum iese cu nădragii în vine, iar bunica-l suduie din bucătăria de vară: *Credeam că le-ai lăsat, Jane! Iar te ții de prostii? Lasă-le pocnetului de țigări!* Jean a plecat când aveam 34 de ani.

Bunicul Petrică, absolvent a patru clase, singurul băiat din patru copii care a învățat și a lucrat până când a ajuns inspector de bancă, atât de cinstit și de muncitor! În timpul liber picta și scria poezii. Era atât de talentat și de prietenos și atât de frumos se juca cu mine... Petrică s-a dus să fie viu în altă lume când aveam 36 de ani.

Încă îi duc pe copii acasă la mama și la bunica de câteva ori pe an. Vreau ca ei să știe de unde vin, vreau să ne vadă împreună, râzând, plângând, povestind, uitându-ne la poze. Vreau să își cunoască povestea și vreau să le pese.

Avem poze cu ei prin toată casa. Poze cu mama la 5 ani. Poze cu bunica mea la 20 de ani. Poze cu tatăl meu jucându-se cu Sofia. Ea nu mai ține minte, dar pozele astea n-o să le uite, pentru că vor rămâne pe peretele meu întotdeauna, chiar dacă vreodată ne vom schimba casa ori țara cu totul.

Copiilor nu le plac neapărat oamenii în vârstă, îmi aduc aminte perfect cum mi se părea că miros ciudat, că se mișcă bizar și că spun lucruri aiurea. Dar, dacă ajung să-i cunoască, dacă ne văd pe noi purtându-ne cu grijă și cu drag, dacă nu forțăm copiii să se lase luați în brațe, pupați, dacă nu-i punem să recite poezii în fața publicului septuagenar al familiei noastre, vor învăța de la noi să își iubească bătrânii.

Aici suntem în Parcul Kiseleff în 2013, bunicul meu Petrică, eu și Sofi, care avea un an.

Așa că, da, să ne lăsăm copiii să-și cunoască bunicii, să se viziteze, să se joace, să se cunoască. Dacă avem nevoie de ajutor și bunicii trebuie să stea cu copilul nostru câteva ore pe zi, atunci bine-ar fi să ne comunicăm de la început, transparent și echilibrat, așteptările și nevoile.

— Mamă soacră, îți mulțumesc mult că ai fost de acord să stai cu puiul! Înseamnă enorm pentru noi ajutorul tău! Uite, eu am nevoie mare de siguranță pentru el și am nevoie să comunicăm deschis despre orice. Tu cum vezi lucrurile?

La fel și dacă e mama ta sau tatăl tău. Stabiliți de la început regulile, de comun acord. Încearcă să nu fii foarte rigidă, e posibil să mai încalce o regulă, două... Pentru părinții noștri, noi suntem încă niște copii și de multe ori au impresia că se pot descurca mai bine decât noi când e vorba despre educația celor mici. În plus, ei sunt mândri de noi și consideră că au un merit semnificativ în asta (ceea ce poate fi foarte adevărat), așa că e normal să fie foarte încrezători în aptitudinile lor educative (chiar dacă noi avem cu totul altă părere).

Câtă vreme regulile voastre la voi acasă rămân ferme, iar relația ta cu copiii tăi e una bună, nu-ți face griji că bunicii *strică* copilul. Avantajele relației lor sunt mai multe și mai importante decât o ciocolățică în plus strecurată pe furiș în buzunar la plecare.

Aici e Sofia la un an, alături de bunica mea Veronica, mama mea și sora ei, Angela.

Unchii, mătușile, verișorii, finii și nașii sunt tribul copiilor noștri. Avem unchiul amuzant, mătușa excentrică, nașul poet și nașa călătoare, avem verișorii mai mari, de care mereu ne îndrăgostim și alături de care ne visăm căsătoriți ca-n povești, avem și verii mai mici, care nu țin pasul și care ne imită mereu, avem mesele de familie, cu haosul și Trifermentul lor, avem vacanțele împreună, cu mici nemulțumiri, mult râs și multe poze aglomerate la final.

Toate acestea sunt importante în viețile copiilor noștri și cred că ar fi grozav să le oferim șansa să le trăiască, dacă, desigur, putem trăi bine noi înșine în acest trib. Dacă amintirile copilăriei sunt prea dureroase, dacă sunt acolo episoade de abuz, poate că e mai bine să-ți construiești noul trib din oameni în care poți avea încredere.

Educatorii, învățătorii, profesorii

Fiecare om cu care copilul tău va dezvolta o relație îi va aduce mult bine (cu excepția cazurilor în care omul cu pricina e abuziv, disprețuitor sau suferă de cine știe ce dezechilibre). Majoritatea celor cu care vin în contact copiii noștri sunt oameni care ne seamănă, pentru că ne străduim să ne înconjurăm de oameni cu aceleași principii. Alegem grădinița astfel încât educatorii să practice educația pozitivă, căutăm învățătoare blânde, cursuri ținute de profesioniști care iubesc și respectă copiii, medici cu răbdare și empatie.

Sigur că uneori nu avem de ales și copilul se împiedică de câte un adult care, plin de suferința trecutului, nu-i oferă copilului demnitatea egală pe care o merită. Atunci e momentul să intervenim ferm și nonviolent pentru a fi de partea copilului, care trebuie să fie asigurat și reasigurat că nimeni, niciodată, nu are voie să-l lovească, să-l jignească, amenințe sau să-l umilească, iar părinții lui îi vor apăra mereu acest drept.

E important să avem cu copiii noștri o relație de încredere și de deschidere care să permită mereu povestirea acestor episoade. Ei trebuie să știe că ne pot povesti oricând dacă cineva i-a făcut să se simtă nepotrivit, iar noi vom face tot ce e necesar ca lucrurile să se îndrepte.

Luni de zile le-am ascuns părinților mei faptul că învățătoarea noastră, doamna Iacob de la Școala cu nr. 3 din Piatra Neamț, ne lovea cu capul de tablă când greșeam, pe fete le trăgea de păr, iar pe băieți de perciuni. Soțul ei, care era profesor de istorie, ne lovea cu rigla peste palme atât de rău (și degeaba, aș putea să adaug), că uneori făceam pe noi de frică sau de durere.

Mă întorceam de la școală cu fruntea albă de cretă, colegele mele arătau la fel. Mă ștergeam cu prosopul la baie înainte să vină mama și tata de la serviciu.

Mă temeam că, dacă le voi spune, vor crede că sunt obraznică la școală și o să-mi primesc o porție dublă de palme acasă.

Când am început să am dureri de cap și să aud tot felul de sunete bizare, i-am spus tatei. Doamne, cât de frică mi-a fost când i-am spus! Am închis ochii, convinsă c-o să-mi tragă una (deși tata nu mă lovea, o singură dată mi-a tras o palmă peste ochi care m-a ridicat de la sol). M-a întrebat de mai multe ori cum și de ce face doamna asta, m-a pus să îi arăt cum ne trage de păr, cum ne lovește. Am văzut cum i se încleștează măselele. N-a spus nimic, doar și-a luat haina din cuier și a trântit ușa de la intrare în urma lui.

Doamna Iacob și soțul ei locuiau în același bloc cu bunicii mei, părinții tatei. Deh, avantajele orașului mic...

De a doua zi, femeia nu s-a mai atins niciodată de mine. A continuat însă cu colegii mei...

Dacă aș afla că oricine din școala copiilor mei îi face așa ceva oricărui copil, aș chema imediat poliția și m-aș asigura că adultul cu pricina nu mai are ce căuta în preajma copiilor. Iar copiilor, alor mei și colegilor lor, le-aș spune ce le spun mereu copiilor în școlile sau grădinițele în care ajung cu lecturi sau cu ateliere de joacă: *Nimeni, niciodată, nu are dreptul sau voie să vă atingă sau să vă amenințe, să țipe la voi sau să vă jignească.*

Din fericire, tot mai mulți dintre adulții care lucrează cu copiii noștri sunt oameni dedicați, care își fac ordine în viața personală și emoțională și au răbdare și metodă, așa că putem spera că puii noștri sunt pe mâini bune.

Știu că ne dorim ca ei să fie însoțiți mereu doar de noi sau de persoane identice nouă, dar crede-mă, pentru ei asta ar fi un coșmar!

Au nevoie în viața lor de persoane care NU sunt mama sau tata, persoane cu alt trecut, cu alte principii, cu alt tip de umor și de mecanism de rezolvare a problemelor, persoane de la care-și vor lua tot ce au nevoie, fără a se încărca cu lucrurile mai puțin grozave, care pe noi ne îngrozesc și pe care ei le vor ignora.

Prietenii

Cu toții avem nevoie de relații ca să ne oglindim, să ne cunoaștem, să învățăm despre ceilalți, să ne reglăm, să ne sfădim, să ne contrăm, să ne validăm, să ne reparăm, să creștem.

Copiii noștri nu fac excepție.

De multe ori, ei vor fi atrași de copii pe care noi îi considerăm opusul lui „ideal“ în materie de modele. Ca noi, de altfel. De câte ori ți-ai dorit să fii prietena băiatului cu ochelari care învăța cel mai bine la istorie și de câte ori a celui care fuma călare pe gard?

Avem nevoie să-i admirăm pe cei diferiți, să ne exersăm limitele și curajul, avem nevoie să încălcăm reguli și să facem propriile noastre greșeli, ca să avem din ce învăța. Practica e cel mai bun profesor!

Ne dorim ca ei să socializeze doar cu copii cuminți, educați, civilizați, care vorbesc perfect, sunt talentați, dar modești, liberi, de la care copiii noștri să învețe să fie perfecți. Dar, hei, acești copii există doar acolo unde unicornii stau pe terasă la o cafea!

Copiii noștri mereu vor fi atrași de copiii mai mari care fac trăsnăi, care vorbesc urât, care se poartă urât, pentru că văd în ei puterea pe care ți-o dau fapta reprobabilă, curajul, nebunia, iar acestea sunt mereu atât de atractive!

Asta nu înseamnă că și copiii noștri vor face musai aceleași trăsnăi, deși, da, e posibil să repete cuvinte urâte, pentru că vor să simtă și ei puterea vorbelor proprii asupra celor mari (care putere e mare, *Ohooohooo, ia uite ce față face mami când eu zic p%la! Hehe, îmi place, o să mai zic!*), pentru că vor să fie îndrăzneți, curajoși și mai mari, la fel cum și noi am vrut. Poate că vor face aceleași trăsnăi, poate că nu, cert e că-i important să-i lăsăm să-și caute propriile lecții și modele.

Le oferim baza noastră solidă de valori și principii, le arătăm ce fel de oameni suntem noi, le dăm siguranță, iubire și răbdare, iar apoi le permitem să socializeze, să admire pe cine doresc, le mai amintim pe parcurs cine suntem și ce e important, apoi avem răbdare și încredere că vor decide pentru ei cum e mai bine.

Sigur că nu-l duci în vizită la familia aceea de vecini cu care nu ai nimic în comun, chiar dacă prâslea al tău îl place pe fiul lor mai mare. Dar în parc îl lași să se apropie de cine dorește. Îl lași să fie refuzat de cei mai mari (care vor prefera la rândul lor să fie cu cei mai mari ca ei), îi însoțești supărarea, îi povestești despre tine dacă e interesat, apoi îl lași să învețe din asta ce are nevoie. Vei vedea că a doua zi o ia de la capăt. Pentru că încă mai are învățat din asta.

Copiii noștri vor suferi alături sau din cauza altor copii, vor fi înșelați și dezamăgiți, dar acesta e cursul normal al vieții.

Nu este rolul nostru să le gestionăm relațiile și să le digerăm emoțiile.

Socializarea liberă este parte din procesul de educare pe care-l oferim copiilor noștri. Și, ca în orice alt domeniu, e important să le oferim adevărul despre lume (*Nu toți copiii vor să fie prietenii tăi, nu toți oamenii te plac, așa cum nici tu nu placi pe toată lumea, uneori suntem respinși și asta doare, dar întotdeauna există și oameni cu care ne potrivim și care ne vor alege, trebuie doar să nu încetăm să-i căutăm și să ne lăsăm găsiți de ei*), adevărul despre noi (*Eu sunt aici pentru tine mereu, te iubesc, tu ești un copil simpatic, cu multe de oferit, îți vei găsi prieteni curând*), încredere și timp, și totul va fi bine, chiar dacă vor fi momente când ei vor întârzia după miezul nopții și noi nu vom ști dacă au murit sau sunt extrem de fericiți undeva alături de un prieten bun.

E și asta parte din părințeală, chiar dacă acum ni se pare o etapă îndepărtată.

Îmi amintesc că la 14 ani m-am pupat prima oară cu un băiat. Sofia mai are cinci ani până la vârsta asta și eu m-am apucat să caut lista țărilor în care e legal să ai armă.

Respiră, dragă mamă, și lasă-ți copilul să trăiască printre ai lui.

Păzește-i trupul de lovituri și încrederea de agresori emoțional, dar nu-i cenzura relațiile și lasă-l să experimenteze viața socială cu tot ce înseamnă ea!

Cum e lumea pentru tine? E un loc plin de iubire? Te simți văzută, iubită, apreciată? Care sunt oamenii din viața ta care te prețuiesc? Care sunt oamenii pe care tu îi prețuiești și de la care înveți să crești?
Care sunt oamenii care te-au influențat pe drum? Poate că ai timp să te gândești un pic la ei. Poate că ai vrea să le scrii un mesaj, un SMS, un e-mail? Cine te apără când ai nevoie? Cui te plângi? Cine te ascultă? Știe cineva ce-i în sufletul tău? Când ai povestit ultima oară despre tot ce te apasă, despre grijile, furiile și fricile tale?

De foarte multe ori, oamenii din jur nu știu cum suntem, nu știu ce nevoi avem, habar nu au ce pot face pentru noi. Soluția e atât de simplă! Trebuie doar să le spunem, într-un mod care să vorbească doar despre noi. „Mă simt așa. Am nevoie de asta. Mi-ar face atât de mult bine dacă ai face asta. Mulțumesc."

Încheie relațiile toxice. Dacă știi că o mâncare îți face rău, renunți la ea, oricât ar fi de gustoasă. Îți face rău. La fel și relațiile toxice, oamenii care te manipulează, care te storc de putere sub masca iubirii, oameni care nu te respectă și te rănesc, de multe ori fără intenție. Acestor oameni trebuie să le pui o limită blândă, dar fermă. La fel cum nu-ți lași copilul să bage un cui în priză, nu-l lași pe acest om să-ți facă rău. Poate fi prietena ta, soacra, soțul, mama ta, șeful tău. „Nu te las să-mi vorbești așa. Nu mai accept felul în care te porți. Am nevoie de respect și liniște în viață." Te ridici și pleci. Ai nevoie de tine să te aperi ca un adult de orice îți otrăvește viața. E responsabilitatea ta, nimeni altcineva nu poate face asta în locul tău.

Problema spinoasă a ecranelor în viața noastră

Recunosc cinstit: tare bine-i când copiii se uită la filmul lor, iar eu pot fie să termin ciorba, fie să stau în pat cu o ciocolată caldă, să scriu, să citesc sau să-mi pictez unghiile fără să mă tragă vreun adorabil de mânecă să ne jucăm, să citim, să alergăm sau să-i fac (IAR) de mâncare.

În același timp, mai recunosc cinstit ceva: mă enervează nespus imaginea copiilor mei inerți pe canapea, răscrăciți care încotro, cu ochii mari, gurile căscate și un deget între măsele, captivați de ceva stupid, colorat, gălăgios și amuzant pe ditamai ecranul.

Imaginea asta mă face să mă gândesc la niște bostani care stau pe tarabă la piață, așteptând să vină o bunică să-i cumpere ca să-i facă plăcintă. Niciun licăr de inteligență pe fața lor. De fapt, cred că, dacă le-aș tăia un deget, nici n-ar observa. Iar când se închide televizorul, revenirea la viața reală e atât de dureroasă pentru ei! Sunt roșii la față și nervoși! *De ce s-a terminat? Mai vrem!*

Cred și eu, la noi în casă nu sunt ninja care zboară și nici unicorni care vomită curcubeie. Ce nasoală e viața noastră...

Of, cât de încărcat și greu e acest capitol în viețile noastre, mai ales că nu avem niciun fel de instinct, de experiență cu acest subiect. Suntem prima generație de părinți care trebuie să gestioneze existența permanentă a tehnologiei în viețile copiilor. Habar nu avem cât e prea mult, cât e prea puțin, ce efect are pe termen lung lipsa ecranelor din viețile copiilor noștri sau, dimpotrivă, prezența lor.

Când eram noi copii, aveam desene la TV o oră pe săptămână! Două, dacă prindeam bulgarii! Telefonul fix cu disc nu prezenta vreun interes, iar altceva nu era. Acum avem telefoane, tablete, laptopuri, TV cu treizeci de canale care difuzează desene non-stop, Netflix și HBO Go cu seriale la vârful degetului, avem console, avem jocuri mobile de toate felurile, mașinile au încorporate ecrane în tetiere, practic, e greu să ne mai vedem viața reală printre atâtea ecrane pe care avem impresia că le controlăm, dar care, de fapt, ne fură viața.

Ce știm este că, imediat ce le oferim acces la ecran, copiii noștri vor mereu mai mult, și e normal să fie așa, dorința de a se mai juca cu altceva scade dramatic, pentru că jocul la ecrane e colorat, amuzant, interesant și nu cere niciun efort.

Știm cât de repede ne creează nouă dependență, cât de greu ne despărțim noi de Facebook sau de Netflix, deși ni se închid ochii noaptea-n pat.

Știm cât de mult procrastinăm din cauza internetului și cât de mult ne enervează când ne întrerupe cineva.

În același timp, știm cât de multă informație, socializare și învățare ne poate aduce tehnologia modernă dacă o folosim isteț.

Dar cum facem să le oferim copiilor noștri acces la ce e bun, fără a-i lăsa afectați de dependență, de conținut nepotrivit, de probleme cu ochii și de obezitate?

Eu am decis că o vreme, cât sunt mici, copiii nu au voie deloc la ecrane. Deloc.

M-am gândit că au nevoie să învețe despre lume așa cum este ființa umană construită să învețe de milioane de ani încoace: folosindu-și ochii, urechile, mâinile, gura. Lumea adevărată nu e atât de colorată cum e pe un ecran, nici la fel de muzicală și nici la fel de controlabilă de noi.

Pe tabletă dai stânga-dreapta și realitatea se schimbă. Or, viața nu e așa.

Am vrut să le ofer copiilor mei ocazia de a învăța mai întâi frumusețea și bucuria vieții adevărate, magia relațiilor dintre oameni, mirosul pădurii, jocul cu pietrele și cu bețele.

Până la 4-5 ani, nu s-au uitat deloc la nimic, nu aveam tablete, TV-ul era aprins doar noaptea, după ce ei adormeau, ca să ne mai uităm noi la câte-un film, iar la telefoanele noastre nu-i lăsam (dar nici nu le foloseam prea mult în prezența lor).

A fost greu, desigur, pentru că a trebuit să le fiu aproape, să ne jucăm, să le citesc, să ieșim, timpul meu cu mine a fost redus în anii aceștia, dar a meritat.

Copiii se joacă atât de frumos cu tot ce le pică în mână, își fac prieteni ușor, creează povești din orice, nasc scenarii în care includ pe toată lumea, nu se sperie de plictiseală (deși se plâng de ea).

Încet-încet, am introdus filmele animate, în weekend, câte unul pe zi. Acum, de când cu școala online, timpul lor la ecrane a crescut atât de mult încât în primele zile am făcut urticarie. Corpul meu refuza să proceseze imaginea asta în care amândoi copiii mei stăteau la ecran patru ore pentru școală plus încă o oră pentru desene (afară nu aveam voie să ieșim, iar eu aveam enorm de lucru). Am compensat cu sport în casă, jocuri de masă, povești citite, explorări prin pădurile de lângă oraș, încet ne-am obișnuit cu noul program, dar ei cer mai mult și mai mult timp la ecran, iar eu trebuie să le primesc frustrarea în timp ce păstrez limitele ferme, pentru că știu că sunt pentru binele lor.

Vestea bună e că imediat au învățat să folosească toate cele (așadar, nu au pierdut nimic din cauza faptului că în primii ani de viață nu au avut acces deloc la ecrane). A doua veste bună e că au învățat să folosească internetul pentru a afla lucruri despre temele care îi interesează, știu să trimită e-mailuri, să printeze, să creeze documente cu imagini, să monteze clipuri scurte.

O veste proastă este că au început să ceară să-i las la jocuri video, iar eu mă opun cu încăpățânare cât încă mai pot. Știu copii de vârsta lor (6–9 ani) care se prefac că adorm seara, apoi se ridică din pat și se joacă în rețea cu colegii lor (Roblox, Minecraft) până dimineața, iar la școală dorm cu capul pe tastatură. Unii au devenit atât de isteți, încât părinții lor nu-i mai pot verifica în niciun fel, își ascund atât de bine urmele, încât părinții sunt convinși că cel mic nu mai are acces la jocuri, când el, de fapt, nu face altceva nopțile decât să se joace.

Niciunul dintre jocurile acestea nu mi se pare potrivit pentru copii atât de mici. Să mai zic că în chatul de pe aceste jocuri sunt tot felul de personaje bizare? Că jocurile presupun fie război și uciderea oponenților, fie goana după lucruri, invidia față de cei care au mai mult (Roblox), jocul recompensează jucătorii care petrec cât mai mult timp în joc, iar acești copii nu au puterea de a gestiona o adicție atât de puternică.

Nu cred că e corect să așteptăm de la copiii noștri să își regleze singuri comportamentul la ecrane, câtă vreme nici noi nu suntem în stare.

Ca o concluzie personală, aș zice că pentru copiii mici, de până în 3–4 ani, cea mai potrivită este excluderea totală a telefoanelor, tabletelor și televizorului.

Apoi, o jumătate de oră pe zi la desene, dar alese de tine, nu ce difuzează canalele TV (nu sunt de calitate, au o mulțime de replici nepotrivite, în plus, reclamele vă vor otrăvi viața, copilul vede toate porcăriile și le cere, tu nu vrei și nu poți să cumperi toate plasticăriile și uite-așa ajungeți să vă certați degeaba).

În niciun caz nu i-aș oferi unui copil propriul lui device cu internet înainte de a mă asigura că știe exact care sunt pericolele pe internet și le poate gestiona corect. Vorbim aici despre bullying (ce înseamnă a fi agresor, martor sau victimă, ce ai de făcut în fiecare caz), cazurile de furt de identitate sau bani, pornografie și hărțuire sexuală pe internet, intimitate (ce poți posta, ce poți da mai departe și cu ce riscuri). E nevoie să discutați mult înainte, iar copilul să demonstreze că are suficient de multă informație și o gândire critică bună pentru a putea fi în siguranță pe internet. Acum aș zice că 12 ani mi se pare vârsta minimă pentru a-i oferi copilului propriul său lui telefon, posibil să meargă și mai târziu.

Dar ceilalți colegi ai lor au telefon de la 7 ani...

Știu, familiile au principii și valori diferite. Mulți copii sunt transportați în mașină în brațele părinților, pe scaunul din dreapta șoferului, primesc cola de la un 1 an și sunt încurajați să pupe copii străini în parc. Asta nu înseamnă decât că omenirea e variată, dar noi ne vedem de treaba noastră. Sunt un adult isteț și informat și pot lua decizii bune pentru mine și copiii mei. Am argumente solide, pe care le explic când au ei nevoie. Știu că ei simt frustrare când află că majoritatea colegilor lor se joacă, dar îi încurajez să vadă partea bună din faptul că ei petrec mai mult timp dormind și alergând pe-afară. Mereu există măcar un alt copil cu aceleași preocupări, iar relația dintre cei doi copii care fac altfel decât restul grupului crește și îi îmbogățește.

Nu-mi pot feri copiii de frustrare și nici nu vreau. Nu vreau să-i arunc în groapa asta cu lei ca apoi să mă supăr pe ei că nu pot gestiona corect limitele propuse de mine. Cred că, cel puțin pentru o vreme, excluderea totală e cea mai bună variantă, până când copilul crește suficient și are uneltele pentru a se descurca fără să scape frâiele și fără să fie nevoie să ne certăm zilnic pe această temă.

Controlul parental e extrem de important. Family Link de la Google este gratuit, Kaspersky și Bit Defender au și ele pachete cu diferite opțiuni contra cost (prețul e decent). Astfel poți gestiona conținutul pe care-l accesează copiii, dar și orele între care au acces.

Dar cel mai important e să ai o relație de încredere cu copiii. Da, ca în oricare alt domeniu. Să te asiguri că cel mic nu se ascunde de tine, că știe că îți poate spune orice, iar tu îl ajuți, nu îl acuzi. Să îi explici, să rămâi fermă, dar cu respect față de nevoile lui.

E simplu? Vai, nu. Cred că cele mai intense emoții și conflicte sunt cele pe aceste teme, pentru că dorința de a mai sta un pic pe internet e atât de puternică! Dar nu e o nevoie, nu se întâmplă nimic dacă această dorință rămâne neîmplinită, cum, de altfel, știm de la noi înșine. De fapt, e chiar mai bine când reușim să închidem telefonul mai devreme și să petrecem timp unii cu alții.

Eu cred, simt cu toată ființa mea că merită acest efort în primii ani.

Copiii au nevoie să fie și să fim prezenți pe lume, iar ecranele împiedică asta.

Copiii noștri și corpul lor

Care e relația ta cu corpul tău? Îți place să-l privești? Îl admiri sau îl cerți? Vrei mereu să îl schimbi sau îl sărbătorești? Ai grijă de el? Îți este rușine să te vezi sau să te arăți goală?

Cât de bine îți cunoști corpul? Cât de multe știi despre organele tale intime? Știi, de exemplu, care e forma clitorisului tău și la ce folosește el? Dar despre vagin? Dacă ar fi să te rog să-l desenezi acum în minte, cu ce ar semăna? Dar uterul? Cum crezi că arată el chiar acum?

Ce ți-a spus mama ta despre corpul tău, despre menstruație, despre actul sexual?

Ce ai aflat pe cont propriu despre cele de mai sus și cum au fost primele tale experiențe intime?

Ce relație ai acum cu intimitatea, cu sexul? Simți că faci ceva greșit când te bucuri de intimitate? Ai obiceiul de a te atinge singură? Te simți rușinată după aceea? Îți vine să plângi uneori după ce faci dragoste cu iubitul tău?

Te înroșești când cineva aduce sexul în conversație? Îți vine să pui mâna la ochi când el și ea se dezbracă pe ecran în fața ta?

Dacă ar trebui să-mi explici acum, într-o singură frază, cum se fac copiii, ai reuși să faci asta într-o manieră corectă și concisă?

Înainte de a putea vorbi despre educația intimă a copiilor noștri, trebuie să ne ocupăm de a noastră. Oprește-te acum, sau când ai câteva minute de liniștite, și gândește-te la toate cele de mai sus. Fă asta de mai multe ori, în zile diferite. Încearcă să-ți clarifici istoria personală, informațiile pe care le ai, cele care-ți lipsesc, cele pe care le știi greșit, care îți sunt limitele personale și de unde vin ele.

În iarna lui 2019 am vorbit la un eveniment despre educația pentru sănătate, la Sibiu. În sală erau vreo 150 de părinți și dascăli, pe care i-am provocat la un moment dat astfel:

— Vă rog să ridicați mâna dacă persoanele de la care ați aflat adevărul despre viața intimă și sex au fost părinții voștri.

Nu s-a ridicat nicio mână. Am mai așteptat câteva secunde. S-a ridicat o mână. O tânără, să fi avut 20 de ani maximum.

— Nu se pune, a râs cineva amar lângă mine.

Apoi am mai întrebat:

— Câți dintre voi ați simțit în copilărie, adolescență, pubertate că vă puteți întreba părinții lucruri despre corpul vostru sau despre viața intimă?

S-au ridicat două mâini. Doar două.

În acest loc suntem noi, adulții, părinții copiilor noștri. Ca să nu mai zic, ba hai că zic, că în sală au fost părinți interesați de subiect, care se informează, se luptă să fie și să facă mai bine, care nu-s neapărat reprezentativi și în niciun caz nu sunt majoritari în țărișoara noastră. Ei, la fel ca mine, n-au primit nimic pe acest subiect de la părinții lor.

Nu e vina ta că nu ai o relație lină cu intimitatea. Nu e vina ta că nu ți-a explicat nimeni ce ai fi avut nevoie, la fel cum nu e vina părinților tăi că nu au făcut asta, nici ei n-au știut că e important, au primit și ei la rândul lor același bagaj plin de rușine, păcat, tabu, mituri și legende fără bază științifică.

Copiii se descurcă, nu-i așa? Află ei cumva, așa cum am aflat și noi. Unii de la alții, din reviste, din filme, din poveștile date din gură-n gură. La 11 ani eram convinsă că poți face copii dacă un băiat face pipi suficient de aproape de tine. Eram îngrozită să folosesc toaleta școlii. Sunt fete de 11 ani care au deja un copil acasă.

Acum mai e și internetul. Statistica Salvați Copiii din 2016 ne arată că 70% dintre copiii noștri văd imagini pornografice pe internet înainte de vârsta de 10 ani (pe rețeaua wi-fi a școlii sau pe cea de acasă, unde credem noi că sunt în siguranță). Mai știm și că la școală ora opțională de educație pentru sănătate nu se face (în anii trecuți, doar 5-8% dintre copii au beneficiat de această oră).

Copiii se descurcă. Află singuri de pe internet și de la colegi. Vrem noi ca profesorul de educație sexuală a copilului nostru să fie colegul lui, Mihnea, care are 9 ani și care-și ia informațiile de la fratele lui mai mare? Sau poate vrem ca filmele porno să fie proful de intimitate al copilului nostru? Da, adevărul e că de acolo învață copilul nostru tot ce trebuie despre emoții, despre respect față de corpul altuia, despre anatomie, relații echilibrate, intimitate și familie.

De unde începem?

Primul pas este să învățăm noi despre asta. Să învățăm acum, la 25, la 30, la 40 de ani, la 50 de ani, tot ce trebuia să ni se explice la 7, 9, 12 ani. Nu e prea târziu. Eu am văzut cum arată un clitoris întreg la 38 de ani. Nu e vina mea, dar mă pot asigura că fata și băiatul meu află despre lucrurile acestea la momentul potrivit. Nu prea devreme, dar nici când vor avea 40 de ani.

Există cursuri de sexualitate pe internet, există cărți și dicționare, există documentare și există terapie. În câteva săptămâni, putem fi la curent cu tot ce trebuie să știm și ne putem pregăti să le dăm mai departe copiilor noștri aceste informații utile despre propriul lor corp, despre limite personale, despre respect și despre relații.

Apoi le oferim copiilor informațiile de care a nevoie.

Ce înseamnă *educație sexuală*?

Dar despre ce vorbim mai exact? Ce înseamnă educația sexuală? *Adică să îi vorbesc copilului meu despre sex? Că doar n-am înnebunit.*

Nu, dragă mamă. Trebuie să îi vorbești copilului de mic despre:

— corpul lui, cum se numesc organele, cum le spălăm;

— de ce e importantă igiena;

— apoi ne învățăm copilul despre limite, despre faptul că are dreptul să refuze orice fel de atingere care îi displace;

— că e important să respecte refuzul celorlalți de a fi atinși de el;

— îi explicăm despre zonele intime, cele acoperite de lenjeria intimă, gura, sânii, care nu trebuie atinse de nimeni în afară de mama sau tata (din motive de igienă) sau de medic, în prezența părinților, când e mic;

— apoi, când mai crește, nici mama sau tata nu-l mai pot atinge acolo, doar el, când decide el că e pregătit;

— discutăm despre diferențele dintre sexe;

— discutăm despre relații (de familie, de prietenie, de iubire);

— discutăm despre emoții (despre stânjeneală, când o simt ei, despre respect, iubire, prietenie);

— discutăm despre secrete bune și secrete rele, despre cât de important este să avem încredere unii în alții.

Și chiar avem, nu doar spunem asta. Nu controlăm copilul de 9 ani să vedem dacă s-a spălat bine. Nu-i citim jurnalul. Nu-i ascultăm convorbirile. Îl lăsăm să existe, așa cum și noi ne-am dorit să fim lăsați, când eram de vârsta lui.

Apoi, mai târziu, când ne întreabă, le putem povesti matematic, fiziologic, cu atlasul în mână, cum se fac copiii, ce este sarcina, ce este menstruația, ce este o poluție. Înainte să li se întâmple, nu după!

Când ne întreabă lucruri despre care noi credem că ei nu sunt încă pregătiți, înainte de a le răspunde, putem pune aceste întrebări de control:

Ce știi despre asta?

De unde ai auzit despre asta?

Ce crezi tu că înseamnă?

Și apoi ne așezăm la discuții, la un ceai și un biscuit. Îl chemăm și pe celălalt părinte, dacă simțim că ne e mai ușor așa.

Dacă nu am făcut toate astea de la început, dacă știe că ne e greu să vorbim despre asta și că, dacă ne întreabă ceva, va primi o palmă peste cap, copilul nostru nu va veni să ne spună, să ne întrebe, se va uita la filme porno și va crede că așa e viața intimă. Va desconsidera sexul opus, va pretinde de la sine performanțe fanteziste, nu va ști ce înseamnă respectul, responsabilitatea, nu va ști la ce riscuri se supune și își supune partenerii, nu-și va cunoaște corpul, nu se va bucura de o viață intimă plină, va asocia sexul cu ceva de făcut pe ascuns, că e rușinos.

Nu te teme să fii partenerul copilului tău pe acest drum! Dacă îi vorbești despre asta ca despre toate celelalte, nu-i strici copilăria. Acest tip de educație nu grăbește debutul vieții sexuale. De fapt, niciun studiu dintre cele aproape 100 analizate de UNICEF și UNESCO nu arată că educația sexuală ar fi avut acest efect în vreuna dintre țările implicate în aceste studii. Dimpotrivă, educația sexuală are aceste efecte dovedite:

Întârzie debutul vieții sexuale.

Scade numărul de parteneri de-a lungul vieții.

Reduce numărul de riscuri în alegerea partenerului.

Crește rata de folosire a prezervativului și a altor forme de protecție și contracepție.

Naște atitudini echilibrate în ceea ce privește identitatea de gen.

Reduce discriminarea și numărul relațiilor abuzive.

Crește încrederea în sine.

Construiește relații mai puternice și mai sănătoase.

Crește cunoașterea drepturilor proprii și ale altora.

Întărește relația de încredere dintre copil și părinte.

Reduce numărul de sarcini la adolescente.

Reduce numărul de avorturi.

Reduce numărul de boli transmisibile sexual.

Dezvoltă gândirea critică.

Dezvoltă respectul față de ceilalți.

Copiii mei știu că nimeni nu îi poate atinge, că nimeni nu are dreptul să îi jignească. Știu că mă pot întreba orice și eu o să le spun adevărul, sau o să le cer răgaz o zi să mă informez și apoi o să le spun adevărul, pe înțelesul lor. Știu că nu îi voi pedepsi, orice vor vrea să mă întrebe. Știu că voi fi de partea lor orice ar fi. Știu și că nu au voie să facă rău nimănui și că nu toate lucrurile de pe internet sau pe care le spun prietenii lor sunt adevărate. Dar ce le spun eu e.

Le dezvolt gândirea critică. Să verifice sursa, să se bazeze pe ce știu ei că e științific adevărat. Să pună întrebări. Să ceară explicații. Să respecte spațiul personal al celuilalt și pe al lor.

Cred că doar așa ne putem vindeca de felul disfuncțional în care stau lucrurile la noi în țară. Atâtea sarcini la adolescente. Mediul sexist. Atât de multe relații abuzive între parteneri, atâtea femei lovite, violate, ucise de parteneri sau de prădători.

Putem schimba ceva pentru copiii noștri, dacă tragem aer în piept și facem acest pas către asumare și adevăr.

Când am scris *Caietul, mic roman pentru fetițele care cresc mari*, am vrut să-i ofer fetiței mele un prim pas din conversația noastră despre feminitate. Nu mi-am imaginat niciodată ce impact va avea această carte, câtă nevoie era de ea, de fapt. Primele 3.000 de exemplare au fost comandate în câteva zile. Următoarele, la fel. Apoi încă 5.000. Și tot așa, am pierdut șirul. Niciodată o carte de-a mea nu a fost atât de căutată. Mesajele pe care le-am primit de la fetițe și de la mamele lor, de la bunici și de la tați singuri au fost atât de intense, de multe, de neașteptate, de frumoase, de dureroase, de personale, încât mi-am dat seama cât de puternică e dorința generației noastre de a ne trezi și de a schimba lumea în care trăim!

Conversațiile despre intimitate, despre sine și ceilalți fac parte din această schimbare.

Ce îi spun copilului meu, pe vârste? Și cum răspund întrebărilor grele?

Pe scurt, iată ce cred eu că ar trebui să le spunem copiilor, pe vârste, despre corpul lor și al altora. Am validat aceste informații cu Meg Hickling, pe care am cunoscut-o la București acum mulți ani. Vă recomand cartea ei, *Cum le vorbim copiilor și adolescenților despre sex*, este plină de informație validată științific.

Educația sexuală eficientă începe de la nașterea bebelușului. Îl atingi în zonele intime pentru a-l spăla, șterge, îngriji, le numești corect, nu cu porecle, diminutive, nume proprii. Băieții au *penis*, *anus* și *testicule*, fetele au *vulvă*, *anus*, *vagin*. De asemenea, e foarte important să nu afișezi expresii scârbite când îl dezbraci, copilul e foarte atent la tine, îi poți transmite mesaje greșite, cum ar fi că un corp gol e dizgrațios, că e rușinos să te ștergi în părțile intime ș.a.m.d. Nu e rușinos, e necesar, e un act firesc.

Poate îți va suna aiurea să spui *vulvă* și *penis*, recunosc că sună mult mai simpatic „gogoșică“ și „cuculeț“ sau cum mai dorești să le alinți, dar nu acesta e numele lor corect. Exersează, pentru copil ele nu sună mai aiurea decât „elefant“ și „tobogan“, sunt cuvinte ca toate celelalte, pe care e bine să le învețe cât mai degrabă. Dacă vei exersa încă de când e nou-născut, te vei obișnui cu ele repede. Da, știu, o să leșine buni când o să-l audă pe ăsta micu' zicându-i să nu-i atingă penisul, că doar pe vremea ei i se zicea „cocoșel“, dar mă gândesc că va supraviețui șocului.

Altfel, va ajunge adult, se va duce la dermatologie cu simptome de candida și va zice:

— Bună ziua, domnule doctor, mi s-a îmbolnăvit cucul.

Că, deh, așa știe el să-i spună. Copiii au încredere în noi să le transmitem adevărul despre lume, iar adevărul e că părțile lor intime se numesc penis și vulvă.

Un alt aspect important este definirea celor trei zone intime, valabile și la băieți, și la fete:

— gura;

— sânii (da, și la băieți);

— zona genitală și anusul.

Acestea nu trebuie atinse niciodată de străini, iar de părinți doar în scop igienic sau medical (aplicare de creme, tratament etc.). Ai grijă să-i explici copilului acest aspect, să te anunțe imediat ce un adult încearcă să-l atingă în zonele intime sau dacă vede alți copii atinși nepotrivit de adulți.

Imediat ce copilul începe să manifeste interes pentru subiectul „sex“, e bine să-i explici fiziologic totul, pentru că, altfel, el va folosi gândirea magică pentru a-și explica lucrurile pe care nu le poate înțelege. De exemplu, dacă nu-i explici cum cresc copiii în burta mamei, el va crede că maternitatea e un magazin de bebeluși de unde fiecare își poate cumpăra ce copil dorește și unde se pot returna bebelușii nepotriviți. Copilul poate rămâne cu aceste povești neadevărate și ca licean, dacă nu-i explică nimeni adevărul, și așa apar sarcini nedorite. De exemplu, o tânără care e învățată că bebelușii vin de la Dumnezeu poate rămâne însărcinată la 14 ani, convinsă că, dacă nu o să se descurce cu bebelușul, o să i-l dea înapoi lui Dumnezeu după ce îl naște și gata.

Adevărul despre cum se fac copiii este acesta: Într-un moment de intimitate, când bărbatul și femeia își doresc asta, se dezbracă amândoi, se îmbrățișează, iar penisul bărbatului se întărește și intră în vaginul femeii. Din penis ies mai mulți spermatozoizi, dintre care unul se poate întâlni cu ovulul femeii. După ce spermatozoidul fecundează ovulul, oul rezultat se fixează în uter, se transformă încet într-un embrion, apoi în bebeluș, care crește acolo vreme de nouă luni și se naște prin vagin când e suficient de dezvoltat. Sexul nu este dureros, ci plăcut, dacă femeia și bărbatul își doresc amândoi acest lucru. Acesta e adevărul, iar pentru copii el nu are valențele rușinoase cu care am crescut noi. Pentru copii, a afla cum digeră stomacul mâncarea și cum se fac copiii reprezintă același tip de informație, dacă o oferi la timp.

Unii părinți așteaptă liniștiți ca cel mic să întrebe el despre sex, iar dacă nu întreabă, foarte bine, înseamnă că nu-l interesează. Doar că nu e așa, de multe ori copiii nu întreabă pentru că simt că pentru părinte e un subiect tabu și nu vor să deranjeze, iar alteori copiii au aflat deja o variantă în parc (una cu siguranță neadevărată) și vor rămâne cu ea. E datoria noastră morală să le spunem adevărul, ca ei să poată deveni mai târziu adulți pregătiți, gata să aibă grijă de ei și de partenerii lor.

Neapărat să scriu ceva și despre masturbare: copiii se încă de când sunt în uter, există filme de la ecografii în care putem vedea fătul cum își atinge organele intime. Masturbarea este normală și sănătoasă chiar și la copii, cu deosebirea că, pentru ei, actul este cu totul lipsit de încărcătură erotică. Când observi că fetița sau băiețelul tău fac asta, le spui să se oprească pe moment și să continue doar în intimitate, în camera lor, iar la final e bine să se spele pe mâini. Dacă, de exemplu, tu îi citești copilului o poveste și el începe să se masturbeze, te oprești din citit și îl inviți să aștepte până rămâne singur, repetând că această activitate se desfășoară exclusiv în intimitate. Așa, în cazul în care un adult din familie va dori să se masturbeze de față cu el (90% dintre abuzurile cauzate de pedofili sunt provocate de membri ai familiei sau anturajului), el va ști că nu e în regulă și va veni să-ți spună.

E o etapă care va trece în momentul în care va fi stimulat cognitiv la grădiniță sau la școală, de exemplu.

Ce faci când afli că cel mic merge la toaleta de la grădi cu colegii și își arată organele genitale? Îi spui copilului că părțile lui intime sunt intime și nu ar trebui să le arate nimănui. Câtă vreme nimeni nu e rănit, nu e nicio dramă. Dacă nu te simți confortabil cu asta, spune-i copilului că nu ești supărată, dar că ți-ai dori să nu mai facă asta.

Când copiii intră în etapa școlii primare, după 6 ani, devin și mai curioși. Sunt ca niște mici ingineri, vor să înțeleagă tot. Pun întrebări de genul:

— Poți face pipi cu penisul în vaginul unei fete?

— Ce este sexul anal?

— De ce fac oamenii sex?

— Trebuie să fii căsătorit ca să faci sex?

— Poți face sex cu o pisică?

E în regulă să le spui copiilor că sexul e plăcut, că oamenii fac asta pentru că le place, pentru că așa își manifestă iubirea, nu trebuie să te temi că vor da fuga să facă sex cu colega de bancă. Nici trupul, nici psihicul lor nu sunt pregătite pentru reproducere, tot ce simt despre subiect e fie dezinteres, fie curiozitate și puțin dezgust, fie nevoia de a râde. Acum e o perioadă grozavă pentru glumele de toaletă, caca, pârț, pipi, se prăpădesc de râs, e o etapă firească ce trece până în jur de 8 ani.

Urmează etapa intermediară, 8–11 ani, când încep schimbările hormonale. Corpul lor începe să se schimbe, se vor simți rușinați dacă nu primesc informații corecte despre ce se întâmplă cu corpul lor. Acum intră în faza: *Ewww, sexul e scârbos, nu vreau să fac sex.* Iar tu îi poți spune: *Foarte bine, nici nu trebuie să faci sex acum. Mai e mult până vei fi pregătit să faci asta.*

După 8 ani apar primele poluții (la băieți) și menstruații (la fete), e bine să le oferi informațiile fiziologice despre fiecare proces în parte, ca să nu se simtă rușinați sau speriați de ce li se întâmplă. Penisul intră în erecție de la 17 săptămâni, o dată la fiecare 19 minute (în medie) până la moarte, nu trebuie să le fie rușine cu asta, penisul lor se antrenează pentru când vor fi mari (această explicație nu e doar adevărată, e și încurajatoare pentru ei).

Apoi vor ajunge la pubertate, unde nevoia de informații crește și mai mult. Nasul, oasele și palmele le cresc mult, trebuie să le explici cu răbdare, din timp, ce urmează să se întâmple. Majoritatea copiilor se rotunjesc un pic, apoi vor începe să crească și grăsimea va dispărea, unor băieți le cresc sâni, apoi le scad la loc. Dacă le explici corect ce li se întâmplă, nu doar că nu vor fi rușinați de propriul lor corp, dar nici nu vor teroriza și ironiza alți colegi la școală, care trec prin schimbări și mai dramatice.

E important ca și tații să fie implicați în educația sexuală a copiilor în general și a fetelor în special.

Urmează perioada adolescenței, când copiii cred că le știu pe toate, sunt foarte rezistenți la educație și, dacă abia acum începi educația sexuală cu ei, va fi dificil. Acum e momentul primei vizite la ginecolog pentru fete, pentru a pune întrebări și a afla direct de la specialist cum să se îngrijească și la ce să se aștepte.

Ce facem când copiii ne pun întrebări incomode? De exemplu, dacă te întreabă copilul:

— Mami, cu câți bărbați ai făcut sex?

Dacă te simți confortabil, îi poți spune cifra reală (dar să fii pregătită ca ea să devină știre a doua zi la școală), dacă nu, e în regulă să îi spui că această informație e una intimă, încă un prilej bun de a discuta despre zone și informații intime, care sunt doar ale lui, respectiv ale tale.

Îți mulțumesc că ai ajuns cu lectura până aici. Știu că nu e un subiect ușor. Sper că te-am însoțit delicat.

Corpul tău e un templu. În el sunt ascunse cunoștințe, emoții, victorii de milioane de ani. Corpul tău știe mult mai mult decât tine. E frumos, e perfect și are nevoie de timp, de iubire și de îngrijire. Are nevoie să-l vezi și să-l ții sănătos. Să nu-l mai cerți, să nu-l mai rănești ținându-l flămând, nedormit, împuns de coate de copii, tăiat de mânerele sacoșelor pe care le cari.

Nu ești egoistă dacă-ți iubești și-ți protejezi corpul. Nimeni în afară de tine nu va face asta.

Cunoaște-ți corpul și apără-l de oricine vrea să-l pângărească. Nimeni în afară de tine nu va face asta.

Mângâie-l și păstrează-l viu.

Spală-l, unge-l cu cremă, masează-l, privește-l.

E templul tău, e casa ta, e partenerul tău.
El îți arată ce simți, ce nevoi ai, ce dureri ai.
E steagul tău roșu. Nu-l ignora.
Onorează-l! Nimeni în afară de tine nu va
face asta.

#SofiaZice

Vineri seară, în mașină cu copiii. Eu frecam radioul la semafor, copiii admirau luminile orașului cu geamurile deschise la maximum (mereu călătorim așa, cu excepția drumurilor pe autostradă, când le-ar zbura dinții pe fereastră). La un moment dat nimeresc pe Rock FM. Un AC/DC, *Thunderstruck*, *oh yeah, baby*, dar ce păcat că imediat copiii mă vor pune să schimb, să caut un Smiley, o Andra, ceva. Dar, surpriză, Ivan (3 ani) zice:
— Mă mami, păi, dă mai taie!
Yesss! Dau TARE, încep să dansez, cu pletele pe volan, copiii dau din cap corespunzător, antren și voie bună rock, toată mașina se zguduie, în sfârșit, se aude și la noi în mașină muzică BUNĂ! Lângă noi, un domn pe un Harley ne zâmbește aprobator, să-mi plesnească pipota de mândrie, nu doar timpanele!
Se termină piesa, eu îmi recuperez părul de pe parbriz, se face verde, pornim, dau mai încet, că intraseră reclame, când o aud pe Sofia (5 ani) din spate:
— Mami, așa-i că melodia aia de mai devreme e cântată de un CÂINE?

Scrisoare de la mama

Am rugat-o pe mama să scrie despre copilăria ei, despre adolescență, despre cum a fost să-mi fie mamă la 23 de ani. Am avut nevoie să înțeleg cum a fost pentru ea, cum s-a născut relația noastră și cum a evoluat ea. Mama a scris pe foi, cu literele ei lungi și rotunjite, pe care le-am iubit și admirat atât de mult în copilărie. Am transcris fiecare rând, am plâns la multe pasaje, am văzut-o pe Liliana mică, mică de tot, cu cartea în nuc, fericită, dar niciodată îmbrățișată de părinții ei, bunicii mei.

Poate că și părinții voștri ar vrea să vă povestească despre copilăria lor? Cât de multe ați înțelege... Puteți avea această conversație în minte, dacă părinții voștri nu mai sunt pe lumea asta, lângă voi.

Vă las cu mama, căreia îi mulțumesc pentru sinceritate și vulnerabilitate. Te asigur, mama, că tot curajul și adevărul tău contează mult pentru mine și pentru toate sutele de mii de ochi care vor citi despre tine și, odată cu asta, vor începe poate să înțeleagă și să accepte lucruri despre ei și părinții lor.

Dragă Ioana,

Am crescut în curtea școlii într-un sat, la 7 km depărtare de Piatra Neamț. Așa m-am trezit eu în lumea asta: înconjurată de copii, toți mai mari ca mine și care-mi purtau de grijă. Mama și tata erau învățători și prima lor locuință ca familie a fost o sală de clasă din clădirea veche a școlii. Acolo am venit pe lume.

Am crescut în curtea școlii primii opt ani din viața mea, în timp ce tata, ajutat de câțiva oameni inimoși din sat, construia casa în care aveam să ne mutăm, gard în gard cu școala. Acolo am trăit, într-o sală de clasă care ne era și bucătărie, și dormitor, întâi eu, mama și tatăl meu, apoi, la patru ani după mine, s-a născut și sora mea, Angela.

Eram un fel de mică vedetă, fiica „tovarășului învățător“!

Îmi luam cartea (am învățat să citesc foarte devreme) și mă ascundeam cu ea în straturile de flori din fața școlii sau mă urcam cu ea într-un nuc mare (care mai trăiește și acum, dragul de el). Acolo mă găsea mama când venea să mă cheme la masă.

Și mai e o amintire înfiptă adânc în mintea mea: îmi plăcea mult să rezolv probleme de matematică. Aveam o culegere cu exerciții pe care o căram peste tot, în casă, în grădina cu flori, în nuc. Am iubit matematica. Poate de aceea o iubești și tu, Ioana, la fel ca mama mea, bunica ta.

Am fost un copil fericit, asta știu sigur! N-am avut prea multe jucării, cărți sau haine, nevoile noastre erau altele atunci, dar mama se ocupa să nu ne lipsească prea multe. În sat găseai de toate, puteai cumpăra de la gospodari tot ce nu aveai în curtea și în grădina ta.

Din clasa a cincea am început să fac naveta la o școală din oraș, pentru că mama nu a vrut ca profesorii de la școala din sat să mă favorizeze pentru că-i erau colegi, ea voia ca noi să învățăm foarte bine și să luăm doar note pe drept. Acum zic că a fost bună decizia mamei. Mare parte din zi mi-o petreceam în stații și în autobuze, pe frig sau prin căldură. Atunci am văzut prima oară diferența dintre un copil crescut la țară și unul de la oraș. Se vedea după haine, după felul în care vorbeau, după calitatea lucrurilor pe care le aveau. În timp, diferențele dintre mine și colegii mei orășeni s-au estompat, eu m-am acomodat la școala din oraș, am devenit o elevă bună și mi-am făcut prieteni. Pe unii dintre ei îi am și în ziua de azi.

Îmi amintesc cât de mult mi-am dorit patine când eram mică... Nu am avut niciodată, nici n-am apucat să patinez vreodată. Dar am vrut să ai tu patine și să știi să patinezi! Apropo, patinezi?

În general, am reușit să fac ce mi-am propus pe lumea asta.

Mama și tatăl meu au avut, amândoi, vieți grele, pline de lipsuri, ca după război și foamete. Ei doi au fost singurii copii ai familiilor lor numeroase care au terminat școala. Când s-au întâlnit, au hotărât să formeze o familie.

Ne-au iubit, știu asta sigur, am simțit-o mereu.

Ne-au ambiționat să învățăm bine, să ne alegem drumurile în viață. Dar niciodată nu ne-au îmbrățișat, niciodată nu ne-au spus că ne iubesc, nu ne-au spus vreodată că sunt mândri de noi.

Nici ei n-au avut parte de asemenea manifestări de iubire, nu au știut cum să ne arate că ne iubesc. Erau mai reci, dar, după cum ne urmăreau parcursul, am înțeles că ne iubeau și mi s-a părut firesc să fie așa până acum câțiva ani, când am văzut ce mult contează cuvintele și îmbrățișările, ce mult contează să spui *Te iubesc, sunt mândră de tine, iartă-mă*, înseamnă așa mult pentru cineva care crește, se maturizează, se îndoiește, se războiește, clădește.

De aceea am fost și eu la rândul meu mai rece, mai severă. N-am primit, așa că n-am știut să dau asta mai departe. Dar am învățat de la tine, Ioana, ce bucurie le poți face celor pe care-i iubești mai mult ca viața spunându-le asta!

Eu am crescut alături sora mea. Abia la maturitate îți dai seama cu adevărat ce bine și frumos e să ai un frate.

Când eram amândouă mici, ne înțelegeam ca șoarecele cu pisica. Eu eram geloasă pe ea, ea era destul de răsfățată (sau, mă rog, așa mi se părea mie, că e mereu favorizată). Nu înțelegeam că așa se întâmplă cu copiii mai mici în toate familiile, că ei au nevoie de mai multă grijă și atenție. Eu eram mai mare cu patru ani, părinții noștri se așteptau ca eu să înțeleg lucrurile mai bine, să identific pericolele și să mă descurc și singură.

Până la liceu, trebuia s-o iau cu mine pe Angela peste tot: la joacă, la școală și la aniversări. Mama și tata se simțeau mai bine când ne știau împreună. Eu nu puteam face prostii, că trebuia să am grijă de ea, iar ea făcea ce-i spuneam, deci eram amândouă cuminți (cel puțin teoretic).

De la liceu, eu și sora mea am început să avem și vieți separate, eu cu prietenii mei, ea cu ai ei. A urmat facultatea la Iași și abia atunci am început să văd avantajele în a avea o soră. Ne povesteam de toate când ne întâlneam, mai complotam când decideam că părinții nu e cazul să știe chiar totul. O iubesc și știu precis că și ea mă iubește. Nu suntem aproape, ea a emigrat în SUA acum mai mult de 20 de ani, dar știu că sunt mereu în gândurile ei, la fel cum și eu mă gândesc mereu la ea cu dor și drag.

E bine să nu rămâi singur pe lume când ți se duc părinții. E legătura de sânge care nu dispare niciodată. Cred că ea rezistă și dincolo de moarte.

Când eram mică, visam să ne mutăm la oraș. Îmi plăcea mult viața la bloc. O știam din iernile lungi și grele de la Piatra Neamț, când era foarte multă zăpadă și autobuzele nu circulau, așa că eu rămâneam câteva zile la fostele colege de școală pedagogică ale mamei. Aveau și ele fete de vârsta mea și mereu mă primeau cu drag. La ele am văzut prima oară patine!

Atât de mult aș fi vrut să patinez! Acesta a fost visul copilăriei mele! La noi în sat nu aveam unde să patinez, nu erau trotuare sau străzi pavate, și nici patine nu erau.

Părinții mei aveau salarii mici, iar noi, fetele, mergeam la școală în oraș. Și-au ridicat singuri casa, doar cu banii lor din salariu, fără alt ajutor financiar. De unde bani de patine?

Deși, dacă mă gândesc bine, cred că, dacă i-aș fi împărtășit mamei dorința mea fierbinte, ar fi făcut tot ce trebuia să-mi cumpere patine, pe care le-ar fi folosit apoi și Angela.

Dar nu am spus nimănui, așa că patinele au rămas pentru mine un vis pe care mi-am dorit să-l împlinești tu.

Mai visam să am haine frumoase și încălțări de tot felul. Abia la facultate am început să-mi cumpăr câte ceva, asta dacă găseam prin magazine. Poate de aceea nici în ziua de azi nu mă pot abține să-mi cumpăr o fustă nouă sau un sabot frumos ori cercei!

Doamne, acum am atât de mulți! Și pe toți îi port cu plăcere, pentru că am visat la toate lucrurile astea!

Am mai visat și să fiu inginer, și sunt! Adică am fost, acum sunt pensionară.

Ce vreau să zic, cred, e că visele se împlinesc mai devreme sau mai târziu, într-un fel sau altul.

În tinerețea mea, era ceva obișnuit să te căsătorești din timpul facultății. Nu ne făceam cine știe ce griji legate de serviciu, de casă, știam că avem părinții dispuși să ne ajute.

Cei mai mulți dintre noi ne-am întors în orașele natale. Eu și Stelian ne-am stabilit în Piatra Neamț după absolvire, eu am terminat prima, el a mai mers la Iași la cursuri încă doi ani.

Dar ne-am întors la Piatra Neamț trei. Erai și tu cu noi!

Când te-ai născut, am știut cum să te primesc! Erai un copil atât de frumos!

Iar eu aveam ceva experiență cu fetița prietenei mele, care era cu cinci luni mai mare ca tine. Am învățat cu ea cum să te înfăș (așa se făcea pe atunci), să te desfăș, să-ți fac baie. Ai stat cu noi în gazdă la Iași, iar când trebuia să plec la facultate, rămâneai cu Angela, cu Stelian, cu colegi de-ai ei sau de-ai lui. Te iubeau cu toții și chiar mă rugau să te las în grija lor.

Eram așa de tineri amândoi... Iar tu ai crescut odată cu noi. La început ai stat la bunicii de la țară. Am avut noroc și tu, și noi că am avut aproape toți patru bunicii, iar tu ai fost prima lor nepoată. Erai lumina lor. Sofica și Petrică l-au iubit mult pe Stelian, dar tu erai totul! Îți amintești?

Am atâtea amintiri... Și tu ai multe amintiri ale tale.

Nu a fost ușor, dar tu erai un copil bun, te adaptai în orice loc. Până ne-am mutat toți la casa noastră, ai cam umblat între casa bunicilor de la țară și apartamentul bunicilor din oraș. Stelian era pe șantier, eu la fabrică, lucram în schimburi, uneori două consecutive. Stăteam la cozi imense pentru unt, pui, salam sau portocale...

Pe vremea aceea nu se găseau ca acum și noi încercam să nu-ți lipsească prea multe... De exemplu, bananele. Ai aflat despre ele abia la școală.

Ai stat mult cu bunica Sofica. Ea te ducea și te aducea de la grădiniță.

Duminica te luam acasă și mâncam împreună piure cu carne (de care reușeam să facem rost) și musai câte-o prăjitură din cele pe care le cumpăra Stelian de la cofetărie când venea de la stadion după meciul din fiecare duminică.

Apoi n-a mai fost bunica Sofica, a venit Revoluția și tatăl tău a plecat. Aproape pentru totdeauna.

La început am fost noi trei: noi două și bunicul Petrică, el a stat la noi niște ani după ce bunica Sofica a murit. El te ducea și te aducea de la școală până ai mai crescut și ai putut face asta singură. Aveai mulți vecini și prieteni de-o vârstă cu tine. Unii dintre tații lor au fost tați și pentru tine.

Apoi bunicul s-a mutat în garsoniera lui, iar noi am rămas să ne gospodărim singure. Tu ai crescut, ai ajuns la liceu și erai ca domnul Goe, cu trei mame: mama, mama mare și Tanti Mița (eu, Angela, sora mea, și Dorina, prietena mea cea mai bună). Îți mai amintești cum veneam toate trei la toate examenele tale?

Am făcut echipă bună, zic eu. Am încercat să-ți ofer ce-ți doreai, deși tu mereu ai avut așteptări modeste, pentru că banii nu ne dădeau afară din casă și tu știai asta. Apăruseră second-handurile și ne puteam îmbrăca frumos și modern. Pentru altele, ne ajutau bunicii. Au trecut anii, ai plecat la București să faci facultatea care ți-a plăcut și pe care tu ai ales-o. Ai intrat și la Jurnalism, și la Automatică. Ți-ar fi plăcut amândouă, tu ai ales Jurnalismul.

Mai bine că nu le-ai făcut pe amândouă, când ai mai fi avut timp să mai și lucrezi?

Ți-ai adunat bănuții tăi, deși primeai și de la mine și de la bunici cât să te descurci.

Îmi amintesc că veneam des la București în perioada facultății tale, mă foloseam de orice prilej să vin la tine, parcă întineream și eu umblând cu tine peste tot prin București. Eram din nou o echipă! Când nu puteam ajunge la tine, îți trimiteam la cămin cu trenul faimoasele pachete cu mâncare!

E adevărat că nu am știut tot ce te frământa, ce făceai cu colegii și cu prietenii tăi. Nici mama mea nu are habar de câte ori am fentat-o și cum ne coalizam eu și soră-mea să facem ce vrem. Am aflat de curând că de multe ori te-ai sfătuit cu Angela sau cu Dorina și nu m-am supărat că le-ai ales pe ele, nu pe mine. E bine că ai avut alternative. O părere sau un sfat dat de un adult într-un moment sensibil te poate echilibra mult. Tu ai făcut întotdeauna ce trebuie, chiar dacă unele dintre deciziile tale m-au lăsat cu gura căscată. Deh, suntem generații diferite...

Dacă ar mai trăi tata, bunicul Jean, ți-ar spune că ești *mintoasă*.

Regret din suflet că nu ți-am spus că te iubesc atât de mult, că nu aș putea trăi nicio secundă dacă tu nu ai mai fi. Că sunt mândră de tine și că n-am făcut nimic să te merit. Că n-am spus iartă-mă când am greșit cu judecățile mele sau când te-am lovit. Îmi pare rău că am făcut asta.

Mai regret că poate nu ți-am fost aproape când ai avut nevoie, pentru că fie eram prea departe, fie nu am știut cum s-o fac. Poate nu am făcut tot ce s-ar fi putut face să rămân alături de tatăl tău (ca să nu crești doar cu mine), să te susțin în momentele grele din familia ta.

Toate astea ar fi trebuit spuse între noi.

De când ești și tu mamă, am observat o schimbare la tine în ce mă privește. Înainte să ai copii, te mai enervau telefoanele de la mine, dorința mea de a ști cât mai mult despre ce faci și cum ești.

Probabil atunci simțeai că vreau să te controlez, dar eu doar aveam nevoie să știu că ești bine. De multe ori erai atât de departe de mine, iar cei din jurul tău nu erau mereu persoane în care să pot avea încredere totală.

M-am mai liniștit după ce te-ai măritat. În soțul tău pot să am încredere că are grijă de tine. Cam 90%, așa (100% am încredere doar în mine când vine vorba de tine).

Dar a venit Sofia. Nu prea erai tu sigură pe voi amândoi. Am venit la București să vă ajut, dar n-a fost nevoie de prea mult timp să învățați. Curând ați decis că vreți să vă descurcați singuri, ați știut mereu ce vreți și faceți o echipă bună voi doi.

Mi-am dat seama repede că ajutorul meu nu mai e necesar, m-am retras să privesc de pe margine cum sunteți părinți moderni și m-am adaptat.

Sofia e leită tu când erai mică. Mă uitam la ea și te vedeam doar pe tine! Mi-a fost atât de ușor s-o iubesc! Și acum e la fel, dar acum îl iubesc egal de mult și pe Ivan! Îmi iubesc foarte mult nepoții, dar pe tine te iubesc și mai mult! Tu ești a mea, ei sunt ai voștri!

N-o să-mi dau cu părerea despre felul în care îi creșteți, e treaba voastră. Observ doar că sunt empatici, isteți și destul de independenți în decizii. Sper că se vor descurca bine când vor crește. Îmi doresc să pot face parte din viața lor și fizic, cât mai mult timp, nu doar așa, de la distanță și doar câteva zile pe an împreună.

Voi vorbiți cu ei mult, le cereți părerea, îi implicați în deciziile familiei și cred că asta e foarte bine. Nu mi-ar plăcea să fie capricioși, să spună NU la tot ce le spuneți voi că trebuie să facă.

Vă doresc să vă fie mai bine decât ne-a fost nouă când voi erați copii!

Te îmbrățișez și mulțumesc că m-ai invitat să scriu aici, în cartea ta. Am atât de multe amintiri… Nu mi-a fost ușor să scriu, dar cred că mi-a făcut bine. Sigur mi-a făcut bine.

Mama

Mulțumiri. Te îmbrățișez, dragă mamă

Am ajuns la final. Îți mulțumesc că ai avut răbdare și încredere să citești până aici.

Recunosc că traseul acestei cărți m-a surprins. Am început să scriu convinsă că o să-mi ia mult timp să pun pe hârtie tot ce am învățat despre copii, maternitate și despre mine în ultimii nouă ani. Ce s-a întâmplat însă a fost că, imediat ce am scos dopul, au început să curgă din mine atât de multe amintiri de tot râsul, dar și de plâns, am scris întruna, în fiecare clipă liberă, luni la rând, am scris în timp ce făceam mâncare, în timp ce scoteam rufe de la uscat, în timp ce vorbeam la telefon cu prietenele mele, în timp ce mă jucam cu copiii sau stăteam pe canapea lipită de omul meu. Mintea mea a mers încontinuu în aceeași direcție, inclusiv nopțile, când mi-am visat străbunicii, unchii pe care nu i-am mai văzut de zeci de ani, verișorii și vecinii din copilărie.

Punctul final este chiar aici, îl parcurgem acum împreună.

Încerc să mă uit la ce simt, la ce știu fix în această secundă și la cum pot explica asta într-un fel care să-ți fie de folos.

E liniște și recunoștință, e curiozitate pentru ce va mai urma peste o oră, o zi, un an.

E un loc pe care-l caut dintotdeauna.

Îți mulțumesc că m-ai însoțit, întotdeauna e mult mai ușor să faci asta alături de oameni în care ai încredere.

Le mulțumesc bunicilor mei și bunicilor lor că au existat și s-au iubit așa cum le-au permis vremurile. Îi mulțumesc tatei, care e cu mine în fiecare zi, din altă lume.

Îți mulțumesc, mama, pentru răbdare și pentru puterea pe care o ai și ai împărțit-o cu mine.

Îți mulțumesc, omule, că ești aici exact așa cum e mai bine pentru noi.

Sofi și Ivan, vă mulțumesc că ați venit și ați aprins lumina.

Le mulțumesc prietenilor mei, care mă rabdă și mă inspiră, echipei Editurii Univers, care mă susține de atâția ani cu prietenie și răbdare, și pisicii mele, care atât de frumos doarme cu spinarea lipită de mine în timp ce scriu.

Dragă mamă, pentru ultima oară în această carte, îți mulțumesc și îți spun că te apreciez. Ești un om complet și minunat, care merită o viață extraordinară!

Ai dreptul și ai acces la ea. Ridică-te și ia de la viață tot ce-ți trebuie!

Iar dacă ai nevoie de companie pe drum sau de o încurajare, poți să-mi scrii!

Sunt aici în căutare de parteneri de călătorie!

Dragă mamă, te îmbrățișez! Ești grozavă și ești de ajuns!

Poți închide acum această carte, încredințată că te descurci și că totul va fi exact așa cum trebuie!

Cuprins

Cărți de parenting care te pot ajuta

Nu există copii răi, de Janet Lansbury
Cum să ne creștem copiii mici cu respect și blândețe, de Janet Lansbury
Mai bun decât părinții tăi, de Janet G. Woititz
Dansul fricii, de Harriett Lerner
Dansul furiei, de Harriett Lerner
Acesta sunt eu! Tu cine ești?, de Jesper Juul
Copilul tău competent, de Jesper Juul
Arta de a spune NU, de Jesper Juul
Partener și tată, de Jesper Juul
Parenting necondiționat, de Alfie Kohn
Pedepsiți prin recompense, de Alfie Kohn
Rețete de jocuri, de Lawrence Cohen
Rețete împotriva îngrijorării, de Lawrence Cohen
Copilul invizibil, de Gáspár György
Suflete de sticlă, de Gáspár György
Părinți liniștiți, frați fericiți, de Laura Markham
Rivalitatea dintre frați, de Adele Faber și Elaine Mazlish
Parentaj sensibil și inteligent, Daniel J. Siegel
Creierul copilului tău, de Daniel J. Siegel și Tina Payne Bryson
Crescându-l pe Cain, Michael Thompson
Copilul meu nu mănâncă, Carlos Gonzales
Cele cinci limbaje de iubire ale copiilor, de Gary și Rose Chapman
Cele cinci limbaje de iubire ale adolescenților, de Gary Chapman
Bebelușul meu înțelege tot, de Aletha Solter
Lacrimi și crize de furie, de Aletha Solter
Conceptul continuum, de Jean Liedloff
Copiii știu cel mai bine, de Deborah Solomon
Comunicarea nonviolentă, de Marshall Rosenberg
Creierul copilului tău, de Daniel J. Siegel și Tina Payne Bryson
Mintea, de Daniel J. Siegel
Ce le spunem copiilor și adolescenților despre sex, de Meg Hickling
Copiii erei digitale, de Martin L. Kutscher
O să te țin în brațe cât vrei tu și încă o secundă, de Ioana Chicet-Macoveiciuc